中國飲食文化史　西北地區卷

The History of Chinese Dietetic Culture
Volume of Nothwest Rogion

感　謝

北京稻香村食品有限責任公司對本書出版的支持

中國農業科學院農業信息研究所對本書出版的支持

浙江工商大學暨旅遊學院對本書出版的支持

黑龍江大學歷史文化旅遊學院對本書出版的支持

飲其流者
懷其源

The History of Chinese Dietetic Culture

1.寶雞炎帝陵炎帝像※

2.異獸形提梁銅盉,甘肅涇川
縣出土,距今3000年左右

3.青銅爵,甘肅天水市出
土,距今3000年左右

4.東漢西王母像

5.舞蹈彩陶盆(局部),青海大通縣出土,距今5000年

1.保留有火燒過的陶鬲，甘肅天水市出土，距今4000年左右

2.小麥，新疆哈密出土，距今4000年左右

3.饕餮紋圖案，商周時期青銅器上常見的紋飾

4.東羅馬鎏金銀盤，甘肅靖遠縣出土

5.唐朝三綵鳳首壺，甘肅甘谷出土

6.金駱駝裝飾品，新疆烏魯木齊出土

1.《庖廚圖》，甘
   肅嘉峪關出土，
   距今1700年左右

2.《宰豬圖》，甘肅嘉峪關
   魏晉六號墓出土，距今
   1700年左右

3.唐代麵點1，新疆吐魯
   番阿斯塔那墓出土

4.唐代麵點2，新疆吐魯番
   阿斯塔那墓出土

5.唐代的梨，新疆吐魯番阿斯塔
   那墓出土

6.唐朝仕女圖，新疆吐魯番
   阿斯塔那墓壁畫

1.甘肅敦煌莫高窟

2.新疆坎兒井

3.由茶碗、茶蓋、茶托三件組成的
　蓋碗茶具

4.新疆烤饢

鴻篇巨製　繼往開來
——《中國飲食文化史》（十卷本）序

　　中國飲食文化是中國傳統文化的重要組成部分，其內涵博大精深、歷史源遠流長，是中華民族燦爛文明史的生動寫照。她以獨特的生命力佑護著華夏民族的繁衍生息，並以強大的輻射力影響著周邊國家乃至世界的飲食風尚，享有極高的世界聲譽。

　　中國飲食文化是一種廣視野、深層次、多角度、高品位的地域文化，她以農耕文化為基礎，輔之以漁獵及畜牧文化，傳承了中國五千年的飲食文明，為中華民族鑄就了一部輝煌的文化史。

　　但長期以來，中國飲食文化的研究相對滯後，在國際的學術研究領域沒有占領制高點。一是研究隊伍不夠強大，二是學術成果不夠豐碩，尤其缺少全面而系統的大型原創專著，實乃學界的一大憾事。正是在這樣困頓的情勢下，國內學者勵精圖治、奮起直追，發憤用自己的筆撰寫出一部中華民族的飲食文化史。中國輕工業出版社與撰寫本書的專家學者攜手二十餘載，潛心勞作，殫精竭慮，終至完成了這一套數百萬字的大型學術專著——《中國飲食文化史》（十卷本），是一件了不起的事情！

　　《中國飲食文化史》（十卷本）一書，時空跨度廣遠，全書自史前始，一直敘述至現當代，橫跨時空百萬年。全書著重敘述了原始農業和畜牧業出現至今的一萬年左右華夏民族飲食文化的演變，充分展示了中國飲食文化是地域文化這一理論學說。

　　該書將中國飲食文化劃分為黃河中游、黃河下游、長江中游、長江下游、東

南、西南、東北、西北、中北、京津等十個子文化區域進行相對獨立的研究。各區域單獨成卷，每卷各章節又按斷代劃分，分代敘述，形成了縱橫分明的脈絡。

全書內容廣泛，資料翔實。每個分卷涵蓋的主要內容包括：地緣、生態、物產、氣候、土地、水源；民族與人口；食政食法、食禮食俗、飲食結構及形成的原因；食物原料種類、分布、加工利用；烹飪技術、器具、文獻典籍、文化藝術等。可以說每一卷都是一部區域飲食文化通史，彰顯出中國飲食文化典型的區域特色。

中國飲食文化學是一門新興的綜合學科，它涉及歷史學、民族學、民俗學、人類學、文化學、烹飪學、考古學、文獻學、食品科技史、中國農業史、中國文化交流史、邊疆史地、地理經濟學、經濟與商業史等學科。多學科的綜合支撐及合理分布，使本書具有頗高的學術含量，也為學科理論建設提供了基礎藍本。

中國飲食文化的產生，源於中國厚重的農耕文化，兼及畜牧與漁獵文化。古語有云：「民以食為天，食以農為本」，清晰地說明了中華飲食文化與中華農耕文化之間不可分割的緊密聯繫，並由此生發出一系列的人文思想，這些人文思想一以貫之地體現在人們的社會活動中。包括：

「五穀為養，五菜為助，五畜為益，五果為充」的飲食結構。這種良好飲食結構的提出，是自兩千多年前的《黃帝內經》始，至今看來還是非常科學的。中國地域廣袤，食物原料多樣，江南地區的「飯稻羹魚」、草原民族的「食肉飲酪」，從而形成中華民族豐富、健康的飲食結構。

「醫食同源」的養生思想。中華民族自古以來並非代代豐衣足食，歷代不乏災荒饑饉，先民歷經了「神農嚐百草」以擴大食物來源的艱苦探索過程，千百年來總結出「醫食同源」的寶貴思想。在西方現代醫學進入中國大地之前的數千年，「醫食同源」的養生思想一直護佑著炎黃子孫的健康繁衍生息。

「天人合一」的生態觀。農耕文化以及漁獵、畜牧文化，都是人與自然間最和諧的文化，在廣袤大地上繁衍生息的中華民族，篤信人與自然是合為一體的，人類的所衣所食，皆來自於大自然的饋贈，因此先民世世代代敬畏自然，愛護生態，尊重生命，重天時，守農時，創造了農家獨有的二十四節氣及節令食俗，「循天道行人事」。這種寶貴的生態觀當引起當代人的反思。

「尚和」的人文情懷。農耕文明本質上是一種善的文明。主張和諧和睦、勤勞耕作、勤和為人，崇尚以和為貴、包容寬仁、質樸淳和的人際關係。中國飲食講

究的「五味調和」也正是這種「尚和」的人文情懷在烹飪技術層面的體現。縱觀中國飲食文化的社會功能，更是對「尚和」精神的極致表達。

「尊老」的人倫傳統。在傳統的農耕文明中，老人是農耕經驗的積累者，是向子孫後代傳承農耕技術與經驗的傳遞者，因此一直受到家庭和社會的尊重。中華民族尊老的傳統是農耕文化的結晶，也是農耕文化得以久遠傳承的社會行為保障。

《中國飲食文化史》（十卷本）的研究方法科學、縝密。作者以大歷史觀、大文化觀統領全局，較好地利用了歷史文獻資料、考古發掘研究成果、民俗民族資料，同時也有效地利用了人類學、文化學及模擬試驗等多種有效的研究方法與手段。對區域文明肇始、族群結構、民族遷徙、人口繁衍、資源開發、生態制約與變異、水源利用、生態保護、食物原料貯存與食品保鮮防腐等一系列相關問題都予以了充分表述，並提出一系列獨到的學術觀點。

如該書提出中國在漢代就已掌握了麵食的發酵技術，從而把這一科技界的定論向前推進了一千年（科技界傳統說法是在宋代）；又如，對黃河流域土地承載力遞減而導致社會政治文化中心逐流而下的分析；對草地民族因食料制約而頻頻南下的原因分析；對生態結構發生變化的深層原因討論；對《齊民要術》《農政全書》《飲膳正要》《天工開物》等經典文獻的識讀解析；以及對筷子的出現及歷史演變的論述等。該書還清晰而準確地敘述了既往研究者已經關注的許多方面的問題，比如農產品加工技術與食品形態問題、關於農作物及畜類的馴化與分布傳播等問題，這些一向是農業史、交流史等學科比較關注而又疑難點較多的領域，該書對此亦有相當的關注與精到的論述。體現出整個作者群體較強的科研能力及科研水平，從而鑄就了這部填補學術空白、出版空白的學術著作，可謂是近年來不可多得的精品力作。

本書是填補空白的原創之作，這也正是它的難度之所在。作者的寫作並無前人成熟的資料可資借鑑，可以想見，作者須進行大量的文獻爬梳整理、甄選淘漉，閱讀量浩繁，其寫作難度絕非一般。在拼湊摘抄、扒網拼盤已成為當今學界一大痼疾的今天，這部原創之作益發顯得可貴。

一套優秀書籍的出版，最少不了的是出版社編輯們默默無聞但又艱辛異常的付出。中國輕工業出版社以文化堅守的高度責任心，苦苦堅守了二十年，為出版這套不能靠市場獲得收益、然而又是填補空白的大型學術著作嘔心瀝血。進入編輯階段以後，編輯部嚴苛細緻，務求嚴謹，精心提煉學術觀點，一遍遍打磨稿

件。對稿件進行字斟句酌的精心加工，並啟動了高規格的審稿程序，如，他們聘請國內頂級的古籍專家對書中所有的古籍以善本為據進行了逐字逐句的核對，並延請史學專家、民族宗教專家、民俗專家等進行多輪審稿，全面把關，還對全書內容做了二十餘項的專項檢查，翦除掉書稿中的許多瑕疵。他們不因卷帙浩繁而存絲毫懈怠之念，日以繼夜，忘我躬耕，使得全書體現出了高質量、高水準的精品風範。在當前浮躁的社會風氣下，能堅守這種職業情操實屬不易！

　　本書還在高端學術著作科普化方面做出了有益的嘗試，如對書中的生僻字進行注音，對專有名詞進行注釋，對古籍文獻進行串講，對正文配發了許多圖片等。凡此種種，旨在使學術著作更具通俗性、趣味性和可讀性，使一些優秀的學術思想能以通俗化的形式得到展現，從而擴大閱讀的人群，傳播優秀文化，這種努力值得稱道。

　　這套學術專著是一部具有劃時代意義的鴻篇巨帙，它的出版，填補了中國飲食文化無大型史著的空白，開啟了中國飲食文化研究的新篇章，功在當代，惠及後人。它的出版，是中國學者做的一件與大國地位相稱的大事，是中國對世界文明的一種國際擔當，彰顯了中國文化的軟實力。它的出版，是中華民族五千年飲食文化與改革開放三十多年來最新科研成果的一次大梳理、大總結，是樹得起、站得住的歷史性文化工程，對傳播、振興民族文化，對中國飲食文化學者在國際學術領域重新建立領先地位，將起到重要的推動作用。

　　作為一名長期從事農業科技文化研究的工作者，對於這部大型學術專著的出版，我感到由衷的欣喜。願《中國飲食文化史》（十卷本）能夠繼往開來，為中國飲食文化的發揚光大，為中國飲食文化學這一學科的崛起做出重大貢獻。

盧良恕

二〇一三年七月

一部填補空白的大書
——《中國飲食文化史》（十卷本）序

　　中國輕工業出版社通過我在中國社會科學院歷史研究所的老同事，送來即將出版的《中國飲食文化史》（十卷本）樣稿，厚厚的一大疊。我仔細披閱之下，心中深深感到驚奇。因為在我的記憶範圍裡，已經有好多年沒有見過系統論述中國飲食文化的學術著作了，況且是由全國眾多專家學者合力完成的一部十卷本長達數百萬字的大書。

　　正如不久前上映的著名電視片《舌尖上的中國》所體現的，中國的飲食文化是悠久而輝煌的中國傳統文化的一個重要組成部分。中國的飲食文化非常發達，在世界上享有崇高的聲譽，然而，或許是受長時期流行的一些偏見的影響，學術界對飲食文化的研究卻十分稀少，值得提到的是國外出版的一些作品。記得二十世紀七〇年代末，我在美國哈佛大學見到張光直先生，他給了我一本剛出版的《中國文化中的食品》（英文），是他主編的美國學者寫的論文集。在日本，則有中山時子教授主編的《中國食文化事典》，其內的「文化篇」曾於一九九二年中譯出版，題目就叫《中國飲食文化》。至於國內學者的專著，我記得的只有上海人民出版社《中國文化史叢書》裡面有林乃燊教授的一本，題目也是《中國飲食文化》，也印行於一九九二年，其書可謂有篳路藍縷之功，只是比較簡略，許多問題未能展開。

　　由趙榮光教授主編、由中國輕工業出版社出版的這部十卷本《中國飲食文化史》規模宏大，內容充實，在許多方面都具有創新意義，從這一點來說，確實是前所未有的。講到這部巨著的特色，我個人意見是不是可以舉出下列幾點：

首先，當然是像書中所標舉的，是充分運用了區域研究的方法。我們中國從來是一個多民族、多地區的國家，五千年的文明歷史是各地區、各民族共同締造的。這種多元一體的文化觀，自「改革開放」以來，已經在歷史學、考古學等領域起了很大的促進作用。《中國飲食文化史》（十卷本）的編寫，貫徹「飲食文化是區域文化」的觀點，把全國劃分為十個文化區域，即黃河中游、黃河下游、長江中游、長江下游、東南、西南、東北、西北、中北和京津，各立一卷。每一卷都可視為區域性的通史，各卷間又互相配合關聯，形成立體結構，便於全面展示中國飲食文化的多彩面貌。

其次，是儘可能地發揮了多學科結合的優勢。中國飲食文化的研究，本來與歷史學、考古學及科技史、美術史、民族史、中外關係史等學科都有相當密切的聯繫。《中國飲食文化史》（十卷本）一書的編寫，努力吸取諸多有關學科的資料和成果，這就擴大了研究的視野，提高了工作的質量。例如在參考文物考古的新發現這一方面，書中就表現得比較突出。

第三，是將各歷史時期飲食文化的演變過程與當時社會總的發展聯繫起來去考察。大家知道，把研究對象放到整個歷史的大背景中去分析估量，本來是歷史研究的基本要求，對於飲食文化研究自然也不例外。

第四，也許是最值得注意的一點，就是這部書把飲食文化的探索提升到理論思想的高度。《中國飲食文化史》（十卷本）一開始就強調「全書貫穿一條鮮明的人文思想主線」，實際上至少包括了這樣一系列觀點，都是從遠古到現代飲食文化的發展趨向中歸結出來的：

一、五穀為主兼及其他的飲食結構；

二、「醫食同源」的保健養生思想；

三、尚「和」的人文觀念；

四、「天人合一」的生態觀；

五、「尊老」的傳統。

這樣，這部《中國飲食文化史》（十卷本）便不同於技術層面的「中國飲食史」，而是富於思想內涵的「中國飲食文化史」了。

據了解，這部《中國飲食文化史》（十卷本）的出版，經歷了不少坎坷曲折，前後過程竟長達二十餘年。其間做了多次反覆的修改。為了保證質量，中國輕工業出版社邀請過不少領域的專家閱看審查。現在這部大書即將印行，相信會得到

有關學術界和社會讀者的好評。我對所有參加此書工作的各位專家學者以及中國輕工業出版社同仁能夠如此鍥而不捨深表敬意，希望在飲食文化研究方面能再取得更新更大的成績。

李學勤

二〇一三年九月

於北京清華大學寓所

序言

「飲食文化圈」理論認知中華飲食史的嘗試
——中國飲食文化區域性特徵

　　很長時間以來，本人一直希望海內同道聯袂在食學文獻梳理和「飲食文化區域史」「飲食文化專題史」兩大專項選題研究方面的協作，冀其為原始農業、畜牧業以來的中華民族食生產、食生活的文明做一初步的瞰窺勾測，從而為更理性、更深化的研究，為中華食學的堅實確立準備必要的基礎。為此，本人做了一系列先期努力。一九九一年北京召開了「首屆中國飲食文化國際學術研討會」，自此，也開始了迄今為止歷時二十年之久的該套叢書出版的艱苦歷程。其間，本人備嘗了時下中國學術堅持的艱難與苦澀，所幸的是，《中國飲食文化史》（十卷本）終於要出版了，作為主編此時真是悲喜莫名。

　　將人類的食生產、食生活活動置於特定的自然生態與歷史文化系統中審視認知並予以概括表述，是三十多年前本人投諸飲食史、飲食文化領域研習思考伊始所依循的基本方法。這讓我逐漸明確了「飲食文化圈」的理論思維。中國學人對民眾食事文化的關注淵源可謂久遠。在漫長的民族飲食生活史上，這種關注長期依附於本草學、農學而存在，因而形成了中華飲食文化的傳統特色與歷史特徵。初刊於一七九二年的《隨園食單》可以視為這種依附傳統文化轉折的歷史性標誌。著者中國古代食聖袁枚「平生品味似評詩」，潛心戮力半世紀，以開創、標立食學深自期許，然限於歷史時代侷限，終未遂其所願——抱定「皓首窮經」「經國濟世」之理念建立食學，使其成為傳統士子麕集的學林。

　　食學是研究不同時期、各種文化背景下的人群食事事象、行為、性質及其規律的一門綜合性學問。中國大陸食學研究熱潮的興起，文化運氣系接海外學界之

後，二十世紀中葉以來，日、韓、美、歐以及港、臺地區學者批量成果的發表，蔚成了中華食文化研究熱之初潮。社會飲食文化的一個最易為人感知之處，就是都會餐飲業，而其衰旺與否的最終決定因素則是大眾的消費能力與方式。正是餐飲業的持續繁榮和大眾飲食生活水準的整體提高，給了中國大陸食學研究以不懈的助動力。在中國飲食文化熱持續至今的三十多年中，經歷了「熱學」「顯學」兩個階段，而今則處於「食學」漸趨成熟階段。以國人為主體的諸多富有創見性的文著累積，是其漸趨成熟的重要標誌。

　　人類文化是生態環境的產物，自然環境則是人類生存發展依憑的文化史劇的舞台。文化區域性是一個歷史範疇，一種文化傳統在一定地域內沉澱、累積和承續，便會出現不同的發展形態和高低不同的發展水平，因地而宜，異地不同。飲食文化的存在與發展，主要取決於自然生態環境與文化生態環境兩大系統的因素。就物質層面說，如俗語所說：「一方水土養一方人」，其結果自然是「一方水土一方人」，飲食與飲食文化對自然因素的依賴是不言而喻的。早在距今一萬至六千年，中國便形成了以粟、菽、麥等「五穀」為主要食物原料的黃河流域飲食文化區、以稻為主要食物原料的長江流域飲食文化區、以肉酪為主要食物原料的中北草原地帶的畜牧與狩獵飲食文化區這不同風格的三大飲食文化區域類型。其後西元前二世紀，司馬遷曾按西漢帝國版圖內的物產與人民生活習性作了地域性的表述。山西、山東、江南（彭城以東，與越、楚兩部）、龍門碣石北、關中、巴蜀等地區因自然生態地理的差異而決定了時人公認的食生產、食生活、食文化的區位性差異，與史前形成的中國飲食文化的區位格局相較，已經有了很大的發展變化。而後再歷二十多個世紀至十九世紀末，在今天的中國版圖內，存在著東北、中北、京津、黃河下游、黃河中游、西北、長江下游、長江中游、西南、青藏高原、東南十一個結構性子屬飲食文化區。再以後至今的一個多世紀，儘管食文化基本區位格局依在，但區位飲食文化的諸多結構因素卻處於大變化之中，變化的速度、廣度和深度，都是既往歷史上不可同日而語的。生產力的結構性變化和空前發展；食生產工具與方式的進步；信息傳遞與交通的便利；經濟與商業的發展；人口大規模的持續性流動與城市化進程的快速發展；思想與觀念的更新進化等，這一切都大大超越了食文化物質交換補益的層面，而具有更深刻、更重大的意義。

　　各飲食文化區位文化形態的發生、發展都是一個動態的歷史過程，「不變中有

變、變中有不變」是飲食文化演變規律的基本特徵。而在封閉的自然經濟狀態下，「靠山吃山靠水吃水」的飲食文化存在方式，是明顯「滯進」和具有「惰性」的。所謂「滯進」和「惰性」是指：在決定傳統餐桌的一切要素幾乎都是在年復一年簡單重複的歷史情態下，飲食文化的演進速度是十分緩慢的，人們的食生活是因循保守的，「周而復始」一詞正是對這種形態的概括。人類的飲食生活對於生息地產原料並因之決定的加工、進食的地域環境有著很強的依賴性，我們稱之為「自然生態與文化生態環境約定性」。生態環境一般呈現為相當長歷史時間內的相對穩定性，食生產方式的改變，一般也要經過很長的歷史時間才能完成。而在「雞犬之聲相聞，民至老死不相往來」的相當封閉隔絕的中世紀，各封閉區域內的人們是高度安適於既有的一切的。一般來說，一個民族或某一聚合人群的飲食文化，都有著較為穩固的空間屬性或區位地域的植根性、依附性，因此各區位地域之間便存在著各自空間環境下和不同時間序列上的差異性與相對獨立性。而從飲食生活的動態與飲食文化流動的屬性觀察，則可以說世界上絕大多數民族（或聚合人群）的飲食文化都是處於內部或外部多元、多渠道、多層面的、持續不斷的傳播、滲透、吸收、整合、流變之中。中華民族共同體今天的飲食文化形態，就是這樣形成的。

隨著各民族人口不停地移動或遷徙，一些民族在生存空間上的交叉存在、相互影響（這種狀態和影響自古至今一般呈不斷加速的趨勢），飲食文化的一些早期民族特徵逐漸地表現為區位地域的共同特徵。迄今為止，由於自然生態和經濟地理等諸多因素的決定作用，中國人主副食主要原料的分布，基本上還是在漫長歷史過程中逐漸形成的基本格局。宋應星在談到中國歷史上的「北麥南稻」之說時還認為：「四海之內，燕、秦、晉、豫、齊、魯諸蒸民粒食，小麥居半，而黍、稷、稻、粱僅居半。西極川、雲，東至閩、浙、吳楚腹焉……種小麥者二十分而一……種餘麥者五十分而一，閭閻作苦以充朝膳，而貴介不與焉。」這至少反映了宋明時期麥屬作物分布的大勢。直到今天，東北、華北、西北地區仍是小麥的主要產區，青藏高原是大麥（青稞）及小麥的產區，黑麥、燕麥、蕎麥、葆麥等雜麥也主要分布於這些地區。這些地區除麥屬作物之外，主食原料還有粟、秫、玉米、稷等「雜糧」。而長江流域及以南的平原、盆地和壩區廣大地區，則自古至今都是以稻作物為主，其山區則主要種植玉米、粟、蕎麥、紅薯、小麥、大麥、旱稻等。應當看到，糧食作物今天的品種分布狀態，本身就是不斷演變的歷史性結

果，而這種演變無論表現出怎樣的相對穩定性，它都不可能是最終格局，還將持續地演變下去。

歷史上各民族間飲食文化的交流，除了零星漸進、潛移默化的和平方式之外，在災變、動亂、戰爭等特殊情況下，出現短期內大批移民的方式也具有特別的意義。其間，由物種傳播而引起的食生產格局與食生活方式的改變，尤具重要意義。物種傳播有時並不依循近鄰滋蔓的一般原則，伴隨人們遠距離跋涉的活動，這種傳播往往以跨越地理間隔的童話般方式實現。原產美洲的許多物種集中在明代中葉聯袂登陸中國就是典型的例證。玉米、紅薯自明代中葉以後相繼引入中國，因其高產且對土壤適應性強，於是長江以南廣大山區，魯、晉、豫、陝等大片久耕密植的貧瘠之地便很快迭相效應，迅速推廣開來。山區的瘠地需要玉米、紅薯這樣的耐瘠抗旱作物，傳統農業的平原地區因其地力貧乏和人口稠密，更需要這種耐瘠抗旱而又高產的作物，這就是各民族民眾率相接受玉米、紅薯的根本原因。這一「根本原因」甚至一直深深影響到二十世紀八〇年代以前。中國大陸長期以來一直以提高糧食畝產、單產為壓倒一切的農業生產政策，南方水稻、北方玉米，幾乎成了各級政府限定的大田品種種植的基本模式。

嚴格說來，很少有哪些飲食文化區域是完全不受任何外來因素影響的純粹本土的單質文化。也就是說，每一個飲食文化區域都是或多或少、或顯或隱地包融有異質文化的歷史存在。中華民族飲食文化圈內部，自古以來都是域內各子屬文化區位之間互相通融補益的。而中華民族飲食文化圈的歷史和當今形態，也是不斷吸納外域飲食文化更新進步的結果。一九八二年筆者在新疆歷時半個多月的一次深度考察活動結束之後，曾有一首詩：「海內神廚濟如雲，東西甘脆皆與聞。野駝渾烹標青史，肥羊串炙喜今人。乳酒清洌爽筋骨，奶茶濃郁尤益神。朴勞納仁稱異饌，金特克缺愧寡聞。胡餅西肺欣再睹，葡萄密瓜連筳陳。四千文明源泉水，雲裡白毛無銷痕。晨鐘傳於二三聲，青眼另看大宛人。」詩中所敘的是維吾爾、哈薩克、柯爾克孜、烏孜別克、塔吉克、塔塔爾等少數民族的部分風味食品，反映了西北地區多民族的獨特飲食風情。中國有十個少數民族信仰伊斯蘭教，他們主要或部分居住在西北地區。因此，伊斯蘭食俗是西北地區最具代表性的飲食文化特徵。而西北地區，眾所周知，自漢代以來直至西元七世紀一直是佛教文化的世界。正是來自阿拉伯地區的影響，使佛教文化在這裡幾乎消失殆盡了。當然，西北地區還有漢、蒙古、錫伯、達斡爾、滿、俄羅斯等民族成分。西

北多民族共聚的事實，就是歷史文化大融匯的結果，這一點，同樣是西北地區飲食文化獨特性的又一鮮明之處。作為通往中亞的必由之路，舉世聞名的絲綢之路的幾條路線都經過這裡。東西交會，絲綢之路飲食文化是該地區的又一獨特之處。中華飲食文化通過絲綢之路吸納域外文化因素，確切的文字記載始自漢代。張騫（？-前114年）於漢武帝建元三年（西元前138年）、元狩四年（西元前119年）的兩次出使西域，使內地與今天的新疆及中亞的文化、經濟交流進入到了一個全新的歷史階段。葡萄、苜蓿、胡麻、胡瓜、蠶豆、核桃、石榴、胡蘿蔔、蔥、蒜等菜蔬瓜果隨之來到了中國，同時進入的還有植瓜、種樹、屠宰、截馬等技術。其後，西漢軍隊為能在西域伊吾長久駐紮，便將中原的挖井技術，尤其是河西走廊等地的坎兒井技術引進了西域，促進了灌溉農業的發展。

至少自有確切的文字記載以來，中華版圖內外的食事交流就一直沒有間斷過，並且呈與時俱進、逐漸頻繁深入的趨勢。漢代時就已經成為黃河流域中原地區的一些主食品種，例如餛飩、包子（籠上牢丸）、餃子（湯中牢丸）、麵條（湯餅）、饅首（有餡與無餡）、餅等，到了唐代時已經成了地無南北東西之分，民族成分無分的、隨處可見的、到處皆食的大眾食品了。今天，在中國大陸的任何一個中等以上的城市，幾乎都能見到以各地區風味或少數民族風情為特色的餐館。而隨著人們消費能力的提高和消費觀念的改變，到異地旅行，感受包括食物與飲食風情在內的異地文化已逐漸成了一種新潮，這正是各地域間食文化交流的新時代特徵。這其中，科技的力量和由科技決定的經濟力量，比單純的文化力量要大得多。事實上，科技往往是文化流變的支配因素。比如，以筷子為食具的箸文化，其起源已有不下六千年的歷史，漢以後逐漸成為漢民族食文化的主要標誌之一；明清時期已普及到絕大多數少數民族地區。而現代化的科技烹調手段則能以很快的速度為各族人民所接受。如電飯煲、微波爐、電烤箱、電冰箱、電熱炊具或氣體燃料新式炊具、排煙具等幾乎在一切可能的地方都能見到。真空包裝食品、方便食品等現代化食品、食料更是無所不至。

黑格爾說過一句至理名言：「方法是決定一切的」。筆者以為，飲食文化區位性認識的具體方法儘管可能很多，儘管研究方法會因人而異，但方法論的原則卻不能不有所規範和遵循。

首先，應當是歷史事實的真實再現，即通過文獻研究、田野與民俗考察、數學與統計學、模擬重複等方法，去盡可能摹繪出曾經存在過的飲食歷史文化構

件、結構、形態、運動。區位性研究，本身就是要在某一具體歷史空間的平臺上，重現其曾經存在過的構建，如同考古學在遺址上的工作一樣，它是具體的，有限定的。這就要求我們對於資料的篩選必須把握客觀、真實、典型的原則，絕不允許研究者的個人好惡影響原始資料的取捨剪裁，客觀、公正是絕對的原則。

其次，是把飲食文化區位中的具體文化事象視為該文化系統中的有機構成來認識，而不是將其孤立於整體系統之外釋讀。割裂、孤立、片面和絕對地認識某一歷史文化，只能遠離事物的本來面目，結論也是不足取的。文化承載者是有思想的、有感情的活生生的社會群體，我們能夠憑藉的任何飲食文化遺存，都曾經是生存著的社會群體的食生產、食生活活動事象的反映，因此要把資料置於相關的結構關係中去解讀，而非孤立地認斷。在歷史領域裡，有時相近甚至相同的文字符號，卻往往反映不同的文化意義，即不同時代、不同條件下的不同信息也可能由同一文字符號來表述；同樣的道理，表面不同的文字符號也可能反映同一或相近的文化內涵。也就是說，我們在使用不同歷史時期各類著述者留下來的文獻時，不能只簡單地停留在文字符號的表面，而應當準確透析識讀，既要盡可能地多參考前人和他人的研究成果，還要考慮到流傳文集記載的版本等因素。

再次，飲食文化的民族性問題。如果說飲食文化的區域性主要取決於區域的自然生態環境因素的話，那麼民族性則多是由文化生態環境因素決定的。而文化生態環境中的最主要因素，應當是生產力。一定的生產力水平與科技程度，是文化生態環境時代特徵中具有決定意義的因素。《詩經》時代黃河流域的漬菹，本來是出於保藏的目的，而後成為特別加工的風味食品。今日東北地區的酸菜、四川的泡菜，甚至朝鮮半島的柯伊姆奇（泡菜）應當都是其餘韻。今日西南許多少數民族的粑粑、餌塊以及東北朝鮮族的打糕等蒸舂的稻穀粉食，是古時杵臼搗制餈餌的流風。蒙古族等草原文化帶上的一些少數民族的手扒肉，無疑是草原放牧生產與生活條件下最簡捷便易的方法，而今竟成草原情調的民族獨特食品。同樣，西南、華中、東南地區許多少數民族習尚的熏臘食品、酸酵食品等，也主要是由於貯存、保藏的需要而形成的風味食品。這也與東北地區人們冬天用雪埋、冰覆，或潑水掛臘（在肉等食料外潑水結成一層冰衣保護）的道理一樣。以至北方冬天吃的凍豆腐，也竟成為一種風味獨特的食料。因為歷史上人們沒有更好的保藏食品的方法。因此可以說，飲食文化的民族性，既是地域自然生態環境因素決定的，也是文化生態因素決定的，因此也是一定生產力水平所決定的。

又次，端正研究心態，在當前中華飲食文化中具有特別重要的意義。冷靜公正、實事求是，是任何學科學術研究的絕對原則。學術與科學研究不同於男女談戀愛和市場交易，它否定研究者個人好惡的感情傾向和局部利益原則，要熱情更要冷靜和理智；反對偏私，堅持公正；「實事求是」是唯一可行的方法論原則。

多年前北京釣魚台國賓館的一次全國性飲食文化會議上，筆者曾強調食學研究應當基於「十三億人口，五千年文明」的「大眾餐桌」基本理念與原則。我們將《中國飲食文化史》（十卷本）的付梓理解為「飲食文化圈」理論的認知與嘗試，不是初步總結，也不是什麼了不起的成就。

儘管飲食文化研究的「圈論」早已經為海內外食學界熟知並逐漸認同，十年前《中國國家地理雜誌》以我提出的「舌尖上的秧歌」為封面標題出了「圈論」專號，次年CCTV-10頻道同樣以我建議的「味蕾的故鄉」為題拍攝了十集區域飲食文化節目，不久前一位歐洲的博士學位論文還在引用和研究。這一切也還都是嘗試。

《中國飲食文化史》（十卷本）工程迄今，出版過程歷經周折，與事同道幾易其人，作古者凡幾，思之唏噓。期間出於出版費用的考慮，作為主編決定撤下叢書核心卷的本人《中國飲食文化》一冊，儘管這是當時本人所在的杭州商學院與旅遊學院出資支持出版的前提。雖然，現在「杭州商學院」與「旅遊學院」這兩個名稱都已經不復存在了，但《中國飲食文化史》（十卷本）畢竟得以付梓。是為記。

趙榮光

夏曆癸巳年初春，西元二〇一三年三月

杭州西湖誠公齋書寓

目錄

Contents

第一章　概述

中國是世界上最古老的文明古國之一，中華文明是人類歷史上有數的獨立起源的古文明之一，有著從未間斷的綿延歷史。在源遠流長的中華文化中，西北地區的飲食文化擔當了非常重要的角色。從距今八千年的伏羲時代開始，生生不息傳承至今。

伏羲是華夏民族的人文始祖，一說起源於祖國幾何中心的甘肅省天水市，並由此向周邊地區傳播。伏羲時代已經由傳統的自然採集及漁獵經濟向定居的農牧業經濟過渡，創造了諸多的飲食文明。其中糧食作物「黍」與「粟」的人工栽培，成為主要的食物來源，包括菜籽油的食用。在發展農業的同時，肉類生產也有了快速的發展，以人工飼養豬、牛、羊、雞、狗等家畜為代表，使日常的飲食生活平穩有序。而傳統採集和漁獵活動的繼續，使西北地區的飲食生活多姿多彩，極大地豐富了飲食文化的內涵。隨著絲綢之路的開通，西北地區最先享受到西方飲食文化的成果，外來文化和食物品種的傳入，使這裡的飲食文化具有了鮮明的特點。胡食的興起，香料的廣泛使用，多民族的團結融合，清真飲食文化的異軍突起，使得西北飲食文化色彩斑斕，獨樹一幟。

悠久的中國飲食文化，與世界飲食文化一樣，大體經歷了由「茹毛飲血」到今天各具特色的現代飲食文化。在漫長的歷史發展過程中，中國的飲食文化始終處於世界飲食文化的領先地位，大體從距今一四〇〇萬年的開遠臘瑪古猿開始，歷經了距今二五〇萬年的「東方人」[1]、距今二〇四萬至二〇一萬年間的「巫山人」[2]、一七〇萬年前的「元謀人」[3]、距今六十五萬至五十萬年間的「藍田人」[4]、距今六十萬至五十萬年間的「北京猿人」、三十五萬年前的「南京人」、距今二十萬至十

1　雲南省博物館：《十年來雲南文物考古新發現及研究》，《文物考古工作十年》，文物出版社，1991年，第273頁。

2　四川省文物管理委員會、四川省文物考古研究所：《四川省文物考古十年》，《文物考古工作十年》，文物出版社，1991年，第251頁。

3　雲南省博物館：《十年來雲南文物考古新發現及研究》，《文物考古工作十年》，文物出版社，1991年，第273頁。

4　陝西省考古研究所：《十年來陝西省文物考古的新發現》，《文物考古工作十年》，文物出版社，1991年，第294頁。

萬年間的遼寧「金牛人」、距今十萬至五萬年間的「許昌人」、距今四萬至一萬年間的北京「山頂洞人」等，以及當代著名歷史學家李學勤先生提出的「遠古的伏羲、炎帝時期」[1]，文獻記載以黃帝為代表的「五帝時期」[2]、距今四〇七〇年的夏王朝時期[3]、一九一一年推翻帝制後的民國時期，一直延伸到改革開放的二十一世紀，形成了一個完整的飲食文化進化體系。從中華先民們使用火，並用火燒熟食物開始，發展到今天，特別是從夏王朝以來的傳統農業社會，在「以農為本」的國策引領下，飲食文化提升到了前所未有的地位，人們對飲食文化產生了全新的認識。

一、西北地區的區劃構成

中國地大物博，幅員遼闊，地理緯度與氣候大不相同，因此中國的飲食文化又呈現出不同的地域特色。我國的自然地理狀況是西高東低南北不同。從西至東呈三級階梯，其中最高的第一階梯便是西部的青藏高原；第二階梯為向北向東下降的一系列高原和盆地，包括西部的黃土高原；第三階梯為大興安嶺、太行山、巫山等一線以東的平原及丘陵。按照飲食文化是地域文化的理論，本書重點述及西北地區的飲食文化，地區涵蓋甘肅省、寧夏回族自治區、青海省和新疆維吾爾自治區（簡稱甘、寧、青、新）。

❶ · 政治意義上的「西北」

從單純的地理位置而言，西北地區的甘、寧、青、新位於中華人民共和國的中部及西部地區，範圍在東經73°40´-108°40´，北緯31°-47°10´之間。而甘肅省的蘭州市則處於祖國的地理中心，現在之所以稱作西部、西北、大西北或小西北者，是

1　李學勤：《深入探討遠古歷史研究的方法論問題》，《炎帝·姜炎文化與和諧社會》，三秦出版社，
　　2007年，第1頁。
2　司馬遷：《史記》，中華書局，1959年，第1頁。
3　夏商周斷代工程專家組：《夏商周斷代工程1996-2000年階段成果報告》，世界圖書出版公司，2000
　　年，第86頁。

政治概念上的西北，是以傳統的政治中心為坐標的。具體而言，就是以當時的王城為中心，向四面八方輻射，所以不同的地區在不同的時代背景下，有著不同的方位之稱。

如，殷商之際，中央王朝的中心在殷墟（今河南安陽一帶），華山以西均稱之為「西」。

西元前七七〇年，周平王東遷洛陽，洛陽又成為東周的政治中心，以嵩山為中嶽，區分東南西北。西元前二二一年，秦始皇統一六國，建都咸陽，「則五嶽、四瀆皆並在東方」[1]。漢代秦而立，建都長安，中心又回到了關中。

唐代以後，隨著政治中心向東南轉移，甘、寧、青、新地區便被固定在西北的概念之中，直到今天。目前西北地區的基本情況是：

土地面積：甘、寧、青、新地區共有土地面積290.31萬平方公里，占全國國土總面積960萬平方公里的30.24%；其中，甘肅耕地面積5329.67萬畝；寧夏耕地面積894萬畝；青海耕地面積為884.5萬畝；新疆耕地面積為6055.81萬畝。

人口分布：根據甘、寧、青、新四省（自治區）發布的年度報告，截止到二〇一〇年年末，甘肅全省總人口為2716.73萬人；寧夏全區總人口630.14萬人；青海全省總人口562.67萬人；新疆全區總人口2208.71萬人。

二〇一〇年年末，甘、寧、青、新地區總人口為6118.25萬人，占二〇一〇年年末全國總人口13.41億人的2.1918%。就人口與土地面積比而言，西北地區真正是地大物博而人口密度又小於全國平均數的地區，有著極大的發展空間和良好的可持續發展前景。

❷ · 地域文化的單元劃分

著名的絲綢之路從四省區經過，作為歐亞大陸橋的交通幹線及文化交流的首惠地區，對於中國飲食文化與國際間的交流發展曾起過相當重要的作用。

1　司馬遷：《史記》，中華書局，1959年，第1371頁。

古老的中國飲食文化，因受到地理環境的長期制約，形成了以秦嶺至淮河流域為自然分界線的南稻北粟的飲食文化大區。但是，從地理和人文的文化角度考察，還可以細分成許多小區，依照史學家徐蘋芳、安志敏等先生的觀點，則可分成二十二個特色鮮明的地域單元文化，它們分別是：

（1）以陝西省為中心的「三秦文化」；

（2）以河南省為中心的「中州文化」；

（3）以河北省為中心的「燕趙文化」；

（4）以山西省為中心的「三晉文化」；

（5）以山東省為中心的「齊魯文化」；

（6）以遼寧省、吉林省、黑龍江省為中心的「關東文化」；

（7）以湖北省、湖南省為中心的「荊楚文化」；

（8）以江蘇省、浙江省為中心的「吳越文化」；

（9）以安徽省為中心，包括江蘇省北部、山東省及河南省南部地區的「兩淮文化」；

（10）以江西省為中心的「江西文化」；

（11）以四川省、重慶市為中心的「巴蜀文化」；

（12）以廣東省為中心的「嶺南文化」；

（13）以廣西壯族自治區為中心的「八桂文化」；

（14）以福建省為中心的「八閩文化」；

（15）以臺灣省為中心的「臺灣文化」；

（16）海南省的「瓊州文化」；

（17）以雲南省為中心的「滇雲文化」；

（18）以貴州省為中心的「黔貴文化」；

（19）以內蒙古自治區為中心的「草原文化」；

（20）以甘肅省、寧夏回族自治區為中心的「隴右文化」；

（21）以新疆維吾爾自治區為中心的「西域文化」；

（22）以青海省、西藏自治區為中心的「青藏文化」。

上述二十二個地域單元文化，是在自然與人類活動共同作用下形成的。飲食文化的發展首先是受地理環境等自然條件的制約，地理環境對於一個民族或一個國家社會的發展，可以起加速或延緩的作用。由於甘、寧、青、新地區均在與陝西分界的隴山以西，所以歷史上又通稱為「隴右地區」。張衡《西京賦》認為隴山起著「隔閡華戎」的作用，一句話道出了西北地區的文化特色。

西北地區廣袤的土地、多民族的聚居，以及豐富的考古發現，形成了色彩絢麗的西北飲食文化。若按上述的地域文化單元劃分，西北四省區應分別屬於「隴右文化」「西域文化」和「青藏文化」的範疇。

❸ · 生態環境與物產

一方水土養一方人，人類的發展離不開自然環境，飲食文化的發展同樣依賴於自然環境和人文環境。甘、寧、青、新地區有著獨特的自然地理特點，它處於中國自西向東、由高至低地勢的第一、二階梯。這裡有世界最高的青藏高原和本區域最高點——海拔六八六〇米的崑崙山布喀達板峰。高大山川縱橫綿延，有秦嶺、祁連山、崑崙山、唐古拉山、阿爾金山、巴顏喀拉山、賀蘭山；有天山、阿爾泰山、喀喇崑崙山等。這裡大川密布，是長江、黃河、瀾滄江的發源地，被譽為「江河源頭」和「中華水塔」。塔克拉瑪乾沙漠、白龍堆沙漠、騰格里沙漠以及一望無際的戈壁灘與青海湖、博斯騰湖、賽里木湖等錯落分布。這裡分布著準噶爾盆地、塔里木盆地、焉耆（qí）盆地、吐魯番盆地、青海湖盆地、共和盆地、西寧盆地，還有寧夏平原、河湟谷地和令人矚目的黃土高原，以及一個個農業區和中國五大牧區中的甘南牧區、寧夏牧區、青海牧區、新疆牧區與戈壁灘上大大小小的綠洲。

複雜的高原地形和典型的大陸性氣候，使本地區形成了以平原、谷地、綠洲為特色的農業經濟，和以山地、草原為特色的牧業經濟，共同構成了豐富多彩的飲食文化。

西北地區的黃土高原是中國農業文明的發祥地之一，八千年以來一直是傳統

的麻、黍、稷、麥、菽等穀物的種植區。特別值得關注的是，在甘肅民樂縣東灰山發現的距今四千多年的小麥等五種作物的炭化籽粒，是我國境內年代最早的小麥標本，引發了小麥到底起源於中國還是從西方國家引進的討論。毫無疑問，小麥在西北地區的廣泛種植與推廣，對整個中國飲食文化的發展有著十分重要的意義。

甘、寧、青、新地區由於地域跨度大，海拔高度差異明顯，故氣候條件複雜多變。其中：

甘肅：「全省平均氣溫在0℃-15℃之間，分布趨勢大致自東南向西北遞減」[1]；甘肅是乾旱少雨的省分，其「年降水量約在35-810毫米之間。空間分布自東南向西北遞減，大致為東南多，西北少，中部有個少雨帶，河西走廊平均降水40-200毫米，最少的敦煌，年平均降水39.7毫米，是全省也是全國降水量最少的地區之一。」[2]※

甘肅乾旱半乾旱的自然條件，成為以種植小麥、玉米、穀子、高粱、黃豆以及薯類為主的主產區。祁連山高寒半乾旱區、甘南高寒濕潤區，則以種植小麥、青稞、燕麥、蠶豆、春麥、豌豆、馬鈴薯、油菜以及飼料作物和耐寒作物等為主。

甘肅的經濟作物有油料、甜菜、棉花、中藥材、麻類、煙草、蔬菜、瓜果等。

在傳統農業經濟當中，發源於甘肅的農作物就有：黍、粱、麻、麥（小麥、大麥）。其中黍發源於八千年前的甘肅秦安地區；小麥、大麥和粱，發源於五千多年前的甘肅民樂地區。麻作為古代重要的食用作物，最早發現於甘肅省東鄉林家馬家

1　《中國農業全書・甘肅卷》編輯委員會：《中國農業全書・甘肅卷》，中國農業出版社，1997年，第20頁。

2　《中國農業全書・甘肅卷》編輯委員會：《中國農業全書・甘肅卷》，中國農業出版社，1997年，第27-28頁。

※　編者註：為方便讀者閱讀，本書將連續占有三行及以上的引文改變了字體。對於在同一個自然段（或同一個內容小板塊）裡的引文，雖不足三行但斷續密集引用的也改變了字體。

窯文化遺址，同樣距今已有5000多年的歷史。

特殊的地理環境，使甘肅的飲食自古以來就呈現出多樣化的特點。農業區以麵食為主，如敦煌黃麵、炸油糕，慶陽的臊子麵、蕎麥餄餎麵，天水的釀皮、蕎麥涼粉、呱呱、攪團、漿水麵，張掖的搓魚麵、羊肉粉皮麵筋，蘭州的炒麵片、拉條子、清湯牛肉拉麵等，即使是今天的品牌，也都鐫刻著歷史的印記。

以甘南為代表的牧區，主要的生計方式是放牧牛羊，其飲食生活以吃牛羊肉、奶酪、喝牛羊奶為主，麵食則以糌粑（zānbā）為主要食品。

寧夏：「全省平均氣溫在5℃-9℃之間，呈北高南低變化趨勢」[1]。其「年平均降水量為178-680毫米，南多北少」[2]。千百年來寧夏有著「天下黃河富寧夏」的說法，這裡除了傳統的穀物生產之外，還大量種植水稻，有「塞上江南」之美稱。

寧夏牧區自西夏時期就以產羊而久負盛名，此地草肥水美羊群壯，今人讚美道：「這裡的羊吃的是中草藥，喝的是礦泉水，羊肉肥而不膩、鮮而不羶」。特別是生活在這裡的回族同胞，十分講究衛生，除個人衛生、家庭衛生外，飲食衛生尤其講究，處處突出「潔淨」二字。體現出「以養為本，以潔為要，以德為先」[3]的飲食理念，創造出著名的手抓羊肉、燴羊雜碎、涮羊肉、牛羊肉泡饃、蒸糕、油香、饊子等特色的清真美食。還有「三砲臺」「八寶茶」等蓋碗茶，成為寧夏回族茶文化的又一大特色。

青海：「全省年平均氣溫在6℃-9℃之間，東部的黃河、湟水谷地與柴達木盆地為高溫區，青南高原和祁連山區為低溫區」；而「極端最低氣溫，黃、湟谷地一般低於-24℃，青南高原的瑪多為-48.1℃」[4]。「青海多年平均降水量為16.7-776.1毫

1　《中國農業全書·寧夏卷》編輯委員會：《中國農業全書·寧夏卷》，中國農業出版社，1998年，第8頁。

2　《中國農業全書·寧夏卷》編輯委員會：《中國農業全書·寧夏卷》，中國農業出版社，1998年，第9頁。

3　楊柳主編：《中國清真飲食文化》，中國輕工業出版社，2009年。

4　《中國農業全書·青海卷》編輯委員會：《中國農業全書·青海卷》，中國農業出版社，2001年，第9頁。

米。降水量的分布由東南向西北漸次減少」[1]。

　　青海位於青藏高原，氣候條件比較差，農作物以傳統的小麥、青稞、馬鈴薯、豌豆、蠶豆、油菜六大作物為主。

　　青海的麵食頗具特色，其中以餛鍋饃饃、拉條子、燴麵片、尕麵片、狗澆尿油餅等為特色食品。肉食以烤羊肉、五香牛肉乾（犛牛）、爆燜羊羔肉等最為有名。

　　青海以畜牧業為主要經濟類型，是中國傳統的肉食生活區。形成了極具特色的飲食生活，藏族同胞的糌粑、犛牛肉以及奶酪食品，還有酥油茶、青稞酒，成為西北地區飲食文化的特色符號。

　　新疆：「新疆遠離海洋，東、南、北三面環山，氣溫變化劇烈，屬典型的大陸性乾旱氣候，其中北疆為溫帶大陸性乾旱氣候，南疆為暖溫帶大陸性乾旱氣候」。新疆「年平均氣溫：北疆年平均氣溫為2.5℃-5.0℃，南疆年平均氣溫為10℃左右，吐魯番較高，可達14℃」。其中「年降水量北疆為255毫米，南疆為160毫米」。[2] 新疆地域遼闊，氣候變化大，吐魯番的夏天最高溫度可達到39.9℃。日照時間長，光合作用好，非常有利於農作物的生長，尤其是瓜果。伊寧的蘋果、蟠桃，吐魯番的葡萄，哈密的瓜，甘甜可口，名滿天下。

　　新疆是我國著名的牧業生產區，草原廣闊，水草肥美，牛羊成群，傳統的肉類主要有羊肉、牛肉、雞肉、魚肉等，特別是羊肉比較多。新疆的烤羊肉、烤全羊、大盤雞、烤羊肉串等菜餚，奶製品中的乳酪、酸奶、奶干、奶皮子、奶油，麵食中的薄皮包子、油塔子、油饊子、饢，以及手抓飯、米腸子、麵肺子等都是聞名遐邇的美味佳餚。

1　《中國農業全書・青海卷》編輯委員會：《中國農業全書・青海卷》，中國農業出版社，2001年，第12頁。

2　《中國農業全書・新疆卷》編輯委員會：《中國農業全書・新疆卷》，中國農業出版社，2000年，第9頁。

二、西北地區農耕文明的肇始與創新

豐富多彩的西北地區飲食文化，有著悠久的歷史和諸多的文化亮點。

❶．食材培育的領先者

就食材培育而言，除了前文所述的中國境內發現年代最早的小麥標本——甘肅民樂東灰山炭化小麥外，西北地區還有三個第一。

首先，一九八〇年在甘肅秦安大地灣一期文化遺址中，發現了距今8000年的已經炭化的糧食作物黍和油菜籽，這是中國考古發現中年代最早的標本，對於飲食文化的理論研究具有十分重要的意義。

其次，考古發掘中發現了8000年前西北地區的飲食中已經出現了羊肉，同樣是目前國內考古發現中最早的羊的標本。羊，肉質鮮美，即所謂「羊大為美」，因而傳統飲食中的羔、美、羞（饈）、羹都與羊有關。羊是人類重要的飲食資源之一，在中國的飲食文化中有著十分重要的地位。

再次，更令人驚奇的是，還發現了8000多年以前西北地區同時出現了養殖雞肉，成為中國家庭養雞的最早記錄。西北地區家雞的發現，為深入探討家雞的起源提供了重要的年代依據和實物證據。

❷．八卦與農耕文明

西北地區最引人驕傲的是農業文明的產物——八卦。

甘、寧、青、新地區歷史悠久文化燦爛，人文歷史最早可以追溯到遠古的伏羲時代。伏羲是西北農耕文化的代表人物，他對人類文明進步做出最偉大的貢獻就是發明了八卦，他發明八卦的卦台山至今遺址尚在。《易·繫辭下》稱：

古者包犧氏之王天下也，仰則觀象於天，俯則觀法於地，觀鳥獸之文，與地之宜，近取諸身，遠取諸物，於是始作八卦，以通神明之德，以類萬物之情。作結繩而為罔罟（gǔ），以佃以漁，蓋取諸《離》。

作為最早的文獻記錄，表現出伏羲既是普普通通的勞動者，同時又是代表著一

個時代的發明家，所說觀天、察地、視人、取物，其實也就是一個學習、積累、創造與昇華的過程。

「作結繩而為罔罟」，就是發明漁獵之網以捕獲更多的漁獵之物，較之於用石球、樹杈捕魚要先進得多。所以《潛夫論》說：「結繩為網以漁。」《古史考》亦載：「伏羲作罔」。

「以佃」者，佃，狩獵之意，就是教民捕獵。

「蓋取諸《離》」者，乃是六十四卦中的「離」卦。其意為：「《彖》曰：離，麗也。日月麗乎天，百穀草木麗乎土。重明以麗乎正，乃化成天下。柔麗乎中正，故亨，是以『畜牝牛吉』也。」該卦是說如日月附麗於天，能普照天下；百穀草木附麗於地，能使五穀生殖，又能飼養動物發展畜牧。這是先民們生產生活的真實寫照。

創造，是人類發展進化的重要表現，在遠古時期也可視之為向大自然索取的一種手段。伏羲之所以被尊為中華民族的人文始祖，其原因之一就是他的發明與存在是社會發展的需要，否則早就被人遺忘了。有關專家指出：「神話學家們已經發現，不少神話中的神與文化英雄，都是實有其人，他們常常是一個民族的始祖，或者是

▲圖1-1　位於甘肅麥積區的卦台山，是伏羲畫八卦的地方，距今已有8000年的歷史

在民族歷史上作出過特殊貢獻的人物。」[1]

八卦，是農耕民族的產物，與飲食文化有著密不可分的關係，之後也衍生出了許多民俗現象。

八卦為：乾、坤、震、艮、離、坎、兌、巽，對應為：天、地、雷、山、水、火、澤、風。可以認為「八卦就是八大類象徵」[2]，內涵之豐富囊括了當時人們對客觀世界的最高認識，包括天文學在內。在中國科技發展史上，最發達的就是中國古代的天文曆法，它是我們這個傳統農業國家的象徵。學者謝世俊先生認為，「用恆星天空星象定節氣，以八卦為符號」[3]，並專列一表予以說明：

八　卦	震	巽	離	坤	兌	乾	坎	艮
方　位	東	東南	南	西南	西	西北	北	東北
節　氣	春分	立夏	夏至	立秋	秋分	立冬	冬至	立春

八卦實際上是先民們在農業生產過程中長期以來形成的一種對事物、對自然、對宇宙認識的方法。數字「八」之所以被重視和神聖化，「並不是直接源於明顯的特別有影響的自然事物，而是出於人類的智慧思維」[4]。因此，八卦代表著社會與生活的各個方面，其中農業文明和飲食文化就與天文曆法有關，是日積月累長期形成的。有專家認為：「『八卦』指由四時分化而成的冬至、立春、春分、立夏、夏至、立秋、秋分、立冬八個節氣……所以在古人的觀念中，八節、八風、八方和八卦的含義都是相通的。」[5]例如，兩分（春分、秋分）兩至（夏至、冬至）是中國古代最重要的節氣，精確的節氣不但有助於當年農業生產的安排，而且又與日常的生活息息相關。自漢代以來，每年都要舉行迎春禮的儀式，並且越來越隆重，其中也包括我們今天舉國歡度的春節。

1　陳建憲：《神話解讀》，河北教育出版社，1997年，第87頁。
2　吳慧穎：《中國數文化》，岳麓書社，1995年，第444頁。
3　謝世俊：《節氣史考源》，《尋根》，1998年第2期。
4　王紅旗：《生活中的神妙數字》，中國對外翻譯出版公司，1993年，第233頁。
5　蔡運章：《河圖洛書之謎》，《文史知識》，1996年第3期。

❸ · 迎春與飲食

春種一粒粟，秋收萬顆子。春天是萬物發芽生長的季節，對於農業民族而言意義非常重要。只有春種才會有秋收，只有秋天的豐收，人們才有可能吃飽肚子。所以，自古以來人們對於春天寄予了無限的希望。

司馬遷在《史記・太史公自序》中說：「夫春生夏長，秋收冬藏，此天道之大經也，弗順則無以為天下綱紀，故曰：『四時之大順，不可失也』。」《呂氏春秋・務大》稱：「古先聖王之所以導其民者，先務於農。民農非徒為地利也，貴其志也。民農則樸，樸則易用，易用則邊境安，主位尊。民農則重，重則少私義，少私義則公法立，力專一。」古代對農業的重視，還表現在每年春天君主都要親自務農，每年統治者親耕時都要舉辦一種儀式[1]。如《史記》記載漢文帝就於正月下詔曰：「農，天下之本，其開籍田，朕親率耕，以給宗廟粢盛。」正是重視農業生產的表現。

春天注重農業生產是中國古老的文化傳統，根據《禮記・月令》記載：「是月也，以立春。先立春三日，大史謁之天子曰：『某日立春，盛德在木。』天子乃齊。立春之日，天子親帥三公、九卿、諸侯、大夫，以迎春於東郊。還反，賞公、卿、諸侯、大夫於朝。」說明早在3000年前的周朝，先民們就已經在立春的這一天舉行祭祀活動了。祭祀的地點在東郊，祭祀的神主叫「句芒」，亦稱「芒神」，是掌管農業的春神。祭祀「句芒」非常隆重，天子在前三天就要齋戒，到了立春之日便率領文武百官到八里外的東郊迎接春天，祈求年豐。《呂氏春秋・孟春》所謂「王布農事，命田舍東郊」，即「籍田」「籍禮」。

有些地方還雕塑土牛，官員用鞭子鞭打土牛，鼓勵春耕。當土牛被打碎後，人們將碎土塊帶回家，即有民諺「春官鞭春牛，來年定豐收」。

常言道「一年之計在於春」，所以春天的活動特別多。如西北地區祭祀土地的春社活動，及鄉村迎接春天的喜神活動等。特別是「二月二」，被稱之為「龍抬

1　楊寬：《「籍禮」新探・篤志集》，上海古籍出版社，2000年，第139頁。

頭」，這一天西北地區的婦女們不允許動針線，據說動針線會把龍的眼睛刺傷。龍是中華民族的精神圖騰，民間認為，龍不但變化無窮而且掌管著水的分配，散佈於全國各地數以萬計大大小小的龍王廟就是最好的見證。春天是播種的時節，在中國西北地區恰好又是缺雨乾旱的季節，俗語說「春雨貴如油」，因此，人們就祈求龍王爺行雲布雨，期盼風調雨順五穀豐登。

「二月二」之後是「三月三」，為「上巳節」，是春天影響最大的節日，先秦時期就很流行，被稱為「祓禊（fúxì）」。「祓禊」是一種除災求福的禮儀，人們要到水邊去洗濯，以祈求平安。今天在不少地方還有三月三潑水的習慣，實際上正是先秦「祓禊」的延續與發展。告誡人們在盡情遊玩之時，也不忘保護環境愛護植被。這一天在吃飯或者舉行宴會時有「不可食百草心」之民俗[1]，就是提醒人們要愛惜剛剛生長出的幼苗，古人的這種生態意識值得今人學習。

在青海，春天要進行「開犁祭」的活動，表示一年農業生產的開始。「開犁祭」就是在開犁的當天，牽上耕牛並將牛角塗成紅色，人們到田裡後要下跪、焚香、放鞭拜天地，祈求豐收。然後，架牛犁先在田中央逆時針犁一圈，再在圈裡犁上一個十字，形成一個「田」字，儀式到此結束。[2]「田」是農民的命根，也是生存的依靠。

西北地區在春天還要吃「春餅」，白居易有「二日立春人七日，盤蔬餅餌逐時新」[3]的詩句。人們還要炒各種各樣的豆子，慶祝春天的到來。

❹ · 食禮同道的飲食觀

現代考古發現證明，西北地區有著8000多年連續不斷的文化遺存，特別是二十世紀八〇年代天水師趙村和西山坪遺址的考古發現，再一次有力地證明了本地區飲食文化的發展歷程。師趙村文化最早距今8000年，最晚距今3000年，有連續5000

---

1 段成式：《酉陽雜俎》，中華書局，1981年，第105頁。
2 朱世奎、周生文、李文斌主編：《青海風俗簡志》，青海人民出版社，1994年，第3頁。
3 彭定求等編：《全唐詩》，中華書局，1999年，第5271頁。

年的文化遺存。[1]這裡「相當完整地反映了甘青地區新石器時代距今8000年至距今3000年考古文化的發展歷程」[2]，這在中國是唯一的，在全世界也是極為罕見的。所以，我們研究甘、寧、青、新地區的飲食文化，能有著如此完整無缺的飲食文化歷史信息，確實是西北地區得天獨厚之處，代表著古老的中華文明。

飲食文化的精髓是飲食理念，西北地區飲食文化的觀念來自於傳統的中國文化，並且有所發展創新。

在中國人眼裡，「食」與「禮」息息相關，《禮記・禮運》說：「夫禮之初，始諸飲食，其燔黍捭豚，污尊而抔飲，蕢桴而土鼓，猶若可以致其敬於鬼神。」「燔黍捭豚」是說在沒有烹煮器的時代，先民們把黍米和肉放在石板上燒；「污尊而抔飲」，「污」為小池塘，即在地上挖坑蓄水並且用手捧著喝；「蕢桴而土鼓」，就是用土做成敲鼓的槌來敲擊用土做成的鼓，以敬神明。換成今天的話講，就是說禮最初是由飲食開始的，儘管條件相當簡陋，依然非常鄭重地敬天敬神。

西北人在祭祀祖先和神靈的時候，祭文的最後一句往往是「伏惟尚饗」，這個「饗」就是「食」，表示接受吃的意思。著名古文字學家裘錫圭先生認為：「祭鬼神可以叫作『食』，鬼神饗祭祀也可以叫作『食』。」[3]這是對故人和神靈崇敬的具體做法，一直延續到今天。表明人類在進化的過程中通過飲食行為和飲食規範不斷強化文明，這就是傳統中的禮。在西北人的踐行中，反映出食與禮是同道的，即禮從食出，食禮同道。在中國很多典籍中，也都記載著以「食」來體現君臣上下、長幼尊卑、師道尊嚴等禮制。

如《禮記・禮器》載：「禮有以多為貴者……天子豆二十有六，諸公十有六，諸侯十有二，上大夫八，下大夫六。」再如鼎，天子九，諸侯五，士三等。數量的多少代表著身分的高下，既是食器又是禮制的規定。

1　謝端琚：《甘青地區史前考古》，文物出版社，2002年，第240頁。

2　中國社會科學院考古研究所：《師趙村與西山坪》，中國大百科全書出版社，1999年，第306頁。

3　裘錫圭：《古代文史研究新探》，江蘇古籍出版社，1992年，第144頁。

又如《管子‧弟子職》記載：「至於食時，先生將食，弟子饌饋。攝衽盥漱，跪坐而饋。置醬錯食，陳膳毋悖。」這段話是說吃飯時老師要先吃，學生後吃。學生要把手洗乾淨，然後將飯菜送上，跪著將菜擺好，並要按照規矩擺放。

《禮記‧曲禮上》稱：「侍飲於長者，酒進則起，拜受於尊所。長者辭，少者反席而飲。長者舉未釂，少者不敢飲。」這段話說的是晚輩陪長輩喝酒的規矩，晚輩要站起來接長輩的酒。如果長輩沒有把杯中酒飲乾，則晚輩不能飲酒。

這些都說明了中國古代食與禮的關係。

三、西北地區的飲食文化特色

甘、寧、青、新地區飲食文化肇始於距今8000年的伏羲時代，發展於距今6000-4500年間的炎黃時代，引領著早期中華民族飲食文化的發展，至距今4000年以來的夏、商、週三代，與中部地區同步並行。

❶‧八千年飲食文化的發展歷程

考古資料為我們顯示了距今8000年以來西北地區飲食發展的概況，以著名的大地灣一期文化為代表。其特點為當時的先民們已經食用人工栽培的穀物：黍、粟以及油菜籽和葫蘆等，並且食用家庭飼養的動物：豬、牛、羊、狗、雞等肉食，開創了西北地區飲食文化的先河。同時傳統的漁獵活動仍然在繼續，當時漁獵的主要對像是：魚、龜、蚌、鹿、馬鹿、麝、麋、野豬、黑熊、狸、獼猴、竹鼠、鼠、鼢鼠等，同時進行一些採集，以滿足日常飲食生活的需要。從而揭示出遠古時期先民們大體的生存狀況，反映出西北先民豐富多彩的飲食生活。

夏商周時期，西北地區「藥食同源」的思想開始體現，如崑崙山奇特食材當中的璇瑰、芍藥等一些中藥材，進入了百姓的日常飲食，成為以食療疾的早期實踐。

由於民族眾多，個性突出，西北地區形成了獨具特色的飲食文化，其中又以地方性的齊家文化的肉食、餅、粥、麵條等食物品種為代表。特別是青銅食物加工工

具的廣泛使用，拓寬了飲食加工的範圍，而刀、匕等進食工具的使用，又帶來了進餐時的便捷，特別是對於以食肉為主的古羌族。今天草原上的蒙古族人、維吾爾族人用刀子吃烤全羊時，粗獷豪放地大塊吃肉大碗喝酒的場面，即是古代先民之遺風。

尤其是距今4000年的青海喇家麵條的發現，將我國食用麵條最早記錄的東漢時期前提了兩千多年，是當今世界上發現最早的麵條，這一項了不起的發現，是中華民族對世界飲食文化的一大貢獻。

秦漢時期西北地區由於絲綢之路的開通，中西交流空前發展，使一些新的食材進入本地區，極大地豐富了食物的品種。人們熟知的胡桃、蠶豆、石榴、芝麻、無花果、菠菜、黃瓜、大蒜、紅藍花、胡蔥、胡麻、葡萄等多品種蔬果，以及調味品胡荽、胡椒、孜然（也叫安息茴香、野茴香）等的使用，為炙、炮、煎、熬、蒸、濯、膾、脯、臘等傳統烹飪技藝的發展提供了空間，西北地區逐步形成了特色鮮明的飲食文化傳統。尤其是調味品「孜然」在烤羊肉中的使用，成為飯桌上的傳統美食，至今長盛不衰。

魏晉南北朝時期是中國歷史上大動盪的時期，但是地處西部的甘、寧、青、新地區卻相對安定，飲食文化也得以相對穩定的發展。穀類、肉類、果蔬類食品品種繁多，如傳統的大米飯、黍與粟的混合米飯、麵條、加入胡麻油的豌豆、黑豆粉的烤餅、煮青稞、煮小豆等，以及燒牛肉、烤羊肉、蒸雞鴨、奶酪，還有胡蘿蔔、白蘿蔔、白菜、菠菜、茄、絲瓜、藕，瓜果類的杏、桃、李、梨等。尤其是內地煎餅、餃子的傳入，以及秦州春酒等的廣泛飲用，使得飲食品種非常豐富。

隋朝（西元589-618年）是個十分短暫的朝代，從統一到滅亡前後不過30年，但是，隋朝之後卻是中國歷史上最強盛的大唐盛世。

大氣磅礴的唐朝是兼容並蓄的強盛王朝，唐朝善於接受外來文化，此時胡食風行西北，胡餅等成為時尚。另外，吐蕃的興起、吐谷渾的衰落、伊斯蘭教的傳入帶來了清真飲食文化的興起，以及以素食為主的佛教飲食文化等，極大地豐富了西北地區飲食文化的內容，使其成為極具特色的飲食文化。

宋朝西北地區開始遠離政治中心，飲食文化發展放緩，但是，炸、炒、炙、煮、蒸、烤、煎、煨、熬、燒、爊（āo）、焐、燠（yù）、（wǔ）、汆等烹調技藝仍可圈可點，以飯、粥、麵條、餅、饅頭、包子、餃子等麵食製作的平民化飲食逐漸形成。

元朝雖然統治時間不算長，但對甘、寧、青、新地區的飲食習慣影響還是很大的，如「禿禿麻食」「雀舌子」等食品的出現。另外，在麵食與肉食的搭配上，尤其是與羊肉的搭配成為一大亮點。同時，西北地區的「馬奶子酒」「駝蹄羹」成為長盛不衰的美味佳餚。

明清民國時期是我國飲食文化的成熟期，但是由於西北地區愈加遠離了政治與經濟的中心，經濟文化落後的局面開始顯現。但多民族飲食文化的特色始終保持，其中清真飲食文化、蒙古族飲食文化等成為中國飲食文化的佼佼者。其民族食品烤羊肉、手抓羊肉、牛羊肉夾饃等成為膾炙人口的名食。

縱觀歷史八千年，西北地區有著輝煌的飲食文化歷史，自伏羲肇始飲食文明以來，歷經炎黃及五帝，直到夏商周時期，文明程度一直在中國的前列。先民們在人與自然的和諧環境中不斷發展，在人和、地利、天時中合理利用豐富的自然資源，逐漸形成了以農業經濟為主體、畜牧漁獵為輔的生計方式，並在發展中不斷地影響著周邊地區，開創了西北地區飲食文化之濫觴。但是，由於唐朝以後中國的政治中心和經濟中心移向東方，西北地區不可否認地開始落伍，宋朝以後無大建樹。這是一個客觀的歷史事實。

❷ · 濃郁的民族特色

由於歷史的原因，形成了西北地區多民族共存的特點，自夏商周以來，甘、寧、青、新地區在隸屬中央王朝的同時，有若干個大小不等的地方性政權建置，如羌、氐、匈奴、胡、鮮卑、高昌、回鶻、突厥、仇池及條支、小安息、小月氏、党項、白蘭、吐蕃、堅昆、白狗、丁令、羌無戈、湟中月氏、吐谷渾、乙弗敵、宕

昌、鄧至等[1]，他們有著很大的勢力，強盛時幾乎主宰著這一地區。直到今天西北地區仍然是多民族的聚居區。

目前，甘肅全省共有45個民族，其中人口在千人以上的有漢、回、藏、東鄉、土、滿、裕固、保安、蒙古、撒拉、哈薩克11個民族，此外，還有34個少數民族。寧夏是國內唯一的回族自治區，區內還有滿、蒙古、壯、朝鮮、東鄉、藏、維吾爾、苗、彝等31個民族。青海也是一個多民族聚居的省份，主要民族有漢族、藏族、回族、蒙古族、撒拉族、土族等43個民族。新疆共有47個民族，其中世居民族有13個：維吾爾族、漢族、哈薩克族、回族、柯爾克孜族、蒙古族、塔吉克族、錫伯族、滿族、烏孜別克族、俄羅斯族、達斡爾族、塔塔爾族。正因為如此，西北地區的飲食文化才呈現出異彩紛呈的特色和琳瑯滿目的食物品種。

以新疆美食為例，新疆牧區的飲食習俗是「把牛奶製成奶油、奶皮子、奶疙瘩、奶豆腐、酸奶子和奶油等，味道各有不同，別有風味」，還有烤包子，「用麵皮內包羊肉洋蔥做成不規則扁平四方形，大小如掌心，貼於烤坑內烤製而成，香酥味美，便於旅行攜帶」，以及烤羊肉串「是最富有新疆民族特色的風味小吃，已風靡全國，其味鮮美，獨具特色，其製作是鮮羊肉切成小塊穿在鐵籤子上，放在炭火烤肉爐上並撒上調味品烤熟」等。[2]

寧夏「回族的風味小吃，有清湯羊肉、羊羔肉、手抓羊肉，牛羊肉夾饃、燴羊雜碎、釀皮、白水雞、切糕等。煎製食品有油香、油餅子和饊子。」寧夏茶俗有特色，「常見的茶具為蓋碗，上有蓋，下有托盤，又名『三砲臺』。茶有紅糖磚茶、白糖清茶、冰糖窩窩茶。名貴的『八寶茶』除茶葉外，有枸杞、紅棗、核桃仁、芝麻、果乾、桂圓、冰糖。常飲能延年益壽，多為回族老人所喜愛」[3]。

1　樂史：《太平寰宇記》卷一五〇，江蘇廣陵古籍刻印社，1991年。
2　《中國農業全書·新疆卷》編輯委員會：《中國農業全書·新疆卷》，中國農業出版社，2000年，第303頁。
3　《中國農業全書·寧夏卷》編輯委員會：《中國農業全書·寧夏卷》，中國農業出版社，1998年，第270頁。

正是這些多民族燦爛的飲食文化才構成了西北地區的飲食特色，作為珍貴的飲食文化財富，是可持續發展的寶貴資源。

第二章 遠古時期

中國西北地區甘肅省、寧夏回族自治區、青海省和新疆維吾爾自治區的飲食文化史，從目前的考古發現看，至少可以追溯到距今6萬年的甘肅大地灣遺址。刷新了古人類在甘、寧、青、新地區活動記錄的時間上線。「對這些遺物的研究顯示，古人依次經歷了原始狩獵採集、發達狩獵採集、大地灣一期原始農業和仰韶早晚期成熟的農業四個經濟發展階段。專家們認為，人類自距今6萬年就進入到大地灣地區，成功度過了寒冷的末次盛冰期並延續下來，使用先進細石器技術的狩獵採集人群可能隨末次盛冰期的來臨向南遷徙到這一地區，在大地灣地區開始了原始的粟作農業，並大約於仰韶晚期發展成成熟的粟作農業。」[1]在距今3萬多年的甘肅省武山縣鴛鴦鎮西南大林山，發現了保存較完整的早期人類化石[2]，還有甘肅隴東高原上的環縣樓房子、劉家岔、慶陽巨家塬、鎮原黑土梁、姜家灣、寺溝口等舊石器時代文化遺存[3]；距今3.1萬至2.5萬年的寧夏回族自治區的靈武水洞溝舊石器時代遺存[4]，以及中衛長流水等中石器時代文化遺存[5]。在青海省的貴南縣拉乙亥鄉、柴達木盆地的小柴旦湖濱、青海湖南岸黑馬河邊，也發現了距今6.7萬至1萬年的舊石器時代晚期或新石器時代早期的文化遺存[6]。其中在貴南縣拉乙亥遺址就發現了舊石器時代晚期加工糧食作物的研磨棒和研磨器。在新疆維吾爾自治區烏魯木齊的塔什庫爾干發現了距今至少1萬年的舊石器時代的文化遺存[7]，在柴高鋪、哈密七角井等地發現了距今1萬至7000年左右的中石

1　《大地灣考古又獲重大發現6萬年前就有先民》，《蘭州晨報》，2009年8月13日。

2　《六盤山以西發現早期人類化石》，《新華文摘》，1987年第4期。

3　甘肅省博物館：《甘肅文物考古工作三十年》，《文物考古工作三十年》，文物出版社，1979年，第39頁。

4　莊電一：《五次發掘：水洞溝有多少祕密》，《光明日報》，2012年5月11日。

5　寧夏文物考古研究所：《寧夏文物考古工作十年》，《文物考古工作十年》，文物出版社，1991年，第334頁。

6　青海省文物考古研究所：《青海近十年考古工作的收穫》，《文物考古工作十年》，文物出版社，1991年，第327頁。

7　《塔什庫一爾干縣吉日尕勒舊石器時代遺址調查》，《新疆文物》，1985年第1期。

▶圖2-1 舊石器時代研磨棒和研磨器，青海省貴南縣拉乙亥遺址出土，距今10000年以上（《中國少數民族文化史圖典・西北卷下》，廣西教育出版社）

器時代文化遺存[1]。考古資料為我們顯示了距今1萬至7000年的西北地區人類生活的發展概況，從而揭示出遠古時期先民的大體生存狀況，展示了先民們豐富多彩的飲食生活。

第一節　發軔於伏羲時期的飲食文化

考察甘、寧、青、新地區飲食文化的起源，目前基本上能夠說清楚的是從距今8000年的伏羲時期開始。本書之所以提出從遠古時期的伏羲開始，而不是採用考古學上的「史前時期」，即舊石器時代、新石器時代，其原因就在於：第一，過去被認為是傳說時代的「三皇五帝」，在學者們的不斷努力下，已經被認同為信史。目前學術界研究的趨勢是以中國傳統的文化序列作為參照，開拓創新。第二，西北地區的歷史具備從伏羲到炎黃及夏商周以來的完整發展歷程，再加之藉助了一些考古資料，又彌補了文獻記載之不足，使我們有足夠的條件能說清這段歷史。

西北地區的飲食文化傳統起源於8000年前的伏羲時代，發展於距今6000-5000年

1　新疆文物考古研究所：《新疆文物考古工作十年》，《文物考古工作十年》，文物出版社，1991年，第344頁。

間的炎帝時代和距今5000-4500年左右的黃帝時代。他們雖然分屬於各自不同的時代，但研究成果卻表明伏羲與炎帝、黃帝同出於渭水流域，考古發現驗證了伏羲、炎帝和黃帝的真實存在。

伏羲，亦稱伏犧、庖犧、炮犧、宓犧、皇犧等多種稱謂，是人而不是神，在考古學上是新石器時代早期的代表，是華夏兒女的人文始祖。

伏羲出生於古成紀，即今甘肅天水，歸葬於河南濮陽，是目前比較認同的主流觀點。

據考察，伏羲之「伏」，《說文》稱：「伏，司也。從人，從犬。」徐鉉《注》：「司也。今人作伺。」段玉裁《注》：「司者，臣司事於外者也。司今之伺字。凡有所司者必專守之。伏伺即服事也。」是說伏羲這個「伏」的本意就是服侍人，為他人服務。

伏羲又有「春皇」之稱，所以伏羲又成為古人生殖崇拜的「禖神」。歷史學家顧吉辰先生在《伏羲崇拜考述》中認為，「帝王們希望在伏羲神前求生一個男孩，可以接續香火，維繫王朝的持久統治」應該是有道理的。

《孟子‧告子》裡有句名言「食、色，性也。」講的就是吃飯與性同等重要。可見自古以來飲食與繁殖後代是緊密聯繫在一起的，即孔子在《禮記》中所說：「飲

食男女，人之大欲存焉」。

「羲」本意與西部的「羊」有關。「羲」當從「羊」，源於西羌。《說文》稱：
「羌，西戎牧羊人也。從人，從羊，羊亦聲。……西方羌從羊。」漢代以前，在西北
影響最大、分布廣、人口多的民族就是羌人。有專家認為：「古羌族分布在雲、貴、
川、藏、青、甘、陝、新疆、寧夏和內蒙一帶，長期從事採集狩獵游牧生活」[1]。羌
人以家庭飼養羊作為主要肉食的來源，所以「羲」從「羊」。「羊」又是美味佳餚，
如「羨」「羹」「美」等都與「羊」有關。

另外，伏羲之所以又稱「伏犧」者，「犧」，為祭祀宗廟用的犧牲。《周禮·
宰夫》鄭玄《注》說：「牢禮之法，多少之差及其時也。三牲，牛、羊、豕具為一
牢。」據知周禮祭祀用三牲者牛、羊、豕。究其內涵，所稱「犧」者，本為取犧牲
（包括其他動物）以供食用之意，是原始社會時期先民們生活的真實反映。

從中國飲食文化發展的進程看，《漢書·律歷志》載：「《易》曰：『炮犧氏之
王天下也。』言炮犧繼天而王，為百王先，首德始於木，故為帝太昊。作罔罟以田
漁，取犧牲，故天下號曰炮犧氏。」炮，類似於今天的燒烤；而 就是取肉食進行加
工。顏師古注引《漢書·古今人表》說：「作罔罟田漁，以備犧牲。」《帝王世紀》
載：「取犧牲以供庖廚，食天下，故號曰庖犧氏。」這些都說明了伏羲多種稱謂的由
來，以及與「食」的密切關係。

一、特色食材的發現

西北地區人最早吃的是何種糧食，有多少品種等涉及有關農業的起源問題，過
去有一種流行的觀點，認為畜牧業先於種植業，是人們為了解決飼料的需要才產生
了種植業。摩爾根在《古代社會》一書中指出：東半球（舊大陸）的農業，是游牧
部落為了解決牲畜的飼料而產生的。但是，世界各地的考古實踐都證明摩爾根的說

1　王在德、陳慶輝：《再論中國農業起源與傳播》，《農業考古》，1995年第3期。

法是錯誤的，尤其他所說的東半球有關中國農業的起源更加錯誤，西北地區農業文明的起源就回答了這個西方人的錯誤看法。

❶ · 黍與粟的栽培與食用

黍，中國人最早吃的糧食之一，起源於西北地區。

一九七八年，考古工作者在甘肅大地灣一期遺址H398底部發現了已經炭化的植物種子[1]，經鑑定為糧食作物黍和油菜籽[2]。距今已有8000多年歷史了[3]，被認為是目前「國內考古發現中時代最早的標本」[4]。大地灣黍和油菜籽的發現，使我們有機會接觸到8000年前西北地區先民們真實的飲食生活。

黍，黍的原始祖型是野生黍，從野生黍馴化為栽培型作物，應有一個比較長的時間，如果把這個過程計算在內的話，則黍在中國栽培的歷史至少以8000年為基點，可上溯至萬年左右。因此何雙全先生則認為：「大地灣一期文化時期的居民完全過著以農業為主的社會生活；特別是黍和油菜籽的發現，就是有力的證據。它不僅使我們看到了當時的食物，而且為研究我國原始社會農作物的栽培技術和農業獲得了極其珍貴的資料。」[5]如在陝西出土的造型十分奇特的伏羲穀物圖即是鮮明例證。

該畫像所表現的是伏羲右手拿著一株穀物正在向人們展示，或者說是向人們傳授種植穀物的方法。結合伏羲生活在8000年前這一地區的歷史，再來考察陝北綏德發現的伏羲畫像石，「黍」作為當時主要的食物來源也就不言自明了。

魏仰浩先生在《試論黍的起源》一文中以甘肅大地灣石器時代遺址中發現了

1　甘肅省文物考古研究所：《秦安大地灣——新石器時代遺址發掘報告》，文物出版社，2006年，第60頁。

2　甘肅省文物考古研究所：《秦安大地灣——新石器時代遺址發掘報告》，文物出版社，2006年，第914頁。

3　中國社會科學院考古研究所編著，謝端琚主編：《師趙村與西山坪》，中國大百科全書出版社，1999年，第306頁。

4　甘肅省文物考古研究所：《秦安大地灣——新石器時代遺址發掘報告》，文物出版社，2006年，第704頁。

5　何雙全：《甘肅先秦農業考古概述》，《農業考古》，1987年第1期。

▶圖2-3 伏羲持穀物畫像，陝西省綏德縣出土（《漢代人物雕刻藝術》，湖南美術出版社）

黍的確鑿證據，有力地駁斥了國外學者提出黍原產於印度、埃及、阿拉伯地區、埃塞俄比亞及北非地區的說法，從而得出中國是栽培黍的起源地這一科學結論[1]。

黍與粟，古代中國歷史最悠久的糧食作物，長期以來黍與粟是人們日常的口糧。古代黍米要比粟米值錢，《詩‧周頌‧良耜（sì）》鄭玄《箋》：「豐年之時，雖賤者猶食黍。」孔穎達《疏》曰：「賤者當食稷耳。」據專家統計，一部《詩經》共出現黍28次、黍稷連稱或同時出現16次[2]，可見直至春秋時代黍與粟依然是重要的糧食作物。

粟，亦稱稷，西北地區又稱穀子，是古代中國人主要的食物品種之一。中國古代把國家稱之為「社稷」，或者是「江山社稷」。《白虎通‧社稷》稱：「人非土不立，非五穀不食。……故封土立社示有土尊；稷，五穀之長，故封稷而祭之也。」「稷的

1　魏仰浩：《試論黍的起源》，《農業考古》，1986年第2期。

2　劉毓瑔：《詩經時代稷粟辯》，《農史研究集刊》第二冊，科學出版社，1960年。

這一突出地位是由它對人們生活的重要性所決定的。」[1] 稷與黍同屬於禾本科一年生草本作物，生長期短，抗旱能力極強，因此在北方尤其是西北地區最為普遍種植。粟的產量高於黍[2]，主要用於口糧，而黍則用於釀酒，所以黍貴粟賤。

粟的遠古遺址發現於距今6500年的大地灣二期遺址。中國科學院植物研究所的植物遺存鑑定報告認為：「大地灣一期QDH398發現的黍是我國黍中距今最早的，與世界上較早的希臘阿爾基薩發現的黍年代相近。在仰韶文化早期QDH379樣品中發現粟米粒，距今6500-6000年，它雖然晚於河南新鄭裴李崗遺址（距今約7800年）和河北武安縣磁山村遺址（距今約7900-7400年）的粟，與陝西西安半坡仰韶文化遺址（距今約6700年）的粟相近，但大地灣遺址的粟在甘肅是最早的。因此，大地灣遺址黍和粟的發現為研究我國乃至世界這兩種主要糧食作物的起源及發展提供了重要依據」[3]。

❷·輔料食材的栽培與食用

伏羲時代的甘肅東南部地區已形成定居的村落，特別是天水一帶的農業經濟相當發達。先民們充分利用大自然的恩賜，進行狩獵、捕魚、採集植物和發展農業、畜牧業等。當時西北地區民眾的飲食中，除了肉類與黍、粟糧食食品之外，還有一定數量的蔬菜作為食物。這些蔬菜有採集於野生的蕨類植物，還有家庭培養的油菜籽和葫蘆等。

大地灣一期文化中油菜籽的發現，表明中國有著8000多年油菜的栽培史。

葫蘆，遠古時期最具代表性的蔬菜之一，作為西北地區食用蔬菜的重要品種，又與伏羲相關。葫蘆的嫩實和葉都可食用，但其文化價值已經遠遠超出了食用功能，圍繞著葫蘆有不少故事在流傳，尤其是生殖崇拜。聞一多先生認為：「至於為什麼以始

1　許嘉璐：《中國古代衣食住行》，北京出版社，2002年，第66頁。
2　揚之水：《詩經物名新證》，北京古籍出版社，2000年，第73頁。
3　劉長江：《大地灣遺址植物遺存鑑定報告》，甘肅省文物考古研究所：《秦安大地灣——新石器時代遺址發掘報告》，文物出版社，2006年，第915-916頁。

▶圖2-4　葫蘆瓶，甘肅麥積區
出土，距今7000年

祖為葫蘆化身，我想是因為瓜類多子，是子孫繁殖的最妙象徵。」「於是我試探的結果，『伏羲』、『女媧』果然就是葫蘆。」[1]所以從距今8000-3000年之間，西北地區葫蘆器形瓶與葫蘆紋的陶器、彩陶器占據相當的比例。

西北的先民們在陶器製作時，根據自己長期食用葫蘆的經驗，有意識地製作成葫蘆的造型，並且在器皿上描繪各式各樣的葫蘆紋，特別是7000年前葫蘆器形瓶水器的普遍使用，正是當時民間廣泛食用葫蘆的真實反映。

二、漁獵與家庭飼養

遠古時期西北地區的飲食生活已經不單一枯燥，食材來源於各個方面。人們在定居的環境下繼續從事著農耕畜牧和漁獵採集，如「西山坪遺址出土的大地灣一期文化的動物遺骸中，保存了較多的野生動物遺骸，如馬鹿、麝、黑熊、竹鼠和野豬

1　聞一多：《聞一多全集》第一集，生活・讀書・新知三聯書店，1982年，第59頁。

29

▲圖2-5　左側為魚鉤、右側為骨網墜，大地　　▲圖2-6　魚紋造型彩陶盆，大地灣出土，距今6500年
　　　　灣出土，距今6500年

等，表明當時先民的生產活動中狩獵經濟占了較大比重」[1]，遺址中還包括各種各樣的魚類。形成了西北先民農業漁、獵並存的生計方式。

❶·魚與熊掌兼得

人們常說魚與熊掌不能兼得，但是，在遠古時期的西北地區恰恰就是魚與熊掌兼得，成為獨具特色的飲食風尚。魚，來自於漁獵，熊掌則來自於狩獵。於是乎魚與熊掌便成為當時餐桌的美味佳餚。

魚，得力於上蒼的恩賜與優越的生態環境。距今8000年前後的西北甘肅地區有著大面積的森林、水草和沼澤，受夏季風的影響，雨量充沛，氣候濕潤，氣候和今天秦嶺以南地區相類似。生活著各種亞熱帶動物，其中有今天生長在熱帶、亞熱帶的蘇門犀、蘇門羚以及於秦嶺以南地區的獼猴等[2]，還有魚類以及大量的植物，生態環境優越。「理想的植被為人類提供了豐富的野生植物，同時山林、草原的各類動物和河湖裡大量的水生魚類，也為早期人類的漁獵和狩獵提供了良好的場所」[3]。

1　中國社會科學院考古研究所編著，謝端琚主編：《師趙村與西山坪》，中國大百科全書出版社，1999年，第338頁。

2　王香亭主編：《甘肅脊椎動物誌》，甘肅科學技術出版社，1991年，第979頁。

3　吳加安：《略論黃河流域前仰韶文化時期農業》，《農業考古》，1989年第2期。

▶圖2-7 鯢魚紋彩陶瓶，甘肅甘谷縣
出土，距今5800年左右

當時西北地區的先民們就是通過下水摸魚，張網捕魚和下鉤釣魚等方法，捕獲各種各樣的魚，豐富了食物品種，強壯了人的體質。這些工具就是最好的說明[1]。

考古工作者已經復原了當年飯桌上的食物，為深入研究這一時期西北地區的飲食文化提供了實物依據。我們通過一些精心加工過的生活用品，彷彿看到了當年古人的場景。魚紋造型盆中如此精美絕倫的圖案，必然源於日常生產生活的經驗，歷經六七千年依然栩栩如生。古人將生活體驗精心地描繪在日常使用的器物上，以展示生活的樂趣。面對如此精美的藝術品，我們彷彿觸摸到遠古的信息。

又如鯢魚圖案的彩陶器，其中一隻為一九五八年出土於甘谷西坪的彩陶瓶。瓶高38釐米，口徑6.8釐米，底徑10.8釐米，橙黃陶，深褐彩，瓶上的圖紋奇特，為人面變體鯢魚紋[2]。還有變體鯢魚紋彩陶盆，腹部繪有與甘谷彩陶瓶相同的圖紋。

鯢魚，即娃娃魚的學名。西北地區的天水、武都一帶有產，當今屬於國家一

第二章 遠古時期

1　甘肅省文物考古研究所：《秦安大地灣——新石器時代遺址發掘報告》，文物出版社，2006年。
2　張朋川：《中國彩陶圖譜》，文物出版社，1990年，第486頁。

◀圖2-8　變體鯢魚紋彩陶盆，大
地灣出土，距今5900年

級保護動物。這兩隻娃娃魚圖案的彩陶瓶，使我們了解到當年食物品種的相對豐富。

　　遠古時期西北地區飲食生活之所以豐富，緣於野生動物的豐沛。通過出土動物骨骸的鑑定可以得知，先民們狩獵的對象主要是鹿、馬鹿、麝、麂、野豬、黑熊、狸、獼猴、竹鼠、鼠、鼢鼠以及龜、蚌等[1]；另外，我們在寧夏中衛的岩畫中也發現了岩羊、馴鹿、馬鹿、大角鹿、長頸鹿、虎、豹、牛、狼、狗、狐狸、熊、野豬、兔、馬、驢、駱駝、鴕鳥、雕、鷹、雀、水鴨、雞等，其中「大部分在公元前一萬年左右的中石器、新石器時代」[2]；真實地反映出當時人們的經濟活動和飲食生活狀況。

　　❷・家庭飼養與食材開拓

　　家庭飼養是人類文明進步的表現，使人們擺脫了對自然的過分依賴，基本保障了日常飲食生活的需要，同時生產經驗的不斷總結，家庭飼養成為人類獲取食物的主要方式。師趙村與西山坪的出土文物，「相當完整地反映了甘青地區新石器時代

1　周本雄：《師趙村與西山坪遺址的動物遺存》，中國大百科全書出版社，1999年，第335-336頁。
2　周興華編著：《中衛岩畫》，寧夏人民出版社，1991年，第205頁。

▶圖2-9　寧夏中衛岩畫

距今8000年至距今3000年考古文化的發展歷程」[1]，使我們看到西北地區早在距今8000年就已經開始了家庭飼養，其中以豬、羊、牛、雞、狗等畜禽類作為肉食原料，不斷滿足日常飲食生活的需要。

（1）家豬的人工飼養　豬肉一直是人類的主要肉食來源，遠古時期人工飼養家豬極大地豐富了先民們的飲食生活。考古發現表明，8000年前的甘肅「是我國羊、馬、牛、豬等家畜馴養地之一」[2]。在大地灣一期文化的M15和M208墓葬中就發現了殉葬的豬下頜骨[3]，並且置於人骨架的腹部[4]。用豬下頜骨殉葬同樣出現在師趙村遺址當中[5]，說明家豬飼養比較普遍。

殉葬豬是古人葬俗，反映出死者生前對豬肉的渴求與家庭飼養業的繁榮。這種喪俗不但在西北地區有，而且在山東、江蘇、安徽等地區「距今6100-4600年，前後

1　中國社會科學院考古研究所編著，謝端琚主編：《師趙村與西山坪》，中國大百科全書出版社，1999年，第306頁。
2　王在德、陳慶輝：《再論中國農業起源與傳播》，《農業考古》，1995年第3期。
3　張朋川、周廣濟：《試談大地灣一期和其他類型文化的關係》，《文物》，1981年第4期。
4　甘肅省文物考古研究所：《秦安大地灣——新石器時代遺址發掘報告》，文物出版社，2006年，第68頁。
5　中國社會科學院考古研究所編著，謝端琚主編：《師趙村與西山坪》，中國大百科全書出版社，1999年，第336頁。

延續約1500年」的大汶口文化時期[1]，也頗為盛行陪葬豬，最多的一座墓葬竟有14個豬頭之多。顯而易見，這種隨葬的形式就是考慮到為死者身後食用而特意設計的。這種對死者的關愛是要有物質基礎的，足見家豬飼養業的發達與豬肉在當時飲食生活中的地位。

在比較穩定的農耕活動環境下，人們的生活方式和飲食習慣也隨之發生變化，為飼養業的興起提供了條件。

根據《大地灣遺址動物遺存鑑定報告》提供的數據，大地灣共出土豬的骨骼5677件，占全部哺乳動物骨骼數量的二分之一，是遺址中數量最多的動物，而絕大多數是馴養的家豬[2]。周本雄先生的鑑定表明：「這個時期家畜的種類齊全，數量大為增加。在可鑑定的301件標本中，豬骨256件，占標本總數的82%，人們飼養家豬，在這個時期肯定有一個大的發展」[3]。對此，考古學家何雙全先生認為「當時家庭是以飼養豬為副食，而養豬是以農業為後盾的，所以從養豬業證明農業是比較發達的」[4]。發達的農業經濟與糧食作物的儲備，帶動了家庭飼養業的大發展，作為人類最早飼養的主要家畜之一，豬肉成為當時西北地區的餐桌上最常見最普通的肉類食物，所以人們還將豬的形象描繪在每天使用的器物上，如豬面細頸彩陶壺。

（2）狗的家庭飼養　在家庭飼養的家畜當中，狗也是當時肉類食材的主要來源，家庭飼養比較普遍。

後來，吃狗肉的食俗得以延續，成為中國古代傳統的飲食習慣，這在後世的一些典籍中都可見記載。西北地區有將日常食物品種畫在不同器物上的習慣，西北大

1　山東省文物考古研究所：《前進中的十年——1978-1988年山東省文物考古工作概述》，《文物考古工作十年》，文物出版社，1991年，第167頁。

2　甘肅省文物考古研究所：《秦安大地灣——新石器時代遺址發掘報告》，文物出版社，2006年，第30-32頁。

3　周本雄：《師趙村與西山坪遺址的動物遺存》，中國社會科學院考古研究所編著，謝端琚主編：《師趙村與西山坪》，中國大百科全書出版社，1999年，第318頁。

4　何雙全：《甘肅先秦農業考古概述》，《農業考古》，1987年第1期。

▶圖2-10 豬面細頸彩陶壺,甘肅省秦安縣
　　　　出土,距今5000年左右(《媧鄉
　　　　遺珍》,甘肅省秦安縣博物館)

圖2-11　　　　　　　　　　　　　　　圖2-12

▲圖2-11、圖2-12　彩繪狗紋罐,大地灣出土,距今5500年左右(《秦安大地灣——新石器
　　　　　　　　時代遺址發掘報告》,文物出版社)

地灣遺址出土了「彩繪狗紋罐」,正是西北地區人盛行吃狗肉的見證。如同彩陶器
皿上的魚一樣,是西北地區表現各種日常食品的方式之一,是先民們日常生活的真
實寫照,是原始美學的體現。

　　(3)羊的家庭飼養　羊是古往今來的中國人都非常喜歡吃的肉食,所以「羔、
美、羞(饈)、羹」等與美食有關的字眼都與羊有關。人類早期吃的羊肉主要是通
過狩獵獲取,由於食用量的不斷增大,人們開始人工飼養,以緩解日益增加的供需

矛盾。在中國，西北地區人工飼養羊已有8000多年的歷史，是目前國內唯一的，也是最早的地區。[1]在中國食物品種的發展歷史中占有十分重要的地位。在西北地區，羊一直是最重要的肉食原料，綿延數千年而至今。

（4）家雞的人工飼養　雞，也是遠古人類重要的肉食原料，8000年前就出現在中國的西北地區，成為人們享受的美味。考古工作者在距今8000年的西山坪大地灣一期文化遺存中發現了人工飼養的家雞[2]，對於探索家雞的起源提供了重要的實物證據和年代依據。

家雞是由原雞馴化而來，因此，有專家指出：「家雞的發現極為重要，西山坪的大地灣一期與馬家窯文化層均有出土。這種家雞曾在河南省新鄭裴李崗、河北省武安磁山、陝西省臨潼白家村與山東省滕縣北辛等新石器早期文化遺址中發現，後在中原地區仰韶文化和龍山文化遺存中也有發現，其年代都不及這兒早。大地灣一期文化的新校正年代為公元前6220年，這是迄今所知年代最早的記錄，對探討家雞的起源具有重要的學術價值。」[3]從家庭飼養雞的發展歷史看，過去一直認為是距今5000多年的西安半坡，但是，甘肅大地灣家雞的發現改變了過去的傳統認識。

達爾文在《物種起源》中提出：中國的原雞發源於中印度，由印度飛入中國的觀點。學者陳啟榮先生經過長時間的研究，特別是通過考古發現和實地考察後，得出中國是原雞的發源地之一，歐美的雞種源自中國的結論。[4]8000年前西北地區家雞的出現，不但揭開了我國食用雞起源的新紀元，而且對全世界飲食文化的發展作出了重大貢獻。

從飲食品種的發展看，家雞的飼養對於豐富中國人的飲饌品種和飲食習慣的形

1　郎樹德：《大地灣農業遺存黍和羊骨的發現與啟示》，《大地灣考古研究文集》，甘肅文化出版社，2002年，第300頁。
2　蔡連珍：《碳十四年代的樹輪年代校正──介紹新校正表的使用》，《考古》，1985年第3期。
3　中國社會科學院考古研究所編著，謝端琚主編：《師趙村與西山坪》，中國大百科全書出版社，1999年，第318-319頁。
4　陳啟榮：《世界家雞起源研究的新進展》，《古今農業論叢》，廣東經濟出版社，2003年，第481～486頁。

成無疑起著十分重要的作用，幾千年來延續至今未有改變，於是就有了「無雞不成宴」「無酒不成席」的食俗。

三、糧食儲藏器具

飲與食都離不開儲藏，安全完備的儲藏系統是延長食物壽命與增進人類健康的保證。遠古時期，人們儲藏食物的能力很差，往往是費盡九牛二虎之力得到食物，只能吃三分之一，腐敗三分之一，蟲害三分之一，人為消耗遠遠低於自然消耗。史稱古時之人：「飢即求食，飽即棄余，茹毛飲血，而衣皮葦。」[1]在食物不富裕的時代，原始自然的儲藏方式，對於人本身的生存與繁衍是非常不利的。

如何破解這一難題，西北地區聰明的先民在長期的生活實踐中，想出了用陶器儲藏食物的方法，收到了巨大的成功。

❶ · 窖藏與陶缸、甕、罐

西北地區早期糧食的儲存是直接在地下挖一個窖穴，把食物藏起來。後來又對窖穴進行加工，以增加抗蟲害的效果。考古工作者在甘肅天水發現了距今8000年的存儲糧食的窖，該「窖直徑1.15-1.95米，深0.6米，直壁平底」[2]。另外，在渭河中游陝西寶雞的關桃園遺址中也發現有儲藏窖，其「口徑1.4米，底徑1.6米，深1.38米，呈口小底大，坑壁和地面平整光潔，並經過火燒烤處理，比較乾燥、堅固，作用顯然是用作儲藏糧食的。從這個儲藏窖的容積來看，當時的農作物栽培技術已經相當成熟，糧食產量已相當可觀，種植面積已具備一定的規模。先民們不但能夠從

1　陳立：《白虎通疏證》，中華書局，1994年，第50-51頁。
2　中國社會科學院考古研究所編著，謝端琚主編：《師趙村與西山坪》，中國大百科全書出版社，1999年，第230頁。

▲圖2-13 陶缸，甘肅西山坪出土，距今7300年（《師趙村與西山坪》，中國大百科全書出版社）

▲圖2-14 陶甕，甘肅西山坪出土，距今8000年（《師趙村與西山坪》，中國大百科全書出版社）

栽培後的收穫中獲得大量的糧食，而且還掌握了建造窖穴儲藏糧食的技藝」[1]。當時主要儲藏的糧食正是黍和粟，充分說明當時是以黍和粟為主要的食物品種。

但是，窖藏不能解決食物的蟲害問題。因此，隨著居住條件的固定與不斷改善，特別是農業經濟的發展，糧食作物的不斷增多，這就要求人們必須將糧食有效地儲藏起來，於是西北地區的一些製陶工匠，在製作日常生活飲食器具的同時，又創造出筒狀深腹的罐、缸、甕等一些特意為儲藏糧食而製作的大型陶器，使糧食儲存手段獲得了長足的進步。

西北地區這些陶器的出現至少已有8000年以上的歷史，考古學家王吉懷先生指出：「西山坪遺址從大地灣一期文化到齊家文化，每個時期都有非常發達的製陶技術，這說明，在當時人類物質文化的發展上，任何一種新興工藝，都是在農業生產中脫離出來，繼而進行各種手工業生產的。西山坪遺址的各期陶器數量多，器形規整，而且火候也很高，並從一期開始就出現了各種最原始的彩繪。還出現了一些大型器物，如缸、甕罐等。這樣的大型器物並不適宜用作生活中的飲食器具或炊具，

1　劉明科：《寶雞關桃園遺址早期農業問題的蠡測——兼談炎帝發明耒耜和農業與炎帝文化年代問題》，《農業考古》，2004年第3期。

▶圖2-15 帶蓋陶罐，大地灣出土，距
今5000年左右（《秦安大地
灣—新石器時代遺址發掘報
告》，文物出版社）

是專門為貯存糧食而製作的。」[1]王吉懷先生的研究很有道理。陶器的大量使用，特別是各種用途的飲食陶器不斷完備，是先民們飲食生活不斷發展的表現，並且豐富著飲食文化的內涵。

❷·帶蓋陶器的使用

陶器的發明，是人類智慧的結晶，對於飲食文化而言是一種革命性的創舉。如果說火解決了吃熟食的問題，那麼，陶器的出現則完成了生、熟食的儲存，可以說徹底解決了這個困擾人類上萬年的難題，特別是帶蓋陶器的出現，進一步解決了食物遭長蟲、鼠類侵害以及液體食物的保存問題，為陶器工藝錦上添花。

防止昆蟲和鼠類的侵害確實是當時儲存食物最大的麻煩。東漢大思想家王充在其《論衡·商蟲》中說道：「甘香渥味之物，蟲生常多，故穀之多蟲者，粢（zī）也。」意思是說甘甜美味的東西容易生蟲子，特別是穀子一類的糧食作物。

這件5000年前的陶罐就是一件加蓋的陶器，令人極其震撼。帶蓋陶器的使用，有效地杜絕了蟲害的侵入。五千年前的福祉至今澤及後人。正如美國學者史密斯所說：由於「陶器的出現，與食物生產和食物儲備有著不可分割的聯繫，所以隨著食物生產經濟的發展，各種各樣的容器便頻頻出現於考古記錄中。陶器之重要性，在

1　王吉懷：《甘肅天水西山坪遺址的原始農業遺存》，《農業考古》，1991年第3期。

於它所具有的功能。……如果用這種以無機材料做成的容器儲存食物，不僅能防止昆蟲和鼠類的侵害，並且能長時間地保住液體。它也不像木、草、皮製品那樣受到濕氣影響而很快地毀壞。值得提及的陶器的另一個優點是，由於陶器的使用，烹飪範圍有所擴大，使得以前不能食用的東西現在也能夠食用，像帶莢的豆類和籽實類，只要用陶器煮一煮便可以食用。從這個意義上說，由於陶器的發明，食物資源的擴大便容易得多了。」[1]

四、鼎、甑與烹飪技藝

火的發現對於人類而言無疑是一大進步，但是，真正意義上的熟食加工，則是在陶器出現之後。陶器的大量使用，結束了長期以來「燔黍捭豚」「污尊抔飲」的自然狀態，進入到文明的殿堂。

❶ · 鼎食與國家

食品加工是飲食生活的重要手段，也是飲食文化的主要內容之一。遠古時期西北地區糧食加工的種類主要是黍和粟，加工方法是傳統的碾磨方式，即用磨棒、磨盤、石臼、石杵進行脫粒及磨碎。從出土的器物分析，當時是以粒食為主，也有一定數量的半粒食、粉食。而且食物加工還出現了類似於羹之類的流食，因為我們從出土器物中觀察到碗、缽等主要用於盛飯的陶器內壁上有被流食糊過的痕跡。

有意義的是，我們發現這一時期西北地區使用的烹煮器是以鼎和甑為主，中期發展到鬲、釜、甗（yǎn）等，並形成了以鼎文化為特色的飲食文化。

鼎，中國古代傳統的炊具，西北地區最早使用是在8000年前，在早期食物加工過程中具有十分重要的作用。例如，大地灣第一期文化遺址出土了陶器268件，其中「鼎」類的器物居多，如有罐形鼎14件，盆形鼎4件，缽形鼎19件等，共計41件，

1　Ph.E.L.史密斯著，玉美、雲翔譯：《農業起源與人類歷史（續）》，《農業考古》，1989年第2期。

▶圖2-16 缽形鼎，大地灣出土，距今7000年以上（《秦安大地灣——新石器時代遺址發掘報告》，文物出版社）

占整個出土生活用具的17.3%。鼎類器物高比例的出現，說明鼎的普遍使用，同時也表現出崇尚鼎的文化現象，從而開啟了後來中國鼎文化之先河。

鼎，是烹煮食物的炊具，其主要功能是烹煮食物。由燒烤及至烹煮，豐富了食物加工的手段，極大地擴充了食品的種類。西北地區出土的陶鼎真實地再現了7000多年前烹煮的痕跡，從這件缽形鼎中我們非常清楚地看到長期用火燒過而留下的煙垢痕跡。

鼎，就是做飯的鍋，沒有鍋就無法做飯，沒有飯吃國家就不穩定。在中國，吃，一直是中國人最關注的事情，也是使用頻率最高的詞彙，從吃的範圍一直推及至其他範圍，如吃苦、吃力、吃虧、吃驚等，學問都在吃字裡，這是中國飲食文化特有的現象。鼎，作為一種食具，也頻繁地出現在日常用語中，諸如「一言九鼎」，即言之所說的話就像九隻鼎那樣有分量。這裡所說「九鼎」的「九」，正是「九州」的「九」。「九州」代表著中國大地，而「九鼎」則像徵著祖國的每一個地方都有「鍋」，都有飯吃，這才是「九鼎」的真正含義。所以自古以來「鼎」在中國被看作是國家、天命和權力的象徵。史稱：「黃帝作寶鼎三，象天、地、人。禹收九牧之金，鑄九鼎」[1]。九鼎者「象九州」，從此以後「九鼎」便成為國家權力的象徵，所謂「問鼎天下」即始於此，而「鐘鳴鼎食」則成為貴族筵宴豪華排場的代名詞。

1　司馬遷：《史記》，中華書局，1959年，第1392頁。

▲圖2-17、圖2-18　陶甑，甘肅西山坪出土，距今8000年（《秦安大地灣——新石器時代遺址發掘報告》，文物出版
社）

　　鼎，作為7000年前西北地區飲食文化的重要構成，在中華文明的進程當中占有
十分重要的地位。通過考察西北地區鼎在飲食文化中的重要作用，便足以說明鼎最
初的功能是與悠久的農業文明息息相關的。

　　除了鼎之外，當時做飯的烹煮器還有甑。甑，也是西北地區人遠古時期經常使
用的煮飯工具，主要功能是蒸，如蒸黍米、粟飯，或者蒸肉、蒸魚等。流傳千古的
典故「破釜沉舟」，講的正是霸王項羽為滅秦而採取的「皆沈（古通假字，通『沉』
字）船，破釜甑，燒廬舍，持三日糧，以示士卒必死，無一還心」[1]。其中的「甑」
與「釜」就是用來煮飯的鍋。直到今天，家庭用以蒸米飯的鍋依然是8000年前「甑」
的延續。

　　中國的飲食文化歷史悠久、豐富多彩，由於人地關係的差異，形成了不同地區
典型的飲食器。有的地區以「釜」為代表，有的地區以「鬲」為代表，而7000年前
的西北地區則是以「鼎」為代表，形成了具有西北地區特色的鼎文化。

　❷·陶器與烹飪

　　自從人類發現火的功用以來，食物的烹飪方式一直是人們探尋的主要課題。遠

1　司馬遷：《史記》，中華書局，1959年，第307頁。

▲圖2-19 變體魚紋彩繪陶缽，甘肅秦安出土，距今6000-
　　　　5000年

▲圖2-20 弧線三角紋彩陶罐，甘肅秦安出土，距今
　　　　6000年左右

古時期人類吃熟食非常簡單，就是將去毛肉類直接燒烤，或將肉串起來架在火上直接燒，與今天的燒烤大體相當，被稱之為「炙」。《詩經・小雅》：「有兔斯首，燔之炙之」。在「炙」的時候，人們又用泥巴把肉包裹起來放在火裡燒，熟後，剝去泥巴來吃，類似於今天的「叫花雞」。還有把肉直接放進火裡去燒的，叫作「燔」。這些都是在還沒有出現成熟的烹飪器具的情況下一些簡陋的烹飪方式。

陶器的出現與廣泛應用，極大地改變了人們的飲食方式，「進而為我國烹飪技術的發展提供了物質條件。早期陶器的功用並無明顯區分，人們用陶器儲水，同時也用陶器烹煮食物和儲存食物」[1]。表明人們還沒有陶器用途分工的概念。

8000年前，西北地區的製陶業已經發展到相當的水平，「泥質陶的陶土一般經過人工選擇和淘洗，質地純淨。陶器表面光滑，質地細膩堅硬，多做飲食器，如盆、缽、碗等。也有在細泥土內羼（chàn）和少許細砂粒者，其硬度較高，這種陶土適於做水器、容器，如尖底器、盤、缸等。加砂陶一般不經過淘洗，陶土羼和砂粒和石英粒，其質地鬆脆粗糙，但耐火性較高，這種陶土多用製作儲藏器和炊器」[2]。說明先民們對器具已經有了質地粗細和用途分工的明確概念，學會了各盡其用。

1　林正同：《淺談食器文明對中華烹飪技藝的影響》，《農業考古》，1999年第1期。

2　中國社會科學院考古研究所編著，謝端琚主編：《師趙村與西山坪》，中國大百科全書出版社，1999年，第28頁。

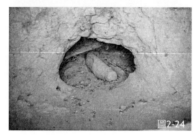

◀圖2-21、圖2-22、
圖2-23、圖2-24
大地灣F301房址及火
塘，距今6000年以上

先民們對粗、細的區分是一個進步，它來源於生活的實踐並傳於後人，無論是新石器時代晚期還是夏、商、週三代，但凡是飲食器具都較一般器具精細得多，並在器具的表面以不同的彩繪圖案以示區別，如變體魚紋彩繪陶缽和弧線三角紋陶罐。這些陶器上的幾何圖案由點、線、面構成，既抽象又美觀，反映出遠古先民美好的原始審美意識。

8000年前後西北地區已經形成了系列的飲食生活用品，如罐形鼎、盆形鼎、缽形鼎、筒狀深腹罐、圜底盆、圜底缽、圈足碗、壺等，構成了食具的基本組合。組

合飲食器具的出現，反映出社會經濟的發展與飲食生活的豐富，它以強大的生命力一直流傳至今。

先民們豐富的飲食生活是在穩定的居住環境裡得以實現的，大地灣考古的發現，為我們復原了6000年前西北地區先民的生活場景，遺址中的這座房子，近似方形，半地穴式，房子長5.29米，進深6.24米，保存有0.5米高的牆壁，門道由三級台階組成，掘有圓形的灶坑，室內的居住面上有4個柱洞，並且有青石柱礎。靠近門口的是火塘，火塘直接對著門，一是防止野獸的侵擾，二是藉助門風進氧助燃，以提高做飯效率，這是先民們長期生活經驗的結果。為了能保持火種常年不滅，他們還在火塘的上方挖了一個洞，作為儲藏火種之用，使我們看到了6000多年以前人類薪火相傳的真實景況。

當年先民們就是在這樣的房子裡用陶鼎、甑等用具烹煮著各種各樣的食物。飲食文化專家王仁湘先生認為：「有了陶器，火食之道才比較完善起來，陶烹時代也就到來了。」「陶烹使得火食技術得到充足發展，它奠定了烹調發達的重要基礎。」[1]以罐形鼎、盆形鼎、缽形鼎、甑、盆、碗、壺、杯等為代表的各種飲食器具，形式多樣、製作精良、功能各異。陶烹的出現，極大地豐富了食物的品種，擴大了食物的來源，為先民們提供了更大的食品製作空間。

第二節　炎黃時期的飲食文化

炎黃，指的是炎帝和黃帝。炎帝又稱神農氏，是農業民族的象徵，之所以稱其為「炎」者，就是燒木燔草墾荒之意。表明炎帝帶領氏族放火燒荒，發展生產，才有了「炎」的美稱。揭示出古代英雄們所付出的勞動。所以《管子·輕重篇》稱：「神農教耕生谷以致民利」。山東《梁武祠碑》的畫像石上刻有「神農氏因宜教田闢

1　王仁湘：《中國飲食的歷史與文化》，山東畫報出版社，2006年，第275頁。

◀圖2-25 寶雞炎帝陵炎帝像

土種穀，以振萬民」[1]的語句，這是後人對炎帝及其部落發展農業功績的真實記錄和稱頌。

黃帝之所以稱其「黃」者，也是農業民族的象徵。自秦始皇以後歷代皇帝雖然以「黃」為「皇」，但是最終還是以「黃」色成為一統天下的皇家象徵，代表著江山社稷萬物生靈。

如果從泛生殖的範圍講，黃土、黃河等都是養育中華民族的重要物質資源，孕育萬物，滋養萬民，是中華民族文化的發祥地。因此，黃，是中華民族崇尚的顏色，是文明先祖的顏色。

還有專家認為，一切與水、與土有關的事都係黃帝所為：「黃帝之為水母大神，一切與水有關的神靈，共工、鯀（gǔn）、禹，也可列入黃帝系神話中；黃帝又為地母大神，一切與土地有關的神靈，共工、后土、禹，也可列入黃帝系神話中。」[2]

1　王昶：《金石萃編》卷二十，北京市中國書店，1985年，第2頁。
2　陸思賢：《神話考古》，文物出版社，1995年，第205-206頁。

一、骨耜等生產工具的使用與發展

炎帝神農氏，是中國農業文化的代表，距今6000-5000年。他最大的貢獻之一就是「嚐百草之實，察酸苦之味，教人食五穀」[1]。在西北地區是以地方性的馬家窯文化為代表。馬家窯文化是繼大地灣、師趙村文化之後，在西北地區出現的著名文化。因一九二三年由瑞典學者安特生首次發現於甘肅臨洮縣馬家窯村而得名，亦稱「甘肅仰韶文化」。馬家窯文化分布於甘、寧、青境內的黃河及其支流涇河、渭河、洮河、湟水與西漢水、白龍江、岷江的廣大流域，覆蓋了整個黃河上游的甘肅、寧夏、青海等廣大地區。從行政區劃上講，東起甘肅東部涇水上游的平涼市涇川縣，西至青海省的興海、同德縣，北入寧夏清水河流域的中衛縣，南達四川岷江流域的汶川縣、阿壩藏族自治州北部等。

❶·骨耜的使用

炎帝時期西北地區以旱作農業生產為主，生產工具以骨耜和石器為主，食材以黍、粟等為代表。《周易·繫辭下》載：「包犧氏沒，神農氏作。斫（zhuó）木為耜，揉木為耒，耒耜之利，以教天下。」《風俗通義》稱神農氏「始作耒耜，教民耕種。」講的都是炎帝神農氏發明或者製作耕播工具耒耜，用以發展農業生產。骨耜是耜耕農業的代表性生產工具，據說是炎帝的發明。

二○○二年年初，在渭水上游河谷中段的甘、陝兩省交界處，在寶雞拓石關桃園發現了距今7000多年的骨耜和窖藏糧食，對於研究炎帝時期的飲食文化很有意義。

關桃園出土了24件骨耜，其中8件距今7300年，16件距今7300-6900年[2]，這些圖片使我們清楚地看到該骨耜長期使用所留下的痕跡。而且是「從曲頸用以握手的情況說明，耒耜最初是先民們蹲下直接用手握曲頸用以挖坑翻土或栽培農作物的，並

1　王利器：《新語校注》，中華書局，1986年，第10頁。

2　陝西省考古研究院、寶雞市考古工作隊：《寶雞關桃園》，文物出版社，2007年，第325頁。

▶圖2-26、圖2-27
甘、陝兩省交界處拓石關桃園出土
的骨耜。左圖骨耜距今7300年，
右圖骨耜距今7000年左右（《寶雞
關桃園》，文物出版社）

不是像後來人們所想像的是捆紮固定在木棒上使用的」[1]。顯然西北地區與南方骨耜
的使用方法有所不同。

　　西北地區渭水流域7000多年前骨耜的出土，意義十分重大。由於骨耜過去「在
北方地區一直沒有明確的發現，這次有成批的骨耜出土，不僅填補了北方地區農業
生產工具的空白，而且為探討我國北方旱作農業的起源和發展水平提供了最直接的
實物證據」[2]。推翻了過去一直被認為「骨耜」主要應用於長江流域的觀點，從年
代上講，關桃園遺址中的「骨耜」早於距今約七千年的浙江餘姚河姆渡出土的「骨
耜」[3]。表明「骨耜」不僅僅使用於稻作農業，而且同時使用於旱作農業。充分證
明在西北地區的黃土高原上曾經有過與河姆渡相同、或者說相似的農業耕作方式，
只是西北地區應用於黍、粟等旱作穀物而已。另外，由此證明了「骨耜」使用的範
圍不僅限於稻作植物，還應該包括歷史悠久的旱作穀物。關桃園遺址的年代是以
大地灣為下層的，因此，極就有可能「骨耜」的發源地在西北地區。「骨耜」在西

1　劉明科：《寶雞關桃園遺址早期農業問題的蠡測——兼談炎帝發明耒耜和農業與炎帝文化年代問題》，
　　《農業考古》，2004年第3期。
2　陝西省考古研究院、寶雞市考古工作隊：《寶雞關桃園》，文物出版社，2007年，第326頁。
3　浙江省博物館：《三十年來浙江文物考古工作》，《文物考古工作三十年》，文物出版社，1979年。

北地區的發現，為研究當時的農業經濟和飲食原料的構成提供了不可多得的實物展示。

7000年前耒耜的推廣使用，大大促進了農業生產的發展。故後人有載：「神農之時，天雨粟，神農遂耕而種之，作陶，冶斧斤，為耒耜鉏，耨，以墾草莽，然後五穀興助，百果藏實」[1]。《尸子・重治篇》說在神農氏的領導下「神農氏治天下，欲雨則雨，五日為行雨，旬為穀雨，旬五日為時雨，正四時之制，萬物咸利，故謂之神」。今天看了似乎有些神話的感覺，古代人們之所以將炎帝稱之為「神農」，是因為他順應了自然的發展規律，開啟農業文明，為人類造福。正如《白虎通》所說：「謂之神農何？古之人民皆食禽獸肉，至於神農，人民眾多，禽獸不足，於是神農因天之時，分地之利，制耒耜，教民農作。神而化之，故謂之神農也。」還有歷史上流傳至今的《神農書》《神農之禁》《神農本草經》《神農教田相土耕種》等，雖然是後人的總結與發展而成，但它說明炎帝作為中國農業最高級別的「神農」是有本有據，當之無愧的。炎帝的歷史功績在於，當人類只憑狩獵、採集的單一手段感到食物資源不足時，他率民開創了原始農業，發明了耒耜等農具，肇始了中華民族的農耕文明。

❷・多種材質的生產工具

西北地區飲食文化的發展，首先得力於農業生產的發展，包括漁獵採集、家庭飼養等。而這些生活資料的獲得，在很大程度上又與當時的生產工具密切相關。當時主要的生產工具是石器、骨器、角器和陶器等。

其中以石器為傳統的生產工具，有著上萬年的歷史，一直延續到炎帝時期。它們分別為：石刀、石鏟、石斧、石錛、石紡輪、石球、石葉、石錘、石鑿、石臼、石杵、石矛、石鏃、石核、石彈丸、石盤狀器、研磨器、研磨棒、刮削器、敲砸器、磨石、燧石片、石網墜、磨盤、圓形石器、梯形石器、環狀器等。考古工作者

1　馬驌：《繹史》，上海古籍出版社，1993年，第83頁。

▲圖2-28 石鏟，甘肅省天水市麥積區出土，距今7000年左右　　▲圖2-29 骨鋤，甘肅省秦安縣出土，距今6000年左右

在距今8000年的大地灣一期文化中就出土了打製、磨製、琢磨過的石刀、石鏟、石斧。石刀是收割的工具。大地灣的石刀一般長6.7釐米、寬4.7釐米，厚0.7釐米，扁而薄，刃很鋒利，有使用痕跡。還有石鏟，是翻土和播種的工具。大地灣的石鏟帶肩，便於手握，還可以裝柄，以提高勞作效率。石鏟一般長8.4釐米、寬4.7釐米、厚1.7釐米，同樣是使用過的工具。另外，石斧，作為砍伐工具，有長條平刃和弧刃兩種，亦為使用過的工具。當時建築所需用的大量木材就是通過石斧砍削完成的。

骨器類生產工具，是人類利用吃過動物肉之後的骨骼加工而成，骨器的特點是成本低易加工，輕巧方便。西北地區傳統的骨器有：骨鋤、骨錐、骨鏃、角錐、骨鑿、骨鋸、骨匕、牙刀等。

陶器出現最晚，但卻最具人類的智慧。陶器可以根據人的主觀願望進行創造加工，以滿足日常生活的各種需要。陶器有：陶刀、陶紡輪、陶球、陶彈丸、陶銼、陶拍、陶墊、陶餅、陶筐。

人們常說「工欲善其事，必先利其器」，農具的產生、發展與淘汰，始終與農業生產過程相適應，優者會得以延續，劣者則會被淘汰。優勝劣汰，概莫能外。

二、五帝時期食材的人工栽培

五帝，指黃帝、顓頊（zhuānxū）、帝嚳（kù）、唐堯、虞舜，是司馬遷《史記·五帝本紀》的排序，以司馬遷為代表的史官們以黃帝作為中國第一個國家首領，作為中華文明的開篇人物，是中華民族大一統歷史觀的充分反映。作為信史，黃帝出現在距今5000-4500年比較合理，傳統的中華文明五千年，正是從這裡開始的。

❶·黃土與黃帝

黃帝作為中華民族的人文初祖，確有史可依，黃帝的業績在「人間而非天上，是有生有死，有祖先，有後裔，有姓氏，有來歷，有業績的首領」[1]。關於黃帝究竟生於何處，《國語·晉語》記載：「昔少典娶於有蟜（jiǎo）氏，生黃帝、炎帝。黃帝以姬水成，炎帝以姜水成。成而異德，故黃帝為姬，炎帝為姜，二帝用以相濟也，異德之故也。」姬水在今天的陝西省境內。

但是，也有專家認為黃帝起源於甘肅。如歷史學家何光岳先生認為，「故秦州應為黃帝軒轅氏最早的居地」，「故秦的發祥地在天水炎黃舊地」[2]。秦州，即今甘肅天水市。還有歷史學家楊東晨先生也提出：炎黃約距今6000-5000年，其中黃帝源於甘肅天水，而起於陝西寶雞[3]。還有著名古史專家劉起釪先生提出：炎黃均出自於古代西北的氐羌二族的觀點。「姬水即渭水，姜水即羌水，亦即白龍江、白水江之水。……更有理由確認黃帝族出自少典族即出自氐族，炎帝族出自有蟜族即出自羌族。」[4]通過專家們的研究，可以認定炎、黃的範圍主要集中於甘肅東部涉及陝西西部的隴山兩側，因此至今在這一小範圍內飲食習俗也有諸多的相同。

黃帝之所以稱其為「黃」者，是黃土地的顏色。與他發祥地的甘肅黃土高原有關，更與黃土地的農作物果實有關。黃土，《禹貢》稱：「黑水西河惟雍州：厥土惟

1　林祥庚：《黃帝傳說辨析》，《光明日報》，2003年1月28日。

2　何光岳：《炎黃源流史》，江西教育出版社，1992年，第511-515頁。

3　楊東晨：《炎黃故地考辨》，《炎帝論》，陝西人民出版社，1996年，第57-69頁。

4　劉起釪：《古史續辨》，中國社會出版社，1991年，第177頁。

◀圖2-30 東漢時期的黃帝畫像磚（《金石萃編》，北京市中國書店）

黃壤，厥田惟上上，厥賦中下。」上邊這段記載說明，黃土，在九州當中被認為是「上上」品，為九州「第一等」。

　　美國芝加哥大學教授何炳棣先生指出：「對中國農業起源的研究者說來，記住這一點是重要的，那就是儘管黃土高原的自然環境非常嚴酷，卻不失某些可取之處。準確地說，黃土由於其風成起原因和長期的乾旱半乾旱的形成條件，使其土壤結構異常均勻、鬆散並具有良好的透水性。很利於木質原始掘土農具的翻掘⋯⋯另外，黃土一般具有良好的保水性和供水性能，在雨量較少的情況下，糧食作物的收成高於其他土壤。所有這些因素，促成了中國農業和新石器文化突破某些自然條件的限制，在黃土高原的中心地區的出現。」[1]正是這得天獨厚的黃土地造就了黃帝氏族發展壯大的物質基礎，因而歷來學者都認為黃帝是農業文明的代表。司馬遷《史記‧五帝本紀》說黃帝氏族「播百穀草木」等，都反映出黃帝氏族在農業方面的貢獻。

1　何炳棣著，馬中譯：《中國農業的本土起源》，《農業考古》，1984年第2期。

黃土之所以貴，不但在於黃土壤以十分明顯的肥力優勢於全國之上，而且就傳統的農業國家而言，黃土對中國歷史的發展起過相當重要的作用。考察中國早期農業文明的發展，黃土壤是農業經濟最早開發和最富裕的地區，並且在很長一段時間內處於全國的領先地位。

長期以來中國人尚黃色、崇拜黃色，稱中華民族為黃帝的後代，究其淵源，均與西北地區廣袤的黃土地以及黍、稷成熟後的金黃色息息相關。

五帝時期相傳黃帝勤政於民，不斷求索利民之道，以造福於民。《史記·五帝本紀》載，黃帝曾「西至於空桐（崆峒），登雞頭」，問道於活神仙廣成子。其中內容之一就是與為政之道的「食」相關。《莊子·在宥》載：「黃帝立為十九年，令行天下，聞廣成子在於空同（崆峒）之山，故往見之。曰：『我聞吾子達，於至道，敢問至道之精。吾欲取天地之精，以佐五穀，以養民人。吾又欲官陰陽，以遂群生，為之奈何？』」意思是說黃帝在位19年，已令行天下，聽說有道的廣成子居住在崆峒山，便特地前去求教，如何幫助五穀生長以養天下百姓。由此可見，黃帝是非常重視關乎百姓生存的農業生產的。

在以黃帝為代表的五帝時期，西北地區的原始農業為先民們提供了食物來源，人們以農作物粟、黍、麻等為主要食物。天水西山坪遺址可為佐證。「曾在馬家窯類型的一個灰坑中，發現一個罐內的填土為草木灰狀顆粒物，很像是粟粒炭化而形成，說明當時的糧食已經有了剩餘，人們發明了大型陶器用以貯存糧食」[1]。另外，在大地灣發現的「袋狀窖穴H219儲藏的糧食，則以粟為主。上述結果表明，在大地灣，黍的種植雖然早於粟，但最終發展為以粟為主要作物品種」[2]。

還有，在青海地區馬家窯文化晚期的馬廠類型遺址中，發現死者隨葬糧食的現象已經比較普遍，這表明當時的農業產量已頗具規模。同時形成了家庭飼養與採集、漁獵互為補充的飲食模式。

1　王吉懷：《甘肅天水西山坪遺址的原始農業遺存》，《農業考古》，1991年第3期。

2　甘肅省文物考古研究所：《秦安大地灣——新石器時代遺址發掘報告》，文物出版社，2006年，第704頁。

五帝時期的西北地區對中國飲食文化最大的貢獻，就是人工培育了糧食作物小麥、粱、麻和青稞，成為我國重要的食物來源。

❷‧小麥的發現與食用

小麥，是當今世界最主要的糧食品種，也是古代中國先民的主食之一。《孟子‧滕文公上》「五穀」說：「稻、黍、稷、麥、菽」為五穀。也有以麻、黍、稷、麥、菽為五穀的。《周禮‧太宰職》稱：黍、稷、稻、粱、麻、麥、大豆、小豆、苽（gū）為「九穀」。在「五穀」和「九穀」當中，黍、麥、粱、麻就起源於甘、寧、青、新地區。其中黍起源於八千年前的大地灣，而麥、粱、麻的最早考古發現為五千年前已有人工栽培。

關於小麥的起源問題，國內外有不同的看法。國外學者認為小麥起源於西亞地區，是由西方傳入中國的。日本人甚至認為中國的小麥是由張騫通西域後才傳入的[1]。這種說法顯然是不正確的。因為在甲骨文中已經有「麥」字的出現，而且就是作為糧食小麥記載的，其一期卜辭有：「有告麥」，「允有告麥」，「受麥年」；二期卜辭有：「月一正食麥」；四期有「登麥」「麥年」等[2]。甲骨文一期在武丁時期，距今有三二〇〇多年，關於「麥」的卜辭就是最好的反映。

一九八六年秋天，甘肅省文物考古所與北京大學、吉林大學考古系聯合對河西走廊地區的四壩文化遺址進行了調查和複查。一九八七年夏天對甘肅酒泉干骨崖、民樂東灰山遺址進行了發掘，在東灰山和西灰山遺址中發現了大量的炭化麥粒，引起了世人的關注[3]。中國科學院遺傳研究所的李璠教授曾經於一九八五年、一九八六年兩次在東灰山遺址中發現了大麥、小麥、高粱、粟、稷等五種炭化籽粒[4]，經碳14測定，年代距今五七七五至五〇〇〇年，「這樣就解決了我國新石器時代是否種植

1　筱田統：《五穀的起源》，日本《自然和文化》，1955年第2號。
2　彭邦炯：《甲骨文農業資料考辨與研究》，吉林文史出版社，1997年，第334～343頁。
3　甘肅省文物考古研究所：《甘肅省文物工作十年》，《文物考古工作十年》，文物出版社，1991年，第317頁。
4　李璠：《甘肅省民樂縣東灰山新石器遺址考古遺址新發現》，《農業考古》，1989年第1期。

小麥的長期爭論，把我國小麥種植的歷史推到5000年前，是我國近年來農業考古的一個重大收穫」[1]。甘肅東灰山小麥的發現意義十分重大，它不但說明了小麥種植源於中國本土，而且說明了民樂河西走廊一帶是中國種植小麥最早的地方。該考古發現對西北地區乃至整個中國飲食文化的發展都有著極為重要意義。

小麥，中國最主要的食材，是五帝時期西北地區普遍食用的糧食品種。一九六四年在新疆天山東部的巴里坤石人子鄉土墩遺址發現了完好的炭化小麥，該遺址「屬新疆新石器時代三種文化類型之一的『含彩陶類型』，……這些麥粒雖因被燒而變黑，但顆粒仍然完好。從同一遺址出土的大型馬鞍形磨穀器及雙耳罐看，當時那裡的農業已相當發達，小麥可能已是主要糧食作物之一」[2]。小麥在新疆的發現，從豐富食物品種而言意義非同凡響，表明新疆不僅有著發達的畜牧業經濟，而且同時並存著發達的農業經濟。

小麥的栽培不僅擴大了食物來源，而且增加了食物的品種。特別是小麥加工為粉食之後，極大地拓展了加工的空間，豐富了人們的飲食生活，至今麵食品種仍然是西北地區的經典食品。

❸ · 粱、麻的栽培與食用

粱，「九穀」之一。高粱係禾本科一年生草本作物，抗旱耐澇，是北方主要的糧食作物。過去一直認為高粱原產於非洲中部，但在中國的古文獻中早就有「粱」「膏粱」「秫（shú）」「粱秫」的記載，可能都指高粱。

以前考古發現高粱栽培的時間都比較晚，目前，真正可以代表最早種植高粱的依舊是西北地區甘肅省民樂縣的東灰山，在這裡發現了完整的高粱炭化籽粒，距今已經有五千多年，成為中國最早栽培和食用高粱的地區。

1　陳文華：《農業考古》，文物出版社，2002年，第51頁。
2　張玉忠：《新疆出土的古代農作物簡介》，《農業考古》，1983年第1期。

除小麥、高粱之外，另一重要的食用作物「麻」最早也發現於甘肅[1]。根據對甘肅省東鄉林家遺址的考古發現，在馬家窯文化中發現了「大麻籽」，距今已有5000多年，這是馬家窯文化的首次發現，也是中國發現的最早的麻[2]。

麻，桑科一年生草本作物。麻是古代主要的紡織原料，麻籽卻是可以當作糧食來食用，亦可用於油料加工。

麻在古代地位很高。《周禮》中所說的「五穀」，其排序就是：麻、黍、稷、麥、豆，麻位列第一，一直延續到漢代。在長達三千年的時間裡，麻一直占據著重要的地位，它與人們生活息息相關。《呂氏春秋・孟秋紀》稱：「孟秋之月，……天子居總章左個，乘戎路，駕白駱，載白旗，衣白衣，服白玉，食麻與犬，其器廉以深。」天子「食麻」，而且必須要在深秋之際，可見「麻」在飲食生活當中地位的重要。

❹ · 青稞的食用

五帝時期西北地區有著豐富的食材，其中特有的糧食品種之一就是青稞。青稞，又稱稞大麥，「產於我國西北部、四川西北部、西藏、青海等地，在海拔三千五百多公尺地區均能生長發育，屬於一種耐高寒農作物，一般三月至五月播種，七月至九月收割，在栽培史上稱為春性稞大麥。青稞是藏民族地區主要糧食作物之一，也是藏族人民不可缺少的口糧，因它是加工『糌粑』的主要原料」。青稞有著悠久的栽培歷史，「青稞的栽培可能在新石器時代中期（距今約5000年）。地區是在黃河上游的青海東部和黃南一帶開始栽培。藏文吐蕃王朝《世綃明鑒》中記述：藏王布貢夾在位時（西元1世紀），藏族地區已『墾原作田，種植稞麥』」[3]。青稞是西北地區主要的糧食作物之一，以青海最為普及。

1　西北師範學院植物研究所等：《甘肅東鄉林家馬家窯文化遺址出土的稷與大麻》，《考古》，1984年第7期。

2　甘肅省文物工作隊等：《甘肅東鄉林家遺址發掘報告》，《考古學集刊》，1984年第4期。

3　王治：《青稞的由來和發展》，《農業考古》，1991年第1期。

根據賈思勰《齊民要術・大小麥》中載：「青稞麥，與大麥同時熟。好收四十石，石八九斗麵。堪作飯及餅飥，甚美。磨盡無麩。」

另外，在距今3000年左右的新疆哈密縣五堡墓地就發現了「青稞穗殼」[1]。由此可見新疆地區同樣是青稞的產地和食用區。

小麥、高粱、麻與青稞的人工栽培，表明在5000年前後，西北地區的飲食生活較之於其他地區豐富。

三、糧食的計量與分配

自從人類脫離蒙昧以來，分配就成為永恆的主題。古代中國曾經有一種以「禮」為準則的分配形式，強調按照一定的規矩進行分配，包括食物的分配。在西北地區大地灣F901中出土的一套古量器（見圖2-31），使我們看到了這套造型奇特的遠古時期的量器。古量器分別為條形盤、鏟形抄、箕形抄和四把深腹罐等。專家們的實測表明，這是一套二進制和十進制相結合的古量器，「其中條形盤的容積約為264.3立方釐米；鏟形器的容積約為2650.7立方釐米；箕形抄的容積約為5288.4立方釐米；四把深腹罐的容積約為26082.1立方釐米」。就容積而言，可以推算出，它們之間

◀圖2-31 古量器，大地灣出土，距今5700年（《大地灣考古研究文集》，甘肅文化出版社）

1　王炳華：《新疆農業考古概述》，《農業考古》，1983年第1期。

◄圖2-32 箕形抄，大地灣出土，距
今5700年

的比值關係的公式是「四把深腹罐=5箕形抄=10鏟形抄=100條形盤」。這套最早的
度量衡實物，「將我國度量衡史的實物資料提前了2000多年」[1]。升、斗作為中國傳
統的量器，是古代國家法權的象徵，一直到二十世紀七〇年代才退出歷史舞台。

　　西北地區古量器「條升、抄斗、四把斛」的發現，以其準確的進位表明，這套5000
年前的古量器應是長期生產生活中分配實踐的產物，其性質標誌著行為規範的標準化
和約束力，從古量器本身的質地來看，應該是當時分配糧食的專有量器。

　　標準化量器的使用，表明當時的人們已經有了數的概念。科學史專家們將中國
數學的歷史分為五期，其中第一期就是從黃帝到漢代[2]。數來源於生產生活的需要，
大地灣F901古量器的發現，證實了在5000年前的黃帝時期就已經在使用二進制和十
進制相結合的古量器，與黃帝的大臣「隸首作數」相吻合[3]。旨在完善分配的公正，
保證每個人都得到相等的食物，特別是在糧食短缺的時候尤為重要。也說明了當時
的農業經濟已經發展到相當高的水平，糧食不斷增多，因此有必要對分配過程進行
規範，於是升、斗、斛應運而生。

1　趙建龍：《大地灣古量器及分配製度初探》，《大地灣考古研究文集》，甘肅文化出版社，2002年，第
　　274-275頁。
2　李儼、錢寶琮：《科學史全集》第三卷，遼寧教育出版社，1998年。
3　范曄：《後漢書》，中華書局，1965年，第2999頁。

中國飲食文化史　西北地區卷

四、探索西極的飲食文化

甘、寧、青、新地區歷史上對崑崙山的探索，曾經對中國文化尤其是對飲食文化產生過巨大的影響。崑崙山是中國神話之母，古人對崑崙山的崇拜，從文化層面來說，主要是因為此山有西王母的緣故。由於遠離中原，因此西王母所居住的地方被古代中國人認為是最接近西天的西極之地。

崑崙山，又稱崑崙之墟、玉山，歷來是盛產美食之地，後人曾有許多有關記載，如《呂氏春秋‧孝行‧本味篇》在列舉天下頂級食物時，其中就有「流沙之西，丹山之南，有鳳之丸，沃民所食。菜之美者：崑崙之蘋，壽木之華。……和之美者：陽樸之薑，招搖之桂，越駱之菌，鱣鮪之醢，大夏之鹽，宰揭之露，其色如玉，長澤之卵。飯之美者：玄山之禾，不周之粟，陽山之穄，南海之秬。水之美者：三危之露，崑崙之井。……果之美者：沙棠之實」。東漢著名訓詁學家高誘《注》曰：壽木，崑崙山上木也。華，實也。食其實者不死，故曰「壽木」。是為長壽之木。

❶‧鳳卵與視肉

崑崙山的神奇在於這裡有許多與內地不同的奇特食材。例如崑崙山的水就非常特別，《呂氏春秋‧本味篇》中的「崑崙之井」，正是司馬遷《史記‧大宛列傳》中所說的「其上有醴泉、瑤池」。指的都是甘甜的水源。而《山海經‧海內西經》記載，崑崙山有「九井」之多。根據《山海經‧大荒西經》記載：「西有王母之山，壑山、海山。有沃民之國，沃民是處。沃之野，鳳鳥之卵是食，甘露是飲。凡其所欲，其味盡存。爰有甘華、甘柤、白柳、視肉、三騅、璇瑰、瑤碧、白木、琅玕、白丹、青丹、多銀鐵。鸞鳳自歌，鳳鳥自舞，爰有百獸，相群是處，是謂沃之野。」視肉、珠樹、不死樹、木禾、甘水等，乍一看近乎神話傳說，但仔細分析，卻是多種食材的記載。「沃民之國」或「沃民之野」，指的就是水草肥美的農耕區和農牧區

的眾多物產,所以稱之為「此山萬物盡有」[1]。西北地區古代特有的食物品種,曾引起了歷代人們的關注。

鳳卵,又作鳳丸,是鳥類之卵,抑或雞卵,古代美食之一。後人的典籍記載了許多帶有神話色彩的人吃卵的故事,《史記‧殷本紀》記載:「殷契,母曰簡狄,有娀氏之女,為帝嚳(相傳為黃帝之曾孫)次妃。三人行浴,見玄鳥墮其卵,簡狄取吞之,因孕生契。」《史記‧秦本紀》記載:「秦之先,帝顓頊(黃帝之孫)之苗裔,孫曰女修。女修織,玄鳥隕卵,女修吞之,生子大業。」講的雖然是各自的由來,但在客觀上卻為我們提供了鳥卵作為食材的歷史事實。在遠古的炎黃時期,鳥卵作為崑崙山地區的一種食材,民眾食之,當屬一代食風。

視肉,也是崑崙山所產。西北地區地高土涼,環境特異,肉類以其高脂肪、高蛋白、能禦寒禦風的特有功能,早在遠古時期就已經被先民們食用。

❷‧珠樹、甘木與甘㤰

崑崙山的植物食材尤其豐富,如珠樹、不死樹、甘木、甘㤰、沙棠等。崑崙山上的珠樹為木本植物,果實可吃,且延年益壽。列子:「珠玕之樹皆叢生,華實皆有滋味,食之皆不老不死」[2]。但是珠樹果實具體為何物,歷來無解。

據「珠」之解,當是類似於今枸杞子之類的野生植物,枸杞有補虛贏益精髓之功效,食之可滋補身體。枸杞,又被稱之為:天精、地仙、仙人杖、西王母杖等,無怪乎《神農本草經》稱:「久服堅筋骨,輕身。」因而有益壽延年之說,特別是「西王母杖」之稱,充分說明了珠樹果實的保健功能。

甘木,郭璞《注》曰:「甘木即不死樹,食之不老。」對此多有解釋。今張維慎先生考證認為:甘木即「某」字,屬樟料喬木,也作丹,即「酸果」[3]。至此可知,不死樹之所以可食者,乃是酸果一類的水果,具有開胃之功效。對於「不死樹」,

1　袁珂校註:《山海經校注》,上海古籍出版社,1980年,第407頁。

2　王強模譯注:《列子》,貴州人民出版社,1993年,第125頁。

3　張維慎:《〈山海經〉中的「甘木」考辨》,《陝西歷史博物館館刊》第二輯,三秦出版社,1995年。

東漢訓詁學家高誘注《呂氏春秋・本味篇》曰：「食其實者不死，故曰壽木。」在《山海經・大荒南經》中亦有「（大荒之中）有不死之國，阿姓，甘木是食。」就是說吃了該樹的果實之後，就可以延年益壽。

甘恒，據袁珂先生的考證，當為「梨木之神」，是為梨[1]，屬於水果之類。甘露，就是甘甜可口的泉水。

後人秦相呂不韋在其所著的《呂氏春秋・本味篇》中記載了崑崙山的「沙棠之實」。沙棠，樹木的名稱，《山海經・西山經》記載：「有木焉，其狀如棠，黃華赤實，其味如李而無核，名曰沙棠，可以御水，食之使人不溺。」棠即梨，沙棠就是沙梨，水果的一種。但是，崑崙山的沙梨很特別，不但沒有核，而且分量比一般梨都要輕，相傳人吃了以後可以使身體漂浮在水面上，其神奇之處可見一斑。

❸・木禾與苔（荅）、菫

木禾與苔、菫都是西北地區的著名食材，《山海經・海內西經》郭璞《注》曰：「穀類也，生黑水之阿，可食，見《穆天子傳》。」《穆天子傳》是一部記載周穆王遊歷四方的記錄。其中有不少內容涉及了當地出產的食物品種。如「黑水之阿，爰有野麥，爰有苔菫，西膜之所謂木禾」等。

木禾就是野麥。其未馴化的叫作山羊草，分布於黃河流域和新疆牧區[2]。一九八五年和一九八六年中國科學院遺傳研究所的李璠教授在甘肅省民樂縣六霸鄉東灰山新石器時代遺址中，發現了大麥、小麥等5種糧食作物，從而證實了《山海經》中以西王母為代表的西北人所吃的食物，其來源就有麥類作物。而考古發現4000年前青海喇家遺址出土的麵條，則為《山海經》中有關食材的記載提供了難得的物證。

苔、菫，是兩種不同的食用作物。苔，東漢許慎《說文》稱：「苔，小尗也」。從草，合聲。尗，《說文》稱：「尗，豆也。象尗豆生之形也」。

1　袁珂校註：《山海經校注》，上海古籍出版社，1980年，第246頁。
2　王玉棠、吳仁德、張之恆、陳文華主編，香港樹仁學院編著：《農業的起源和發展》，南京大學出版社，1996年，第7-9頁。

豆就是菽。為古代五穀之一，發源於中國的北方地區，西北地區早有人工種植，發現的最早實物距今4620±135年[1]，也就是說至少在黃帝時期豆類作物在西北地區就已經廣泛種植。作為主要的口糧之一，距今已有3000年以上的歷史，這在《詩經》《周禮》及《史記》等典籍中多有記載。

堇，有兩種典型的說法，一為「米」，一為「菜」。《說文》稱：「堇，草也，根如薺，葉如細柳，蒸食之，甘。」又，《爾雅‧釋草》郭璞《注》曰：「今堇葵也，葉似柳，子如米，湯食之，滑」。苢與堇都是耐寒作物，宜於高原生長，所以成為西北地區最常見的素食食材。

五、以食療疾的肇始

藥食同源是中國傳統飲食思想，明代大醫學家李時珍曾這樣總結了遠古時代神農嚐百草的歷史功績：「太古民無粒食，茹毛飲血。神農氏出，始嘗草別穀，以教民耕藝；又嘗草別藥，以救民疾夭。軒轅氏出，教以烹飪，製為方劑，而後民始得遂養生之道」。

中國的中醫從食而來，神農氏嚐百草，即是古代先民尋找食物、開闢食源的艱辛過程，而一日遇七十毒，為解其毒，只能再去尋找解毒之草，這就是草藥的由來。人們在長期的生活中不斷地嘗試不斷地實踐，終於從可食的植物中篩選出可治病的藥，最終形成了中華民族醫食同源的寶貴思想，是為中國飲食文化的一大鮮明特色。

西北地區醫食同源的實踐則始於崑崙山。

崑崙山盛產「璇瑰」，相傳為西王母所用。「璇瑰」又作玫瑰，花類。花瓣和根都可以入藥，具有順氣和血、疏肝解鬱之功效。對氣喘、消化不良、胃病等有輔助療效，還可治婦女經血不調。至今甘肅河西走廊東端的苦水一帶還盛產玫瑰，位居

1　謝偉：《案板遺址灰土所見到的農作物——兼論灰像法的改進》，《考古與文物》，1988年第5-6期。

全國產量第一[1]。

芍藥，也是西北地區名產，白者名金芍藥，赤者名木芍藥。味苦，平，無毒。有養血，斂陰，柔肝止痛，平抑肝陽之功效。古代多用於入菜餚以調味。

苦，是人類最早接觸和總結出的基本味覺之一，這是因為先民們在生產力極端低下的狀態下，採集常常是飢不擇食。當食用過一些氣味特別濃烈的植物後，便留下深刻的印象。有些則意外地發現能減輕人的某些痛苦，經過反覆驗證，這些草便成了藥，但是作為食物吃的功能並沒有完全消除，食療正是在此基礎上逐漸完善的。後來人們常利用苦性來消暑降溫清心明目，是為食療的一大發明。

六、青銅器的發明與藝術彩陶的出現

五帝時期西北地區率先發明了青銅器，相對於還在石頭上下功夫的地區，已經開始接近文明時代。特別是進食工具青銅刀和匕的出現，標誌著西北地區早期的科技水平邁上了一個新台階。

❶ · 進食工具刀與匕的使用

五帝時期西北地區先民們吃飯時的主要餐具是刀和匕，並且已經開始使用青銅質地的刀和匕，成為中國最早使用青銅器進食工具的地區。也是西北地區人們生活質量提高的重要標誌。

國內考古發現，西北地區對青銅器的使用，在中國冶金發展史上有很重要的位置。其中最有名的是於甘肅東鄉縣林家馬家窯文化遺址中出土的中國第一把青銅刀[2]，而且是用範（模子）鑄的青銅刀。據北京科技大學的孫淑雲、韓汝玢先生研究，在商代以前發現的銅器當中，甘肅占了總數的80%以上，在中華文明起源和發展中占有重要的地位。

1　陳銳編：《甘肅特產風味指南》，甘肅人民出版社，1985年，第77頁。
2　北京鋼鐵學院冶金組：《中國早期青銅器的初步研究》，《考古學報》，1981年第3期。

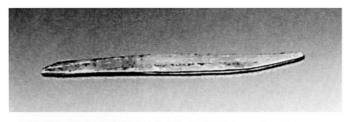

▲圖2-33 骨體石刃刀，大地灣出土，距今6000年左右（《秦安大地灣——新石器時代遺址發掘報告》，文物出版社）

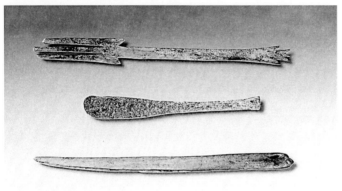

▲圖2-34 骨叉、骨勺、骨刀，青海省同德縣出土，距今5000年（《中國少數民族文化史圖典·西北卷下》，廣西教育出版社）

　　學術界在探討中華文明起源的問題時，曾經有過不同的標準，它以文字、城市、青銅器、冶金術、國家等出現為標誌。例如，著名的考古學家夏鼐先生在《中國文明的起源》中提出商代殷墟文化「具有都市、文字和青銅器三個要素」，表明已進入了燦爛的文明時代，成為中國以夏商進入文明社會的立論點。西北地區「甘肅東鄉林家馬家窯文化遺址出土的含錫6%-10%的青銅刀，是我國發現最早的一件青銅器，它的年代（西元前2740年）與世界範圍內最早出現青銅的時代相當」[1]。充分表明西北地區的青銅冶煉與世界青銅冶煉的發展是同步的。

　　青銅刀的出現與該地食肉的生活習慣密切相關。西北地區豬、狗、羊、牛、雞家畜飼養的迅速發展，使餐桌的食品越來越豐富。這是在馬家窯文化遺址和墓葬中可以看到的先民們生活的遺跡。如新疆木壘縣四道溝遺址中就出土了許多馬、牛、

1　孫淑雲、韓汝玢：《甘肅早期銅器的發現與冶煉製造技術的研究》，《文物》，1997年第7期。

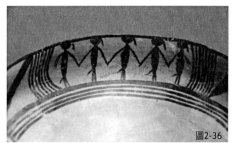

▲圖2-35、圖2-36 舞蹈彩陶盆，青海大通出土，距今5000年

▶圖2-37 陶鼓，青海省民和縣出土，距今5000年

羊、狗等動物的骨骼。這一時期農業的發展和人們相對定居的穩定生活，使人們對生活質量有了新的要求，如要求肉食加工工具的更新，於是金屬的刀具便應運而生。

西北地區有使用刀、匕進食的傳統，此為突出的地域特徵。最早我們在甘肅發現了距今六千年前後的骨體石刃刀，在青海的同德縣還出土了一套五千年前的骨質餐具，包括骨叉、骨勺和骨刀。

青銅是銅加錫的合金，具有硬度大、熔點低、刃口鋒利的優點。由自然銅發展到合金鑄造是一次巨大的革命，青銅器的出現極大地提高了社會生產力，加速了人類社會前進的步伐。馬家窯文化時期青銅器的使用，改變了萬年以來人們只能使用石器、骨器的傳統，為西北地區生產生活注入了新的活力。

❷ · 豐富多彩的精神生活

健康向上的精神生活，是社會文明進步的標誌，五帝時期西北地區的人們享有豐富的精神生活，一九七三年青海大通縣上孫家寨出土了一件馬家窯類型的舞蹈彩陶盆，極其精美，被認為是描繪當時人們文化生活的藝術珍品。該彩陶盆口徑28.5釐米，高12.7釐米。盆內壁繪有三組5人連臂的舞者，十分精妙[1]。舞步一致，翩翩有序，使我們似乎聽到了五千年前先民們律動著的舞步。

青海同德縣宗日也出土了一件舞蹈盆，該盆口徑26.4釐米，高12.3釐米，內壁繪有11人一組和13人分組的連臂舞者[2]。這兩件繪有舞蹈圖案的彩陶盆可以說是5000年前中國繪畫的巔峰之作，它是5000年前先民們日常生活的再現。

通過這兩件彩陶舞蹈盆以及陶鼓、陶塤、陶響鈴等樂器的發現，尤其是青海民和出土的陶鼓，使我們受到了極大的藝術感染。

發達的彩陶上佈滿了三角紋、草葉紋、花瓣紋、平行條紋、漩渦紋、水波紋、鋸齒紋、葫蘆形紋、圓圈紋、菱形紋、網格紋，以及魚紋、鳥紋、蛙紋等動物形象裝飾紋。這些紋飾畫工複雜，手法細膩，線條生動流暢，這些彩陶既是當時人們日常實用的生活用具，又反映出當時人們對周圍世界的認識。這在數千年前的五帝時期，西北地區人們的文化生活如此豐富，令後人歎為觀止。

1　青海省文物考古隊：《青海大通縣上孫家寨出土的舞蹈彩陶盆》，《文物》，1978年第3期。
2　青海省文物管理處：《青海同德縣宗日遺址發掘簡報》，《考古》，1998年第5期。

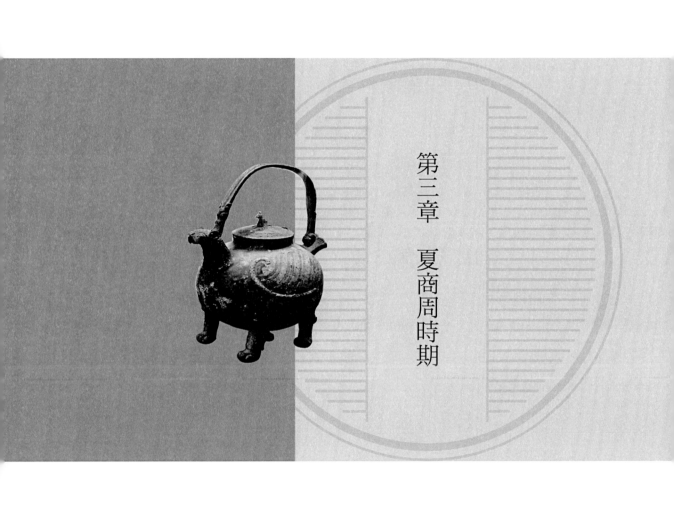

第三章　夏商周時期

夏朝為大禹所建，時間是距今四〇七〇年[1]，是我國第一個有明確記載的王朝。夏商周時期西北地區陝、甘、寧的部分地區屬於古九州之一的雍州，《周禮・職方》稱雍州：「其畜宜牛、馬，其穀宜黍、稷」。

從西元前八九〇年西周孝王時期開始，秦人開始管理西北地區的甘肅東部一帶。到東周時期的西元前六八八年（秦武公十年）「伐邽（guī）、冀戎，初縣之」[2]，首次設立邽、冀二縣，這裡便成為中國最早設縣的地區。

周朝分為東西兩個階段，西周的政治經濟中心在陝西關中，東周在洛陽，其政治經濟中心為中原地區。西北地區均屬於西周東周的西部邊陲，是狄、獫、邽、冀、氐、羌、犬、義渠、獫狁（xiǎnyǔn）、綿諸、緄戎等西戎諸民族大發展的聚居區。

因此，多民族、多個性成為西北地區的鮮明特色，並形成了具有濃郁民族風格

◀圖3-1　東漢時期的大禹畫像磚（《金石萃編》，北京市中國書店）

1　夏商周斷代工程專家組：《夏商周斷代工程1996-2000年階段成果報告》，世界圖書出版公司，2000年，第86頁。
2　司馬遷：《史記》，中華書局，1959年，第182頁。

及地方特色的飲食文化，其中以齊家文化的肉食、黍粟餅、黍米粥以及四千年前的麵條等為其代表性食物品種。

第一節　齊家文化時期的飲食生活

齊家文化因一九二四年夏季在甘肅廣河齊家坪首先發現而得名。其年代可分為東西兩部，東部地區在距今四一〇〇至三九〇〇年之間；西部地區在距今三九〇〇至三六〇〇年之間，與中原地區的夏代相當，下限可晚到商代。齊家文化分布範圍較廣，東起涇、渭河流域，西至河西走廊東部及青海東部，南抵白龍江流域，北達內蒙古西南部以及寧夏南部，即甘肅、青海、寧夏及四川、內蒙古等地，東西長約八百多公里，已發現遺址在一二〇〇處以上。

齊家文化時期西北地區仍以肉食為傳統飲食，而發達的農業生產「一直是以耐旱早熟的粟為種植對象」。另一方面「由於自然條件的複雜，有著豐富多樣的自然資源，適於發展多種經濟，天然植物與栽培植物，也將在人類勞動實踐中，突破土地條件的限制，蓬勃茂密的繁殖起來」[1]。特別是青海民和回族土族自治縣喇家齊家文化遺址中四千年前麵條的發現，為我們研究西北地區的飲食文化提供了不可多得的實物資料。

一、銅器的發展與飲食生活水準的提高

齊家文化時期以發達的冶銅業為標誌，社會生產力的高度發展，特別是銅器刀、匕的繼續使用，提升了食物的加工水平，豐富了飲食文化的內涵，成為這一時期最重要的特徵之一。

---

[1]　王吉懷：《齊家文化農業概述》，《農業考古》，1987年第1期。

學者們一般把中國青銅器文化的發展劃分為三大階段，即形成期、鼎盛期和轉變期。其中「形成期」是指龍山時代，距今4500-4000年；「鼎盛期」即中國青銅器時代，包括夏、商、西周、春秋及戰國早期，延續時間大約1600餘年。

❶ · 銅質進食器的延續

西北地區是中國青銅器的發源地，從距今5000年開始，到距今4000年前後的齊家文化時期，西北地區的青銅器更是有了迅速的發展。如甘肅齊家文化的武威皇娘娘台、永靖秦魏家、廣河齊家坪，四壩文化的玉門火燒溝、民樂東灰山、酒泉豐樂鄉干骨崖、安西鷹窩村等出土了紅銅、青銅製成的匕、刀、鏃、錐、耳環、泡等器物，這些器物既有鑄造的，也有鍛造的。還有出土於青海西寧市城北區馬坊鄉小橋大隊沈那齊家文化遺址的銅矛；海南藏族自治州貴南縣尕馬台墓地齊家文化遺址的直徑9釐米、厚0.4釐米的七角星幾何紋銅鏡。[1]特別是新疆地區古墓溝文化遺址的發掘和研究[2]，表明大約四千年前新疆部分地區已進入青銅時代[3]。

銅器的出現極大地提高了社會生產力的發展。齊家文化的銅器主要分為紅銅和青銅兩大類，而青銅多於紅銅，以小規模的家庭作坊式生產為主。特別是銅質生產工具和食物加工工具的大量出現，加速了農業經濟和畜牧漁獵經濟的大發展，銅質刀、匕的普遍使用，為居家過日子的食物精加工提供了極大的方便，人們開始由簡單的原生態加工向精細發展，技術含量和藝術含量都在不斷提高。

不過，銅畢竟是貴金屬，雖說是西北地區最先使用，但未必人手一器。因此，傳統的骨匕仍然在使用。齊家文化時期發現有大量的骨匕，集中在甘肅永靖的大何莊與秦魏家遺址，其中秦魏家出土骨匕22件[4]，大何莊出土骨匕106件和1件銅匕[5]。

1 青海省文物管理處考古隊：《青海文物考古工作三十年》，《文物考古工作三十年》，文物出版社，1979年，第162頁。

2 王炳華：《孔雀河古墓溝發掘及其初步研究》，《新疆社會科學》，1983年第1期。

3 陳光祖著，張川譯：《新疆金屬器時代》，《新疆文物》，1995年第1期。

4 中國科學院考古研究所甘肅工作隊：《甘肅永靖秦魏家齊家文化墓地》，《考古學報》，1975年第2期。

5 中國科學院考古研究所甘肅工作隊：《甘肅永靖大何莊遺址發掘報告》，《考古學報》，1974年第2期。

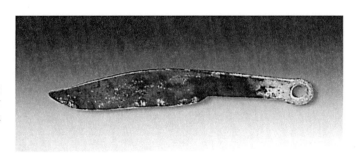

▶圖3-2 青銅刀，甘肅武威出土，距今4000年左右（《中國少數民族文化史圖典・西北卷下》，廣西教育出版社）

考古發現明確地告訴我們西北地區使用匕吃飯確實是有著悠久的傳統。

飲食文化來源於人類的生產與生活，而生存條件和生活環境在一定程度上左右著飲食文化的形式、內容和內涵。考古發現為我們提供了他們最基礎的生活信息，使我們知道「齊家人足跡踏遍了黃河上游及其支流的洮河、湟水、大夏河流域和渭河上游、河西走廊、西漢水流一帶。以農業畜牧業為其生產活動，過著比較穩固的定居生活」[1]。他們在河邊的臺地上搭建方形和長方形半地穴式的房屋。房屋中間有一圓形灶，門道大多向南。屋內地面塗一層白灰面，衛生、光潔、堅實耐用。長期生活於定居的狀態下，決定他們的生產方式是以農業為主，雖然畜牧漁獵經濟為輔的生活仍在繼續，但是飲食生活卻悄然地隨著環境在不斷髮生變化，向著穩定定居的方向發展。

❷・農牧業並舉的經濟形態

在食材的培育方面，肉食來源的家豬飼養成為亮點，「隨著農業經濟的發展，時間愈晚家豬的數量就愈多」[2]。而齊家文化時期養豬的比例為最高，表明這時以豬為主的飼養業有了突破性的大發展，並且作為犧牲而形成了以豬、羊為祭品的葬俗。家庭副業的發展帶動了傳統的人工養羊，羊的大量飼養，滿足了日常的食用，

1　王吉懷：《齊家文化農業概述》，《農業考古》，1987年第1期。
2　中國社會科學院考古研究所編著：《師趙村與西山坪》，中國大百科全書出版社，1999年，第318-339頁。

▲圖3-3　圓點弦紋雙耳彩陶罐，青海出土，距今4000年　　▲圖3-4　三角網紋單耳彩陶罐，甘肅天水出土，距
　　　　左右　　　　　　　　　　　　　　　　　　　　　　　　　今4000-3000年

同時也用於祭祀與殉葬。

　　考古發現在甘肅永靖大何莊遺址有六處作為宗教祭祀場所的「石圓圈」，在「石圓圈」附近發現有卜骨和母牛、羊等動物的骨骼[1]。齊家文化發達的家庭飼養體現在家畜作為犧牲的種類和數量上，其中包括「羊、牛、馬、狗、豬」，以及「成對的羊角、羊腿、羊胛骨」等[2]。正常情況下，豬與羊是作為衡量人們生活富裕與貧困的標誌，而殉葬家畜如果沒有足夠的生活保障，就不可能使用大量的羊、牛、馬、狗、豬作為犧牲。齊家文化時期大量動物骨骼的出現，反映出肉類食物的豐富，說明飲食文化發展又邁上了一個新的台階。

　　在寧夏地區「糧食主要是粟。除農業外，還飼養豬、羊、牛、馬等家畜，聚落範圍大，遺址堆積厚，說明定居生活持久而穩定，這顯然與以旱田農業為主，兼營狩獵、畜牧業不甚發達的馬家窯文化有別」[3]。由此證明，夏商時期寧夏地區的飲食資源發生一些變化，家庭飼養業的發展，為人們提供了充裕的食物儲備。

1　中國科學院考古研究所甘肅工作隊：《甘肅永靖大何莊遺址發掘報告》，《考古學報》，1974年第2期。
2　李水城：《四壩文化研究》，《考古學文化論集》，文物出版社，1993年。
3　許成、韓小忙：《寧夏四十年考古發現與研究（1949-1989）》，寧夏人民出版社，1989年，第5頁。

與此同時，「青海地區自新石器時代諸文化之後，畜牧經濟有了較快的發展，主要是由於人口的不斷增長，氏族制度的不斷分裂和由於其他原因造成的遷徙，那些原本不甚利於農業生產的地區先後得到開發的緣故。這一時期畜牧經濟的發展，並非人們有意放棄了原有的農業生產，正相反，原來比較適合農業耕作的地區，農業和畜牧業都得到了較快的發展。在新開墾的地區，畜牧經濟因素所占的比重較大，但是，這種大小、多少，均是由當地的自然條件決定的」[1]。畜牧業是青海的傳統，有著悠久的歷史，發展畜牧業是先民們適應環境利用環境的經驗選擇。

夏商時期，甘、寧、青、新地區大部分民眾已經生活在定居的環境裡，在穩定的條件下，他們可以有計劃地安排自己的農業生產、家庭飼養和畜牧漁獵。他們種植的傳統糧食作物有「小麥、大麥、黑麥、黍、稷、高粱」等[2]，並且飼養豬、羊、雞、狗、牛、馬等，以滿足日常的飲食生活。隨著生活質量的提高，人們使用的器物也越來越有特色，展現出人們在穩定的生活中對美的追求。

夏商時期，甘、寧、青、新地區的齊家文化完全可與中原相媲美，受到了世人的關注。這裡曾經有過發達的養蠶業，「養蠶業的出現，表明了距今四千年前後的齊家文化時期，在洮河流域的氣候比現今要濕潤而溫暖。同時，也是當今所知史前時期養蠶業最西的分布地區，為養蠶絲織業的向西傳播，提供了可靠的實物資料」[3]。

二、簞餅以食

孔子曾經表揚他的愛徒顏回說：「賢哉，回也！一簞（dān）食，一瓢飲，在陋巷，人不堪其憂，回也不改其樂。賢哉，回也。」[4]孔夫子所稱之「一簞食」之

---

1 尚民傑：《對青海史前時期農牧因素消長的幾點看法》，《農業考古》，1990年第1期。

2 李曙等：《甘肅省民樂縣東灰山新石器遺址農業遺存新發現》，《農業考古》，1989年第1期。

3 吳汝祚：《甘肅青海地區的史前農業》，《農業考古》，1990年第1期。

4 楊伯峻譯注：《論語譯注》，中華書局，1980年，第59頁。

「簞」，是中國古代傳統的用竹、葦、草等編織的食具，這種食具在新疆地區的考古挖掘中已得到了實物的驗證。

❶．簞

中原地區稱之為「簞」的簞籚，由於是竹、葦等材質所編，所以很難保存下來。但是，一九七九年在新疆羅布淖爾地區孔雀河古墓溝的考古發掘中就發現了「簞」的實物，大大早於孔子時代，令人大開眼界。研究報告稱：「草簞，是這一墓區普遍出土的文物，人具一簞，用為盛器。它是由韌皮纖維如麻類以及芨芨等為原料編製而成，形制通常是平口鼓腹圓底或小平底，高一般在15釐米上下。少數編製精巧的不僅平整細密，而且利用緯向材料光澤程度的不同而顯示『之』字、波紋、幾何形拆曲紋飾等，富有裝飾效果。從部分簞中盛小麥、白色糊狀物看，可能與食具有關。以草編器作為食具，在過去未見實物。漢文古籍中有所謂『簞』、乃指竹、葦編器。其中一部分也用為食具，『簞食壺漿』，即是一例。它們，頗可說明用竹、葦、草編器作為食具、盛具，曾是我國古代一種比較普遍的餐具」[1]。在古墓溝同時還發現了木盆、木盤、木杯等食器，以及草編小簞，可謂緻密。

草簞的發現意義非同一般，草簞是當時人們居家生活經常使用的工具，多用作盛穀物、蔬菜、瓜果和粥等食物。讓我們看到了4000年前西北地區已經流行使用這種很精美而實用的盛器了。

❷．糜以為粥

粥在內地歷史悠久，但過去鮮有實物參照。然而新疆地區的考古發現為我們大開了眼界。根據孔雀河古墓溝出土的草編小簞裡邊「也有盛白色漿狀物（已成糊乾）」的食物分析[2]，糊乾的白色漿狀物形，與吐魯番地區考古發掘出的糜子粥相比

1　新疆社會科學院考古研究所：《孔雀河古墓及其初步研究發掘》，《新疆文物考古新收穫1979-1989年》，新疆人民出版社，1995年，第94頁。

2　新疆社會科學院考古研究所：《孔雀河古墓溝發掘及其初步研究》，《新疆文物考古新收穫（1979-1989年）》，新疆人民出版社，1995年，第93頁。

▶圖3-5 草簍,新疆羅布淖爾出土,距今
4000年左右(《滄桑樓蘭——羅布淖
爾考古大發現》,浙江文藝出版社)

照[1],可能就是用糜子熬成的粥或者是用米熬的粥。

　　1992年3-4月間,新疆文物考古研究所考古隊對鄯善縣吐峪溝蘇貝希村附近的墓地進行了發掘,同樣發現了「隨葬陶器盛放的糜子食品和乾巴了的糜子粥」[2]。由此可見,新疆地區有喝糜粥的習慣。不過,從孔雀河古墓溝草編小簍裡發現有小麥粒的情況來看,除了糜子粥之外,還很有可能盛放的是與麥粉有關的流質食物。

　　新疆地區不止一處有粥的發現,證明夏商時期這裡的飲食習俗與內地同步發展,無論是中原還是西北都在食粥便是一例。

　　粥是中國傳統的食物種類之一,歷史悠久。據說黃帝時期就已經出現。《禮記·月令》稱:「仲秋之月,是月也,養衰老,授几杖,行糜粥飲食。」意思是說中秋時節要注意贍養老人,給予他們几案、枴杖,做粥給他們吃。另外,粥的重要還與禮制關係密切。史書記載魯穆公的母親去世了,就派人去問曾子如何辦理喪事,曾子說:「饘粥之食,自天子達。」[3]饘即稠粥,意思是說服喪期間吃粥喝稀飯,從天子

1　新疆文物考古研究所、吐魯番地區文管所:《鄯善蘇貝希墓群一號墓地發掘簡報》,《新疆文物考古新收穫(續)1990-1996年》,新疆美術攝影出版社,1997年,第47頁。

2　新疆文物考古研究所、吐魯番地區文管所:《鄯善蘇貝希墓群一號墓地發掘簡報》,《新疆文物考古新收穫(續)1990-1996年》,新疆美術攝影出版社,1997年,第148頁。

3　《禮記·檀弓上》,中州古籍出版社,2010年。

到老百姓都是一樣的，不可違規越禮。

粥，亦稱「糜」，《說文》：「糜，糝也。」《爾雅・釋言》註：「粥之稠者曰糜。」漢代著作《釋名》稱：「糜，煮米為糜，使糜爛也。粥濁於糜，育育然也。」早期的粥是用糜子為原料，這在新疆地區考古發掘出的糜粥中得到證實。

粥有很好的食療效用，這在後世的典籍裡多有記載。對於經常食用肉食的西北地區人而言，粥無疑是一種很好的調養劑。

❸・麵餅

餅，是麵食當中最為常見的品種，它早在夏商時期就已經出現在西北人的飲食中。

用小麥粉或者粟、黍粉加工後烤成餅，在西北地區已有4000多年的歷史。考古工作者在新疆哈密市五堡鄉「發掘的墓葬隨葬品中，常有一種用小米做的厚約3-5釐米的餅子。這種小米餅作為一種隨葬品而放入許多墓內，似反映了穀子是那裡的人們當時種植比較普遍的一種穀物。」[1]「出土頗多。大部分作方形，長約二十釐米，厚三至四釐米。由於粉碎不好，餅內的卵圓形小米顆粒仍清晰可見。民豐縣尼雅遺址，即漢代精絕王國的廢墟內，曾在數處房址中見到小米，有的房屋遺址內鋪得厚厚一層，因年久而結成了硬塊。樓蘭地區，也曾見到粟類遺物。」[2]粟由內地傳到新疆，遂成為新疆較早種植的糧食作物之一，種植區域包括天山南北。其中「在天山以北的東北地區，1977年考古工作者在大墨哈薩克族自治縣東城公社四道溝發掘了一處原始社會晚期的村落遺址，出土文物中有似為粟的穀物。」[3]

除了粟之外，還有黍最為普及，同樣在哈密五堡墓地「M151墓底屍體身旁還見隨葬的已朽蝕的糜餅」[4]。哈密五堡粟（小米餅）黍（糜餅）的發現，足以證明粟、

1　張玉忠：《新疆出土的古代農作物簡介》，《農業考古》，1983年第1期。
2　王炳華：《新疆農業考古概述》，《農業考古》，1983年第1期。
3　張玉忠：《新疆出土的古代農作物簡介》，《農業考古》，1983年第1期。
4　新疆文物考古研究所：《哈密五堡墓地151、152號墓葬》，《新疆文物考古新收穫（續）1990-1996年》，新疆美術攝影出版社，1997年，第116頁。

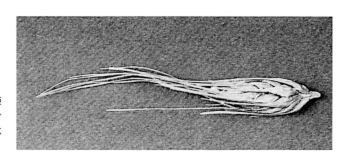

▶圖3-6 小麥，新疆哈密出土，距今4000年左右（《中國少數民族文化史圖典·西北卷上》，廣西教育出版社）

黍不但在中原地區種植，在西北地區的新疆同樣也是大量種植，因而麵餅十分普及。聯繫到今天新疆有名的麵餅「饢」，兩者之間的傳承關係顯而易見。

一九七九年年底，在新疆羅布淖爾地區孔雀河的考古「取得了不少前所未見的工作成果」[1]。特別是發現了糧食作物小麥，成為西北麵食普及的歷史佐證。

過去認為夏商時期新疆羅布淖爾地區人民生活的衣、食來源主要是畜牧業。小麥的發現，改變了傳統的看法。作為中國主要的傳統食材，新疆發掘出土的小麥「是我國所見最早的小麥實物標本。說明近4000年前，我國新疆東部地區，已有純一的小麥和普通圓錐小麥群的存在」[2]。因此，考古學家王炳華先生認為：「小麥是世界最古老的栽培作物之一，也是我國人民的主要糧食作物之一。上述的資料說明，唐代以前，新疆地區已經普遍種植小麥。過去，一般認為它在新疆只有兩千多年的栽培歷史，現在孔雀河出土的小麥標本，把小麥在新疆地區的栽培歷史提早到近四千年前，而且對新疆小麥的起源也提出了新的問題，在農學史研究上的意義是很大的。」[3]食材小麥在新疆的發現，對於我們進一步認識西北地區的飲食生活無疑有著積極的意義。

1　新疆社會科學院考古研究所：《孔雀河古墓及其初步研究發掘》，《新疆文物考古新收穫1979-1989年》，新疆人民出版社，1995年，第92頁。

2　新疆社會科學院考古研究所：《孔雀河古墓及其初步研究發掘》，《新疆文物考古新收穫1979-1989年》，新疆人民出版社，1995年，第95頁。

3　王炳華：《新疆農業考古概述》，《農業考古》，1983年第1期。

三、中國麵食之最

麵食，是農業中國傳統的食物品種，而麵條又是最常見最普及的麵食，甘、寧、青、新地區的老百姓歷來把「吃麵條」稱之為「吃飯」，在他們的生活習慣中「麵條」就代表著「飯」，直到物質生活極大豐富的今天，依舊保持著這一傳統的習慣。歷史上黍、粟與小麥的大量栽培，是西北地區麵食發達的物質前提。青海喇家齊家文化遺址20號房址中發現的麵條成為中國麵食之最。

❶·麵條四千年

中國人吃麵條的歷史，不會晚於4000年，而且早期的麵條是由粟和黍麵粉做成的，這個結論來源於西北地區青海省民和回族土族自治縣官亭鎮的喇家遺址。

喇家遺址距離青海省西寧市190公里，總面積約20萬平方米。二○○○年五月到九月，中國社會科學院考古研究所甘青工作隊和青海省文物考古研究所對這裡進行了正式發掘，使我們看到了堪稱經典的史前大災難的遺跡，被稱之為東方的龐貝古城。在喇家遺址眾多的發現當中，以麵條的發現最為引人注目，成為我們研究西北乃至中國食物品種的重要實證。

二○○五年十月十三日出版的英國《自然》雜誌，刊登了對青海喇家遺址出土齊家文化的麵條狀遺存物的鑑定論文，使我們得知青海喇家遺址出土的麵條狀遺存是小米粉做成的麵條。據新華社報導，「據發掘該探方的青海省文物考古研究所蔡林海介紹，當時出土時，紅陶碗倒扣於地面上，碗裡積滿了泥土，在揭開陶碗時，發現碗裡原來存有遺物，直觀看來，像是麵條狀的食物。但是已經風化，只有像蟬翼一樣薄薄的表皮尚存，不過麵條捲曲纏繞的原狀還依然保持著一定形態。麵條全部附著在後來滲進陶碗裡的泥土之上，泥土使陶碗密封起來，陶碗倒扣，因此有條件保存下來。」[1]後經過呂厚遠研究員大量的實驗鑑定，最終確認了喇家麵條的食物

1　新華社：《青海喇家遺址出土4000年前的麵條》，2005年11月8日19:09:06，http//news.xinhuanet. com/photo/2005-11/08/content_3750933.htm，2005年11月9日。

成分是粟和黍。

粟，也稱之為稷，就是人們經常食用的穀子、小米，因為耐旱，所以是古代主要的糧食作物。黍，就是糜子，是西北地區最早栽培的主要糧食作物之一，已有8000多年的歷史，用粟、黍加工的麵條至今為西北地區人喜愛。

喇家麵條的發現將我國食用麵條最早記錄的東漢時期提前了兩千多年，是當今世界發現最早的麵條，堪稱了不起的偉大發現。

青海喇家麵條在形態上近似於今天的拉麵，專家的意見也認為喇家麵條可能是用某種簡單的工具壓製而成。如果是用加工工具製成，其意義就顯得更加偉大，也就是說我們的祖先至少在4000年以前就開始使用專業工具加工麵條。

喇家麵條的發現說明，該地區的小麥食用，已從傳統的粒食發展到粉食，進而由粉食加工成麵條。

喇家遺址還發現了一批「夾砂紅陶有盛儲器、飲含器、水器、炊煮器四種，夾砂褐陶均為炊煮器」[1]，這是麵條食用時的配套炊具。另外，喇家遺址已經普遍使用壁爐烤製麵食和用火塘烹煮粒食。

喇家遺址還出土了骨製刀、叉等食肉餐具，說明這一地區的飲食既有麵食又有肉食，飲食結構並不單一。

❷ · 鍋巴的前身

考古發掘證明，早在夏商時期西北地區就已經有鍋巴。不過，當時獲取「鍋巴」的方法比較特別，即製熟鍋巴後，須將做鍋巴的陶鬲打碎，然後取出「鍋巴」。河南省濟源市文物保管所在小浪底施工區調查文物時，「發現一陶鬲片上有一層熟食遺物（即俗稱的『鍋巴』），其厚度如紙，面積有十平方釐米，呈黃色。據考證，其年代當在四千年前。據考古發現，在使用金屬烹煮器之前，人們主要使用陶器。在烹煮過程中，一些流質食物會附著在陶器上，時間一長，就會結成一層痂，這就是『鍋

---

1 中國社會科學院考古研究所甘青工作隊、青海省文物考古研究所：《青海民和縣喇家遺址2000年發掘簡報》，《考古》，2002年第12期。

◀圖3-7　有火燒痕跡的陶鬲，甘肅省天
　　　水市出土，距今4000年左右

巴』，但很難將其鏟下來，只好將陶器打碎，取出鍋巴」[1]。

　　鬲，烹煮器，曾經在西北地區使用了6000年左右，之所以長盛不衰，我們現在才明白其中還有不為外人所知的原因。西北地區發達的製陶業與鍋巴之間的關係竟然是如此的微妙，確實出乎人們的想像。當然也不排除為了鍋巴而長期使用鬲來熬粥，以專門獲取鍋巴。今天甘肅天水有一種小吃叫作「呱呱」美食品種，是用蕎麥麵熬製成稠糊狀，熟了以後將其中的一部分盛出，鍋裡只剩下大約一寸許，再用文火將其燒成一層鍋巴，然後用手把鍋巴掰成不規則的小碎塊，加入調料，即可食用，此為古食之遺風。

第二節　兩周時期的飲食文化

　　周人有重視農業的傳統，周的始祖名棄，棄從小就喜歡農業活動。《史記·周本紀》記載，「其遊戲，好種樹麻、菽，麻、菽美。及為成人，遂好耕農，相地之宜，

1　盧化南：《河南濟沅發現四千年前鍋巴》，《農業考古》，1997年第3期。

宜穀者稼穡焉，民皆法則之。帝堯聞之，舉棄為農師，天下得其利，有功」。因此，後人稱其為「后稷」，亦為農神。周朝的食材已經相當豐富，僅《詩經》中記載的糧食作物就有15個，分別是：黍、稷、麥、禾、麻、菽、稻、秬、粱、苣、荏菽、秠、來、牟、稔，其中黍出現19次，稷出現18次，麥出現9次。[1]而黍、稷、麥、麻、菽、稻、粱等最為常見，其中值得關注的就是大麥和水稻。發達的食材經歷代種植繁衍至今，仍然是今人的主食，從而積澱了深厚的農耕文化。

一、采薇采薇

《采薇》是西周初年的一首歌名，講述著一段不吃周食而寧願餓死的感人歷史。故事的主人公是古代中國大名鼎鼎的伯夷和叔齊。他們是殷商孤竹君的兩個兒子。

《史記‧伯夷列傳》中講述了這樣的一段故事：孤竹君死後，伯夷與叔齊不願繼承王位為君，遂西逃投奔周文王。但當兄弟倆趕到時，周文王已逝，卻正逢其子周武王興兵伐紂。伯夷、叔齊攔住周武王的隊伍，說文王剛歿，尚未殯葬，你就大動干戈，是為不孝不忠。周武王不聽勸阻繼續伐紂並取勝奪天下，建立了周朝。伯夷和叔齊深感恥辱，決定不食周食。二人遂西行至甘肅的首陽山隱居，以吃薇菜了卻殘生，直至餓死。餓死之前，他們作了一首被後人稱之為《采薇》的歌：

登彼西山兮，采其薇矣。

以暴易暴兮，不知其非矣。

神農虞夏，忽焉沒兮，我安適歸矣？

于嗟徂兮，命之衰矣。

《采薇歌》影響極大，由於背景是武王滅商「以暴易暴」，所以這段歷史故事為歷代儒家所推崇，孔子在《論語‧季氏》中稱讚「伯夷、叔齊餓於首陽之下，民到

1　齊思和：《毛詩穀名考》，《農業考古》，2000年第1期。

於今稱之」。該典故一直流傳至今。

首陽山，在今甘肅省的渭源縣[1]，是伯夷、叔齊采薇菜的地方。山上有夷齊廟和伯夷與叔齊的二賢墓冢。

薇，薇菜，是一種比較常見的野菜，為豆科多年生草本植物。人們日常食用的薇菜顏色絕大多數為黃褐色，伯夷、叔齊所吃的薇菜卻是白色的，而且只有首陽山上的薇菜是白色的，頗為傳奇。

薇，亦為苦菜，又作荼。《爾雅・釋草》：「荼，苦菜」。苦又作苦藥，《說文》：「苦，大苦，苓也。從草，苦聲。」《詩・唐風・采苓》有「采苓采苓，首陽之巔」，「采苦采苦，首陽山下」。采苦，即採集苦菜。

如今在首陽山上伯夷、叔齊墓冢前的牌坊上刻有一副對聯，上聯：滿山白薇味壓珍饈魚肉；下聯：兩堆黃土光高日月星辰。白薇正是伯夷、叔齊采薇而食的薇菜。他們是文獻記載西北地區最早吃野菜的名人。

二、麵食與肉食

稻，中國傳統的糧食作物，已有萬年的栽培史。一般認為稻產於南方地區。事實上，考古發現在西北地區的甘肅慶陽就有仰韶文化時期的人工栽培食用稻，被稱之為「慶陽古稻」。西北地區的慶陽古稻是「是中國當前所發現最西北的古栽培稻」[2]。慶陽古稻的發現，說明西北地區食糧作物是豐富多樣的，既有黍、稷類，也有稻類等，構成了特有的飲食文化。

周代甘、寧、青、新地區氣候濕潤，水草豐盛，林木茂密，既有大量的魚類及野生動物，又有果蔬等農作物，從而形成了以農業為主，畜牧業為輔，飼養、採集與漁獵相結合的生計方式，並一直延續下來。

1　魯廷琰：《隴西志》卷二，《西北稀見方志文獻》卷三十九，蘭州古籍書店影印出版，1990年。

2　張文緒、王輝：《甘肅遺址古栽培稻的研究》，《農業考古》，2000年第3期。

❶ · 麵食製品

從食材的開發看，兩周時期西北地區在種植黍、稷、麥、麻等傳統糧食作物的同時，又在普遍種植新的糧食品種——大麥。

大麥的最早發現是在新疆的哈密市。根據新疆文物考古研究所一九九一年對哈密市五堡墓地151、152號墓葬的發掘清理，意外地發現了距今3000年的大麥。

發掘報告稱：「在M151的蓋木與穴壁間的縫隙中填塞有穀稈；在M152蓋木上鋪有一層麥草，在填土中還見大麥穗和穀穗1節。大麥穗長4.3釐米（去芒）、寬1.0-1.2釐米，粒長0.6-0.62釐米、寬0.21-0.23釐米」。經過鑑定，專家們得出的結論是：「從出土古大麥與現在烏魯木齊縣農家栽培大麥比較，除穗子較短外，其他特徵基本相似，同屬於HordeumVulgareL.……同時也表明，古大麥與新疆現在栽培的大麥屬於同一個種（HordeumvulgareL.）」[1]。人們用大麥加工成麵餅，豐富著西北人的飲食生活。

麥類作物的種植，促進了麵製食品的發展，如「在哈密巴里坤的蘭州灣發現有炭化的小麥和麵粉。在哈密伊吾鹽池古城出土有小麥和麵粉。小麥粒在新疆孔雀河下游青銅時代的墓葬內也有發現」。在哈密還發現了一件造型特殊的食品，其「船形食物，長11.9釐米，厚3釐米，寬4.1釐米。中間凹，呈船形」。專家們還認為：「從外形上看為水蒸食物。……從出土的食物看，當時民眾已懂得了多種烹調工藝，如水蒸、火烤等加工技術，使得當時人們的食物品種增多，也豐富了他們的飲食文化」[2]。

哈密發現的「船形食物」，雖然不能知道它的確切名稱，但是根據造型分析，可能就是蒸餃之類的食品。

1　於喜風：《新疆哈密市五堡152號古墓出土農作物分析》，《農業考古》，1993年第3期。

2　張成安：《淺析青銅時代哈密的農業生產》，《農業考古》，1997年第3期。

▲圖3-8　銅鴨，新疆烏魯木齊出土，距今3000年左右

▲圖3-9　雙耳圈足銅鍑，新疆霍城縣徵集，距今3000年左右

❷·肉食傳統

　　周代新疆地區的肉食資源依然在不斷開拓。一九七七年在新疆烏魯木齊魚兒溝出土了一件銅鴨，根據造型來看，應該是家庭飼養的水禽，是新疆地區日常生活中的肉類食品。

　　一九九七年在新疆霍城縣東干鄉徵集到一隻雙耳圈足銅鍑。鍑，類似於今天的鍋，是古代烹煮器之一，以煮製肉食為主，是民間食肉的又一物證。

　　一九八五年九月新疆考古工作者在且末縣扎洪勒克遺址中發現了「除陶罐、木梳、骨勺外，還有用紅柳枝穿成串的羊肉塊」。對此，專家認為：「從中原地區多處出土的漢代畫像中，都可以看出當地人民食烤肉也相當普遍。以後隨著經濟的發展，農業比重增大，畜牧業比重下降，烤肉在內地人民生活中逐日減少，烤肉方法、器具也多告失傳。然而對維吾爾族來說，因其居住地基本給他們提供了保持和傳承這一傳統飲食的良好的生態環境，因此烤肉才沒有失傳，留至今日」。[1]

　　紅柳是新疆特色的樹種，用紅柳枝烤羊肉獨具地方風格。一九八六年筆者在新

1　奇曼·乃吉米丁、熱依拉·買買提：《維吾爾族飲食文化與生態環境》，《西北民族研究》，2003年第2期。

疆20多天的考察中，多次品嚐紅柳枝串的烤羊肉，味道確實不一般。

西北地區地域廣闊，飲食生活因地而異，農耕民族食穀、游牧民族食肉的飲食結構一直延續至今。

三、飲品與食品

酒，人類文明的產物，是社會生產力發展到一定水平的表現，酒的發現豐富了人們日常的飲食生活，同時也豐富了飲食文化的內涵。酒是古代中國糧食豐歉的晴雨表，又與社會政治密切關聯，甚至被提到國家興亡的高度。

❶·酒文化的發展高峰

在西北地區，釀酒與飲酒是飲食生活中的一大特色。

釀酒的原料主要用的是黍，即糜子。《黃帝內經·湯液醪醴論》稱：「黃帝問曰：為五穀湯液及醪醴奈何？岐伯對曰：必以稻米，炊之稻薪。稻米者完，稻薪者堅。」《說文·酉部》「酉」字解曰：「八月黍成，可為酎酒。」可見古代中國酒的原料主要來自於糧食中的黍，是釀酒的主要原料。

酒文字，最早出現在距今3200年的甲骨文中，甲骨文中酒字被寫作𢍺、𢍸、𨡠、𨡓，像酒樽之形和酒罈子，如《甲骨文合集》之「癸亥卜，酒上甲」，「餗（sù，鼎中的食物）王其納酒」[1]；《殷墟文字甲編》之「甲子卜，賓貞，卓酒在广不從。」「酉」又通「酒」，《殷契佚存》之「辰卜，翌丁已先用三牢羌子酉用」、「貞酉弗其叢」等。[2]

周代是酒文化發展的一個高峰，這時至少能生產出：鬯（chàng）酒、秦酒、旨酒、饎酒、醴酒、醳酒、澄酒、春酒等，還有天子及貴族飲用的高濃度的清

1　李實：《甲骨文叢考》，甘肅人民出版社，1997年，第416頁。
2　徐中舒主編：《甲骨文字典》，四川辭書出版社，1983年，第562-1601頁。

▶圖3-10 異獸形提梁銅盉，甘肅省涇川縣出土，
　　　 距今3000年左右

▲圖3-11 青銅爵，甘肅天水出土，距今3000年左右

▲圖3-12 青銅尊，甘肅靈台出土，距今3000年左右

酒、醫酒等。從商末周初的甘肅毛家坪遺址出土的小酒杯來看[1]，說明甘肅在這一時期已經開始釀酒。一部《詩經》共二十三篇說到酒[2]，所謂的「五齊、三酒」[3]，

1　甘肅省文物工作隊、北京大學考古學系：《甘肅甘谷毛家坪遺址發掘報告》，《考古學報》，1987年第3期。

2　陳全方：《「詩經」中所見的酒》，《西周酒文化與當今寶雞名酒》，陝西人民出版社，1992年。

3　楊天宇譯注：《周禮譯注》，上海古籍出版社，2004年，第78頁。

涉及《國風》三篇、《小雅》十三篇、《大雅》七篇。酒已深入到生活的方方面面，並且創造出多種造型優美工藝精湛的青銅酒器。如圖3-10中的異獸形提梁銅盉（hé）、圖3-11中的青銅爵即是。

周代的酒器非常繁複，大體有：爵、角、尊、卣（yǒu）、壺、彝、盉、斝（jiǎ）、罍（léi）、觥（gōng）、觚（gū）、觶（zhì）、醽（líng）、瓿（bù）、杯、枓（dǒu）、鈁等。其中尊是最常見盛酒器，材質有陶、青銅等，大小不一，亦可加溫。

人類賦予酒以許多社會功能，謂之出征酒、慶功酒、賀壽酒、喜酒等，飲酒現象普遍。但是，在糧食尚未十分充足的情況下，其大量消耗酒的背後必將帶來可怕的糧食危機。在生產力低下的年代，多數人尚不能果腹，而少數人則消耗大量的糧食用作奢侈，商朝嗜酒成風，商紂酒池肉林，其結果必然會引起社會的動盪，因此，酒是中國糧食豐歉的晴雨表，每當糧食豐收的年成，國家基本上不干預酒的釀造，專心於稅收。但是當糧食歉收時，國家則一定要限制酒的生產，畢竟吃飯是頭等大事。因此，酒常常被提到與國家興亡有關的高度。周朝建立後，針對商朝國君嗜酒而亡國的教訓，堅決阻止飲酒之風蔓延，於是周公頒布了戒酒的誥詞，這就是歷史上著名的《酒誥》。《酒誥》從正反兩個方面總結了殷商戒酒興國和縱酒亡國的歷史教訓，闡述了戒酒對維持社會穩定的重要性，並規定了嚴厲的戒酒法令，違令者殺。

「厥戒誥曰：『群飲』。汝勿佚。盡執拘以歸於周，予其殺。又惟殷之迪諸臣惟工，乃湎於酒，勿庸殺之，姑惟教之。有斯明享，乃不用我教辭，惟我一人弗恤弗蠲，乃事時同於殺。」

《酒誥》的頒布，在一定程度上緩和了社會矛盾。

商周以來，人們把貪食的饕餮，化作有目、有角、有身的紋飾[1]，鑄於青銅器上，

1　芮傳明、余太山：《中西紋飾比較》，上海古籍出版社，1995年，第316-330頁。

▶圖3-13 饕餮紋圖案，商周時
期青銅器上常見的紋
飾

尤其是食器、酒器及禮器上，以警示當世及後人不可「貪於飲食」[1]。

對於酒文化，儒家尚其禮，道家尚其樂，仙家尚其壽，俗家尚其飲，武俠尚其勇，文士尚其妙，謀士尚其術，官商尚其利。酒的社會功能，包括了社會生活的方方面面。

❷ · 食材與食具

兩周時期西北地區的食物品種已經相對豐富，其食材來源主要由糧食、家庭飼養、畜牧漁獵以及蔬菜瓜果等構成。其中糧食品種仍然是：黍、稷、粟、麥、粱、稻、菽、穈，以及大麥和青稞。

肉類食物主要有羊、牛、豬、犬、雞、馬，以及捕魚打獵獲取的野生動物。

西北地區的蔬菜，主要有葫蘆、韭菜、葵、蕪菁、芥、芹、茆、蘆菔、蓮藕、薤、蔥、姜、蕨類植物等，一些蔬菜和中原地區種植的品種差不多，如芹、茆、蔥、芥、韭等，很豐富。如在《詩·魯頌·泮水》中記載的中原地區的一些菜蔬：「思樂泮水，薄采其芹。思樂泮水，薄采其茆」。《禮記·內則》：「膾，春用蔥，秋用芥。豚，春用韭，秋用蓼。脂用蔥，膏用薤」等。芹，即芹菜，芥，指芥菜醬，韭，即韭菜，薤，屬於百合科蔬菜。

西北地區常吃的水果有瓜、棗、栗、桃、李、杏、梅、梨、柿、橘、柑橘等。

1　杜預注，孔穎達疏：《春秋左傳集解》，上海人民出版社，1977年，第523頁。

▲圖3-14 青銅鼎，甘肅省禮縣出土，距今2700年左右　　▲圖3-15 青銅甗，甘肅省天水市出土，距今2500年左右

《詩‧魏風‧園有桃》：「園有桃，其實之殽。園有棘，其實之食。」《詩‧豳風‧七月》：「七月食瓜」等大概有十幾個品種。

　　兩周時期農業生產的發展和食物資源的豐富，使人們對飲食有了新的品質要求，食品的製作也日趨精細，出現了飯、膳、飲、食等不同的分類。

　　飯，泛指由糧食作物黍、稷、稻、粱、菽等做成的飯。膳，指的是肉羹、肉醬、烤肉以及切細的肉、魚等。飲，指的是各種各樣的酒以及粥和醋水等。食，指的是有肉醬、羹、魚等副食搭配的飯。在日趨精細的要求下，初備了一定的標準。

　　以醬為例，醬是西北地區常吃的食品。後來成為調味品。醬多為流汁，以肉調製而成，所以又稱之為醢，即肉醬。因此《說文》釋「醢」曰：「肉醬也。」如《禮記‧內則》所說的「卵醬實蓼」，鄭玄《注》：「卵……即是魚子。」還有「魚醢」「芥醬」等，按其名實來講，就是以各種肉、魚及魚子為主，再調和以菜，然後用鹽、酒等配製成各種各樣精美的醬。古人對醬非常重視，特別在祭祀方面要求很高。在祭祀時獻熟食必須要用醬，而且有著嚴格的規定，凸顯出醬在飲食生活中的重要作用。

　　周代食物的豐富促進了兩周時期飲食器具的改良。飲食器具由陶器逐步向青銅器過渡，首先出現在帝王和貴族們的飲食活動當中，如燒烤器中的爐，烹煮器的

鼎、甗、甑、鬲、釜等。

鼎，是烹煮食物的炊具，可視為今天鍋的前身，材質從最早的陶器發展到青銅器、鐵器等。

甗，分上下兩部分，上邊是甑，下邊是鬲。上邊甑的底部有氣孔，可蒸饅頭，下邊就是今天的鍋，可煮米飯、熬稀飯，一器可同時兩用。

食器有：簋、豆、盨（xǔ）、簠（fǔ）、盂、敦、籩鋗等；盛冰器有：鑒、匜（yí）；盥洗器有：盤、匜、缶等；進食器有：箸、匕、削、刀、勺、斗、匙、叉等。這些器具系由多種材質製成，有竹木器、角器、陶器、骨器、青銅器、漆器、玉器和象牙器等。

燒烤器和烹煮器在兩周時期比較發達，對肉食的加工多以較粗的切割和直接燒烤為主。烤熟的肉食塊比較大，可直接手持食用。

豐富的原料又對烹飪技術提出了更高的要求。對此，學者陳彥堂先生指出：「這時期發展並完善了燒、蒸、煮的技法，並新發明了煎、醃等製作方式，對水質、火候、原料品質、成品調味等予以特別關注，僅調味品的名稱就多達二十餘種，較為完整而獨特的烹飪理論在這一時期已逐漸形成。……發明出盛食的簋、簠、敦、盂、盒、豆等器物，是新的飲食禮俗的產物，鼎也由專門的炊具發展為煮、調、盛等多種用途。豆則專以盛裝肉食，箸匕類進食具開始形成固定的組合與功能。」[1]從考古發現看大體如此。

就吃飯的方式而言，兩周時期大體上還是席地而坐的分食制。最早使用的進食工具是刀、匕、叉，而不是筷子，當然不排除手抓，尤其是青海與新疆以食肉為主的地區。這一點與內地的箸文化大相逕庭。

———————

1 陳彥堂：《人間的煙火·炊食具》，上海文藝出版社，2002年，第35頁。

第三節　古氐族、羌族的飲食生活

　　兩周時期是我國傳統的飲食文化從發展到興盛的重要歷史階段，孔子「食不厭精，膾不厭細」理論的產生就是在這一時期。但是，西北地區與中原有所不同，其飲食習俗受到了當地多民族的影響，特別是以氐、羌、邽、冀、獂、綿諸、翟、匈奴、義渠等為代表的「西戎」。西戎有著很大的勢力，幾乎主宰著這一地區的一切。歷史上西戎繁榮的時候少數民族曾經多達百餘個，而歷史文獻留下關於他們的資料卻少之又少，客觀上為我們研究「西戎」這些少數民族的飲食文化帶來極大的困難，因而，我們只能結合相關的考古資料進行研究。

一、古氐族的飲食生活

　　氐，中國最古老的民族之一，主要生活在西北地區。《詩・商頌・殷武》稱：「昔有成湯，自彼氐、羌，莫敢不來享，莫敢不來王，曰商是常。」氐族的歷史十分悠久，在《甲骨文全集》中多有「氐」與「羌」，以及「氐王」、「耒羌」的記載[1]。《史記・西南夷列傳》載：「自冉駹（máng）以東北，君長以什數，白馬最大，皆氐類也。」白馬，即白馬氐，亦稱武都白馬氐，武都即今甘肅成縣，與秦人共同居住在甘肅東部的西漢水流域。古史大家劉起釪先生認為：「在整個西羌區域內，可基本以渭水向西北斜接洮、湟一線，作為氐、羌二者的粗略分界線。渭以北迄河西走廊大抵為古代氐族區域，渭以南的隴西、青海以迄川、藏，大抵為古代羌族區域。」[2] 今天氐族已經消失，被融合到若干個民族當中，雖然今天還能看到一些氐族文化的影子，但是，作為獨立的一個民族已經不存在了。

　　氐族文化在西北地區曾經留下過深遠的影響，主要分布在涇水、渭水、西漢

1　李學勤、彭裕商：《殷墟甲骨分期研究》，上海古籍出版社，1996年，第390頁。

2　劉起釪：《姬姜與氐羌的淵源關係》，《華夏文明》第二集，北京大學出版社，1990年。

水、洮河等流域。史稱「秦逐西羌，置隴西郡。秦末，氐、羌又侵之」[1]。他們曾經有過自己的語言，謂之「氐語」[2]，但是沒有文字。

氐人最顯著的文化特點有兩個，一是葬俗，二是飲食。

氐人崇尚火葬，《荀子‧大略》稱：「氐羌之虜也，不憂其纍也，而憂其不焚也。」《呂氏春秋》也說：「氐羌之民，其虜也，不憂其係累，而憂其死而不焚也。」就是說氐羌之人不怕死，而害怕死了以後不能火葬。

氐人的飲食習慣是以素食為主，吃黍、稷、稻、粱、菽等五穀雜糧，烹飪方式與漢人相同。食物品種有黍米飯、稷米飯和大米飯，也有黍米餅和小米餅，以及大米稀飯。他們在做飯的時候同樣使用與漢人一樣的烹煮器、鼎、鬲等。

氐人是農業民族，多為定居。房子以木建築結構的板材為主，《詩經》說他們是西戎板屋。他們主要聚居在甘肅省南部的長江流域嘉陵江水系，為北、南秦嶺之間徽成盆地邊緣，徽成盆地是甘肅隴南山區中的江南，這裡氣候濕潤、物產豐富，盛產米、麥、穀、豆等，畜牧發達，「出名馬、牛、羊、漆、蜜」[3]，以及驢、騾等。並出產銅、鐵、鉛、鋅礦物質以及麻、椒、蠟等，生態環境非常優越。

蜜，即蜂蜜，氐人地區的特產之一。是一種天然的甜味物質，還有去腥、除異味等效用，並能使菜餚的顏色更加鮮亮。

氐人喜歡吃甜食，他們在燒菜或者做餅食的時候，常常會加入一些蜂蜜，使食品甘美可口。

氐人向以擅長農耕紡織而著稱，根據《三國志》引魚豢所著的《魏略》記載：「氐人有王，所從來久矣。……其俗，語不及羌雜胡同，各自有姓，姓如中國之姓矣。其衣服尚青絳。俗能織布，善田種，畜養豕牛馬驢騾。其婦人嫁時著衽露，其緣飾之制有似羌，衽露有似中國袍。皆編髮。多知中國語，由與中國錯居故也。其

1　李吉甫：《元和郡縣圖志》，中華書局，1983年，第571頁。
2　陳壽：《三國志》，中華書局，1959年，第858頁。
3　范曄：《後漢書》，中華書局，1965年，第2859頁。

自還種落間，則自氏語」。氏人一般都通曉漢語。氏人還會「煮土成鹽」[1]，並且成為經濟收入的主要來源。這裡大量生產麻，氏人婦女個個都是紡織能手，她們紡織麻布（即麻單布），並且染成青絳色，是為時尚。

由於氏族與華夏民族長時間的緊密相處，形成他們與漢人差不多的飲食習慣。

二、古羌族的飲食生活

羌，中國最古老的民族之一，其生存方式多以游牧為主。《說文》稱：「羌，西戎牧羊人也。從人，從羊，羊亦聲。南方蠻閩從蟲，北方狄從犬，東方貉從豸，西方羌從羊」。說明古羌族是以畜牧業為主，農業生產為輔的經濟生活。

古羌族飲食生活的傳統習俗是以吃羊肉為主，所以美、羞、羹等古代有關美食的字幾乎都與羊相關。

從地域上看，文獻記載夏商周時期羌作為西北影響最大的民族，分布廣、人口多，有專家認為：「古羌族分布在雲、貴、川、藏、青、甘、陝、新疆、寧夏和內蒙一帶，長期從事採集狩獵游牧生活，但在生態環境適宜農耕的條件下，即漸進入定居農牧經濟生活。」[2]

西北地區人口眾多的羌，在歷史上曾經是商的主要敵國，被稱之為「羌方」。甲骨文中多次出現「伐羌」二字，說明商與羌人的各部落曾經發生過多次戰爭，羌的生產力水平和經濟發展都相對落後於中原，所以羌屢屢成為商王朝主要打擊和掠奪的對象。獲勝的商把俘獲的羌人用作奴隸，而相當的一部分羌人都被用作祭祀的犧牲，稱之為「用羌」，即用羌人祭祀。少則幾人、十幾人，多則幾百人。如《小屯・殷墟文字甲編》記載「羌十人用」，《殷墟書契續編》記載「用三百羌於丁」。就是用300羌人作犧牲，用活人祭祀，其殘忍程度由此可見。也因此引起了羌人的

1　沈約：《宋書》，中華書局，1974年，第2403頁。
2　王在德、陳慶輝：《再論中國農業起源與傳播》，《農業考古》，1995年第3期。

▲圖3-16 狼噬牛金牌飾，青海省海北藏族自治
州祁連縣出土

◀圖3-17 七隻彩繪鹿陶罐，青海省循化撒拉族
自治縣出土（《青海考古的回顧與展
望》，《考古》，2002年第12期）

強烈反抗。對羌人的戰爭一直遷延至漢代，西北羌人紛紛起義，被漢政權稱為「羌禍」。

考古發現表明，與羌人關係最密切的是距今3400-2700年之間的辛店文化。辛店文化範圍之廣，「東起陝西寶雞，西至青海共和，這個東西長約650公里的分布空間是甘青地區諸多史前文化所不具備的」[1]，目前共發現遺址多達四百餘處。

有專家認為：「西北古羌族是黍稷油菜旱作農牧起源地。自古以來西北也是羌、回等少數民族旱黍稷油菜農牧文化區，包括新疆甘肅青海和寧夏自治區。」[2]自然條件相對較好的區域，農業生產就比較發達。例如，一般居住在湟水兩岸的青

1　謝端琚：《甘青地區史前考古》，文物出版社，2002年，第173頁。
2　王在德、陳慶輝：《再論中國農業起源與傳播》，《農業考古》，1995年第3期。

海古羌人「農業生產已經是主要的了」[1]。不過，羌人因生存的環境不同，生產方式即農業和畜牧業的比重以及食物的攝取與飲食習慣也不盡相同。

從整體上看，古羌族經營畜牧業的比重要大一些。地處西北的羌人，他們向以善牧羊而著稱，並以家庭飼養羊作為主要肉食的來源。例如，在甘肅東南部的隴山及西秦嶺地區，有著豐美的草場，分布在不同的海拔高度上，盡顯各自的特色。有海拔在2400-2600米的山地草甸草原，有海拔在2300-2400米的山地森林草原，還有山地灌叢草甸草場。這些大面積的草甸，地廣人稀，植被完好，水草豐美，為西北羌人的畜牧業提供了堅實厚重的資源。

兩周時期青海地區古羌人生活比較穩定，他們居住在有門有窗的房子裡，這種房屋分為地面式和半地穴式兩種，房子地面是用黃褐土鋪墊或用膠泥混細砂鋪墊，而且有灶。他們在做飯時，大量使用羊糞作為燃料，羊糞是牧區的主要能源。他們還用樹枝及木樁排插而成圍欄，作為飼養牲畜的圈欄。

在青海西部柴達木盆地諾木洪文化時期的遺址中出土了大量的獸骨，經鑑定有牛、羊、馬、駱駝等，並還出土一件陶塑犛牛。狩獵物有鹿等[2]。有的遺址內還發現有這些動物糞便的堆積，可見這一時期的食物原料比較雜，表現出古羌人肉食來源的多元性。如圖3-16青海出土的狼噬牛金牌飾說明了牛是當時畜牧的動物。

羌人狩獵善捕鹿，鹿肉鮮美，營養價值高。雖然鹿的奔跑速度快，但是抗擊打能力卻很弱，所以一直是人們追逐的肉食對象。我們從圖3-17這只繪有七隻鹿的彩陶罐上，像是看到了古羌人捕鹿的場景。

值得注意的是，在青海湖一帶出土的動物骨骸中以魚骨為多，這說明當時的青海人將青海湖的魚作為食材而大量食用，食物資源可謂豐富。

古羌人愛美，考古發現，在距今3600年的玉門火燒溝遺址中，發掘出一些用黃金製成的金耳環，而且「金耳環男女都有佩戴」，還有用金銀或銅製的「鼻飲」

---

1 尚民傑：《青海原始農業考古概述》，《農業考古》，1997年第1期。
2 趙信：《青海諾木洪文化農業小議》，《農業考古》，1986年第1期。

等[1]，而這裡正是古羌人的主要活動地區，反映出羌人原始而古樸的審美觀。

三、鹽、動物油脂與食療

西北地區海拔高地氣涼，口味重，調味品使用相比較內地要多一些，特別是食鹽的使用尤為突出，因此形成了「好廚子一把鹽」的傳統說法。

❶·鹽與西北飲食

五味之中鹽為王，故有「百味之主」「食肴之將」的說法[2]。鹽，味鹹，是人類身體不可缺少的物質，是維持人類生命的必需品。也是人類最早食用的重要調味品。

甘、寧、青、新地區是我國傳統的產鹽區，這裡產有大鹽、海鹽、井鹽、池鹽、崖鹽、戎鹽、光明鹽、鹼鹽、山鹽、樹鹽、草鹽、顆鹽、末鹽、飴鹽、苦鹽、散鹽、生鹽、印鹽、蓬鹽、桃花鹽等。其中，「海鹽取海鹵煎煉而成……井鹽取井鹵煎煉而成……池鹽出河東安邑、西夏靈州……疏鹵地為畦隴，而墊圍之……海鹽、井鹽、鹼鹽三者出於人，池鹽、崖鹽二者出於天……崖鹽生於山崖，戎鹽生於土中，傘子鹽生於井，石鹽生於石，木鹽生於樹，蓬鹽生於草。造化生物之妙，誠難殫知也。」[3]最負盛名的當數戎鹽、光明鹽和池鹽。

戎鹽，又名胡鹽、羌鹽、青鹽、禿登鹽、陰土鹽等，為鹵化物類礦物石鹽的結晶。因產地在中國西北部的甘肅、寧夏、青海而名，所謂「西番所食者，故號戎鹽、羌鹽。恭曰：戎鹽，即胡鹽也。沙州名禿登鹽，廓州名為陰土鹽，生河岸山阪之陰土石間，故名。」[4]西番，帶有侮辱性的稱謂，但從地域上講，的確包括西北地區在內。青海省的鹽湖和寧夏的鹽井正是戎鹽的主要產地。清代學者張澍在《涼州

1　甘肅省博物館：《甘肅文物考古工作三十年》，《文物考古工作三十年》，文物出版社，1979年，第143頁。

2　班固：《漢書》，中華書局，1962年，第1183頁。

3　李時珍：《本草綱目》，華夏出版社，1998年，第440-441頁。

4　李時珍：《本草綱目》，華夏出版社，1998年，第440-441頁。

記》中引《北戶錄》：「張掖池中生桃花鹽，色如桃花，隨月盈縮。今寧夏涼州地鹽井所出青鹽，四方皎潔如石。山丹衛即張掖地，有池，產紅鹽，色紅。此二鹽，即戎鹽之青赤二色者」。文中所述之涼州、寧夏、張掖等地均屬西北地區。

戎鹽除了食用之外，還具有一定的藥用功能。後人在漢代醫學經典《神農本草經》稱：「戎鹽主明目目痛，益氣堅肌骨，去毒蟲。」有「助水髒，平血熱，降邪火，消熱痰。去症、殺蟲，止血、堅骨，固齒、明目」等功效[1]。

戎鹽呈半透明青白至暗白色晶體狀，剔透晶瑩。正因為戎鹽不但品質好，而且形狀也非常好看，又來自遙遠的西北地區，所以被蒙上了神奇的色彩，清代張志聰《本草崇原》稱：「戎鹽由海中鹹水凝結於石土中而成，色分青赤，是稟天一之精，化生地之五行，故主助心神而明目，補肝血而治目痛，資肺金而益氣，助脾腎而堅肌骨。五臟三陰之氣，交會於坤土，故去蟲毒。」尤其是西羌出的鹽不需要經過煎煉，自然形成青色的晶體鹽，頗為珍貴。

光明鹽：又名石鹽、聖石、水晶鹽等，為天然的食鹽結晶。新疆鹽澤（今羅布泊）生產的石鹽為最好，以色白堅硬如石而著稱。明代李時珍在《本草綱目》卷十一稱：「今階州（甘肅界內——編者）出一種石鹽，生山石中，不由煎煉，自然成鹽，色甚明瑩，彼人甚貴之，雲即光明鹽也。時珍曰：石鹽有山產、水產二種。山產者即崖鹽也，一名生鹽，生山崖之間，狀如白礬，出於階、成、陵、鳳、永、康諸處。水產者，生池底，狀如水晶、石英，出西域諸處。」「光明鹽得清明之氣，鹽之至精者也，故入頭風眼目諸藥尤良。其他功同戎鹽，而力差次之。」指出了光明鹽的產地與醫療功效，是對前人的一種中肯總結。

世界聞名的青海省察爾汗鹽湖、茶卡鹽湖所產的就是池鹽。察爾汗鹽湖面積達1600平方公里，是我國最大的鹽湖，著名的鹽湖公路就是西北地區鹽文化的標誌。

甘肅省禮縣的鹽官鎮，古稱「西鹽」，是古代傳統的井鹽產地。後來秦朝曾經在此設置「西鹽」官征稽稅務。一直延續到唐，鹽官這個地方仍在產鹽。唐肅宗乾

1　張瑞賢主編：《本草名著集成‧得配本草》，華夏出版社，1998年，第498頁。

元二年（西元759年），大詩人杜甫從華州經過秦州（今天水）入四川成都時曾經過鹽官，目睹了當地產鹽的盛況，並留下《鹽井》一詩，其中就有「鹵中草木白，青者官鹽煙」的詩句[1]，當是當時生產井鹽的真實反映。

鹽是古代經濟活動中最重要的商品之一，因此，從周代起就有人專門管理鹽業，所謂：「鹽人，掌鹽之政令，以共百事之鹽。」[2]對鹽業實行專營，一直持續了很多朝代。

鹽來自北方或西北方，北方重鹹味。《說文》：「鹹，銜也。北方味也。從鹵，鹹聲」；鹵，「鹵，西方鹹地也」。而與鹹有關的字大多從鹵，如：齡、齹、齡、鹼（礆）、鹹（咸）等。鹽在食品製作中的提味功能，在生活中的消毒殺菌功能，特別是鹽與人體健康的關係，早就為西北地區的先民們在實踐中逐步了解和掌握，並在後世中得到深刻的總結。

明代科學家宋應星說得好：「天有五氣，是生五味。……辛酸甘苦，經年絕一無差。獨食鹽，禁戒旬日，則縛雞勝匹，倦怠憊然。豈非『天一生水』，而此味為生人氣之源哉。」[3]是說五味之中的其他四味辛、酸、甘、苦，都可以不太重要，至少在一年之內不吃，也不會出現問題。唯獨食鹽，只要十天不用，人便四肢無力渾身怠倦。古人雖然不知道其中的科學道理，但是樸素的語言、生活的實踐，道出了食鹽對人體的重要作用。

西北地區人口味重食鹽多，雖然過量食鹽不利於健康，但就人的身高發育而言，西北人體型高大威猛強壯卻是事實，及至山東半島、東三省都是食鹽重的地區，至今仍然是出彪形大漢的地方。

專家們認為：「歷代勞動人民和中醫諸家，通過一代又一代人的探究和實驗，形成了一整套以鹽為其內涵的防病、治病、療傷、養身的醫療、保健藥方、配方、藥引，從而豐富了傳統的中醫文化。而鹽文化亦在中醫中藥學的框架中延伸。以鹽治病，以鹽養生，以鹽入藥，以鹽製藥，使鹽成為了中醫中藥學家手中的重要法

1　王學泰校點：《杜工部集》，遼寧教育出版社，1997年，第49-50頁。

2　楊天宇：《周禮譯注》，上海古籍出版社，2004年，第87頁。

3　宋應星：《天工開物》，廣東人民出版社，1976年，第144頁。

寶。」[1]

　　鹽，是人類離不開的基本物質，所以自古以來人類棲息大都逐鹽而居，可以說鹽的產地與文明的發祥地息息相關。例如，光明鹽產地之一的「階、成」，階，階州（今甘肅省武都市）；成，成州（今甘肅省的成縣），就在中國農業文明發祥地的大地灣一期文化的區域內。

　　鹽不僅為人所必須，也是餵養大家畜的重要輔料，長期以來西北地區之所以有著發達的畜牧業，鹽的作用功不可沒。

❷．亦食亦療的動物油脂

　　兩周以來，西北地區先後活躍著翟、匈奴、義渠等游牧部落，特別是匈奴民族，他們「隨畜牧而轉移」「逐水草遷徙」[2]，有著發達的畜牧業生產，長期的馬背生活形成了食肉飲酪的飲食習慣，特別是對動物脂肪的利用十分獨到，形成了亦食亦醫的地域特點。

　　羊脂，又名羊油。養羊食羊是西北地區飲食生活的一大特色，有著八千多年的歷史[3]，以養羊而著稱的羌人就生活於此，羊全身均可食用，先民們吃羊油以禦寒潤燥，外用可防皮膚乾裂，祛風化毒。

　　牛脂，俗稱牛油。在距今七千多年的甘肅西山坪二期就有飼養牛的遺跡。牛油味道鮮美，食之可禦風寒，潤膚，補虛勞。

　　馬脂，又名馬膏，馬鬐頭膏。馬在我國飼養最早發現於甘肅天水師趙村五期文化，距今已有五四〇〇年左右的歷史。馬油常用來治面黑乾，手足皴粗，以及偏風等。[4]

　　駝脂，又名駱駝脂。有活血消腫之效。

　　熊脂，又名熊白。西北地區的環境適合熊類生活，自遠古以來熊一直就是西北

第三章　夏商周時期

1　宋良曦：《中國鹽與中醫學》，《鹽業史研究》，1999年第2期。

2　司馬遷：《史記》，中華書局，1959年，第2879頁。

3　郎樹德：《大地灣農業遺存黍和羊骨的發現與啟示》，《大地灣考古研究文集》，甘肅文化出版社，2002年，第300頁。

4　李時珍：《本草綱目》，華夏出版社，1998年，第1818頁。

人狩獵的對象。人們用熊脂和酒煉服以治頭風、補虛損等。

使用動物脂治療疾病，是西北地區人民長期生活實踐經驗的總結，是傳承至今的文化瑰寶。至今西北人還在用熊脂治燙傷，用熱羊脂外敷治兒童腹痛。

第四章　秦漢時期

秦帝國的建立，奠定了中國古代大一統的國家形態和中央集權的政治制度。其後，漢襲秦制，至漢，西北地區的建置基本形成，國力強盛，進入了極盛時期。

漢武帝建元三年（西元前138年）漢朝派張騫出使西域，開通了絲綢之路，西方食材源源傳入，極大地豐富了西北地區的飲食文化，極大地促進了中西文化的交流，在中華民族對外文化交流史上，具有里程碑的意義。

秦漢時期西北地區的飲食方式，仍然是農業區以穀物果蔬為主和畜牧區以肉食為主兩大基本特色。漢朝長時間的繁榮富強促進了飲食文化的發展，烹飪技藝不斷創新，這一時期已能掌握多種烹飪技法，如炙、炮、煎、熬、蒸、濯、膾、脯、臘等。西北地區逐步形成了地域特色鮮明的飲食文化。

第一節　秦漢帝國與絲路飲食文化

秦，本為地名，是盛產糧食「黍」（糜子）的地方。位於今甘肅省張川縣城南一帶。據考，「秦」字來源於「黍」字。秦的先祖非子首先在這裡沿用「秦」之名號，設立行政管轄。此後秦始皇以秦為國號，最終一統六國，成為中國歷史上唯一一個以糧食名稱為國家稱號的強大帝國。

一、秦：一個以糧食命名的帝國

秦本為黍，是農業文明的象徵。黍在甲骨文裡寫作：𥝖、𥝌、𥝊、𥝘，狀如一穗成熟後散開的黍。在甲骨文一期中就有「受黍年」「我受黍年」「今歲受黍年」「不其受黍年」等記載[1]，充分說明黍在古代飲食生活中的重要地位。

秦，在金文裡寫作：𥘿、𥡴、𥡴 等，其字義則是對「秦」（即黍）發展過

[1]　彭邦炯：《甲骨文農業資料考辨與研究》，吉林文史出版社，1997年，第318-319頁。

中國飲食文化史　西北地區卷

102

程的描述。

從釋義看，黍為稼穡，從禾。禾，在甲骨文裡像一株長著一穗果實的穀子，黍，則是一穗成熟後散開的黍（糜子）。而秦，則是在糜子收割後正在用手（𡗗）抱著工具（🔨 ☖ ）在舂禾（糜子）。特別要說到的是近幾年在甘肅省禮縣大堡子山秦公墓中出土的秦公鼎、秦公簋上的銘文，上寫「秦公作寶用鼎」「秦公作寶簋」等字樣，其中的「秦」字，中間還保留著「𦥑」臼字，其字形為「𥠊」[1]。這個字形非常重要，特別是中間的「𦥑」字，真實地再現了舂禾之意。舂，《說文》：「𥩟，搗粟也，從廾持杵臨臼上。午，杵省。」臼，《說文》：「𦥑，舂也，古者掘地為臼，其後穿木石，象形，中，米也」。通過文字的演變，我們清楚地看到從「黍」到「秦」有一個完整的時序與操作過程。體現出秦人對黍由生長到成熟再到加工的認識過程，以示不忘食物給他們帶來的生機與希望。

秦國有發展農業的傳統，特別是商鞅變法之後，推行農戰國策，一手抓農業生產，一手抓軍事建設，終於統一了六國。所以，作為國名的「黍」在秦人的飲食生活當中，具有舉足輕重的作用。

在秦人的眼裡，黍不但是國家的象徵，而且是在世之人與過世之人都必須要吃的食物。尤其是過世之人離不開的美味食品。秦人特別注重死後的事，他們可以不惜一切代價去營造死後的世界，並由此產生了秦飲食文化中「事死如事生」的文化特徵。

秦人們除了營建如秦始皇陵這樣空前絕後的大型地下宮殿之外，還把黍、粟當作金錢不斷供奉給亡故者。這在北京大學收藏的秦牘中就有明確的記載。故事情節如下：有一個人死了三年，又復活了，被帶到當時的首都咸陽。此人就將自己死後的感受告訴了官吏。他說：「死人所貴黃圈。黃圈以當金，黍粟以當錢，白菅以當由」[2]。白菅即白茅，以當絲綢。這段小故事說的是死去的人喜歡黃圈，即以黃色的

1 李朝遠：《上海博物館新獲秦公器研究》，上海博物館集刊編輯委員會編：《上海博物館集刊》（第七期），上海書畫出版社，1996年；《新出秦公器銘文與籀文》，《考古與文物》，1997年第5期。
2 李零：《北大秦牘〈泰原有死者〉簡介》，《文物》，2012年第6期。

豆芽代替黃金成為死者的財富，而黍粟可以當作緡錢給亡故者以花銷，白茅可以當作絲綢來穿。這是一個很有趣的故事，我們看到秦代先民以農耕文明為基礎的生死觀，揭示了中華民族厚重的農耕文化是中國飲食文化發展的肥田沃土。

黍，是古代西北地區主要的食材之一，以黍米為原料製作的黍米餅、黍米粥、黍米酒曾是人們日常生活的主要食品，成為秦代農耕文化的一個重要符號。

大秦帝國像一顆流星，劃過歷史的長空，雖然短暫，卻是無比的耀眼。作為以糧食品種為國名稱號的秦，給中國飲食文化史上增添了一抹亮色。

二、西域食品的引進

新疆古稱西域。中原王朝對西域的經營是在漢武帝以後，主要標誌是絲綢之路的開通。今天所說的「絲綢之路」是西方人對中國向外輸出以絲綢為主要商品的貿易交通線的稱謂。其實早在漢代絲綢之路正式開通以前，至少在戰國時期這條道路對外貿易的商道就已經存在[1]。但由於匈奴的干擾，長期以來並不暢通。經過漢武帝長達44年反擊匈奴戰爭的勝利，在河西置武威、酒泉、張掖、敦煌四郡的同時，對青海和新疆地區進行了開發。特別是張騫通西域，加速了中西文化的交流，豐富了西北地區飲食文化的內涵和表現形式，從此，暢通的絲綢之路揭開了開拓西部包括與西方飲食文化交流的新紀元。

❶·張騫通西域

張騫通西域，建立了與西域各國政府之間的關係，從漢帝國的角度看可稱之為「通」。張騫一生兩次出使西域，第一次在西元前一三九年，第二次是在西元前一一九至前一一八年。張騫兩次出使西域，遊歷了大宛、康居、月氏、大夏諸中亞地區的國家，大長了見識，了解到大量的、豐富的域外信息，為後來漢朝開發西域

1　新疆社會科學院考古所：《阿拉溝豎穴木槨墓發掘簡報》，《文物》，1981年第1期。

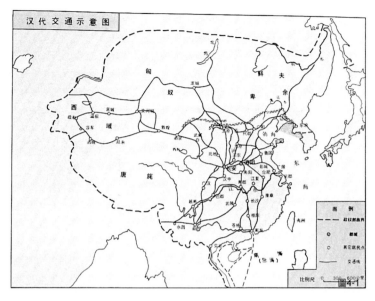

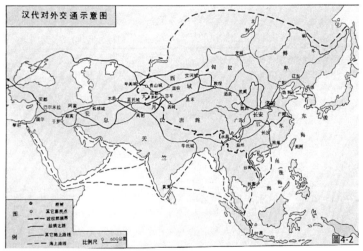

▶圖4-1、圖4-2
漢朝交通與對外交通
圖(《中國古代交通
圖典》,中國世界語
出版社)

第一次提供了準確的、極有價值的信息。由於他的努力使中西交通有了空前發展,

也與大宛、康居、大月氏、大夏、安息、身毒諸國有了更進一步的交往,成為最早

開拓西方的重要先驅。

　　張騫的貢獻是巨大的,英國科學史專家李約瑟在評價張騫的歷史貢獻時說:「張

騫出使西域是發展絲綢貿易的開端」[1]。而瑞典探險家斯坦因則認為：「自此（張騫返西域）以後，絲綢遂由安息經敘利亞以達於地中海」[2]。所以後人把張騫開通西域的道路，稱之為「絲綢之路」。

絲綢之路東起西安（古長安），橫穿甘肅全境，經青海、新疆直抵中亞及東羅馬帝國，全長7000多公里。

張騫通西域是中外交流史上的一件大事，他廣泛而深入地促進了中原與西域各民族人民的交往，使人們開始認識中原以外的廣大地區，其中飲食文化的交流異常活躍，大量食物品種的引進，食品加工方式的傳入等，對西北地區的飲食生活有著重要的影響。

❷·西域食品的傳入

絲綢之路開通以後，大量的西域食物傳入中國，如「葡萄」「石榴」「石蜜」「胡蔥」「大蒜」「胡荽」「茴香」「胡椒」「孜然」等。

葡萄，西域水果的一種，味甘。葡萄原產於小亞、中亞地區，古埃及在西元前三千年左右就開始種植葡萄和釀造葡萄酒。葡萄傳入我國時間不會晚於漢代，《漢書·西域傳》記載：「自且末（今新疆且末縣）以往皆種五穀，土地草木，畜產作兵，略與漢同，有異乃記雲。且末國……有蒲陶諸果。」「罽（jì）賓（今克什米爾一帶）地平，溫和，有目宿、雜草、奇木、檀、槐、梓、竹、漆。種五穀、蒲陶諸果，糞治園田」。據此可知，葡萄最先是由西域傳入新疆然後再傳入中原的。李善注《昭明文選·閒居賦》引《博物誌》稱：「李廣利為貳師將軍伐大宛，得葡萄。」張宗子先生《葡萄何時引進我國》一文中指出，在西元前一三七年以前，首先在今新疆地區栽培，後來逐漸流行於祖國各地。

胡桃，又名羌桃。味甘，有補腎固精，溫肺定喘，潤腸之功效。長期吃可「黑

1　李約瑟：《中國科技史》第一卷，科學出版社，1975年，第379頁。

2　斯坦因：《西域考古記》，中華書局，1946年，第13頁。

▶圖4-3　東羅馬鎏金銀盤，甘肅省靖遠縣
出土，距今2000年左右

人髭（zī）髮，毛落再生也」[1]。還可以使骨質緊密，皮膚細潤。「此果本出羌胡，漢時張騫使西域始得種還，植之秦中，漸及東土，故名之。」[2]胡桃是絲綢之路交流的產物，所以用「胡」字稱謂。

石蜜，味甘。即把甘蔗的莖汁經精製而成的乳白色結晶體。即今之冰糖。後人明代李時珍《本草綱目》卷三十三考證說：「按萬震《涼州異物誌》雲：『石蜜非石類，假石之名也』。實乃甘蔗汁煎而曝之，則凝如石而體甚輕，故謂之石蜜也。」具有潤肺生津之功效。

胡椒，又名昧履支。味辛，大溫。有溫中止痛去痰，助食消化之功效。西域胡椒因與中國產的秦椒、蜀椒有別而稱之為胡椒。「胡椒，出摩揭陀國，呼為昧履支。……子形似漢椒，至辛辣，六月采，今人作胡盤肉食皆用之」[3]。《本草綱目》引蘇恭語曰：「胡椒生西戎，形如鼠李子，調食用之，味甚辛辣」。胡椒除了主要用於調味之外，還可以製酒。根據後人晉代張華的記載，胡椒製酒，胡人謂之蓽撥酒。[4]

1　孟詵著，張鼎增補，鄭金生、張同君譯注：《食療本草》，上海古籍出版社，2007年，第80頁。

2　李時珍：《本草綱目》，華夏出版社，1998年，第1210頁。

3　段成式：《酉陽雜俎》，中華書局，1981年，第197頁。

4　賈思勰：《齊民要術》，團結出版社，1996年，第284頁。

胡荽，又名香荽、胡菜、芫荽（yánsuī），原產於地中海沿岸及中亞地區，今天俗稱香菜。李時珍《本草綱目》曰：「荽，許氏《說文》作葰，雲薑屬，可以香口也。其莖柔葉細而根多鬚，綏綏然也。張騫使西域始得種歸，故名胡荽。今俗呼芫荽，乃莖葉布散之貌。俗作芫花之芫，非矣。」胡荽，氣味辛溫，有發汗透疹開胃之功。

孜然，是維吾爾語音譯，也叫安息茴香、野茴香，因產於安息故名。安息在古中亞地區，現今伊朗一帶。

孜然是當今世界上除了胡椒之外的第二大調味品。它氣味芳香濃烈，具有一定的藥用功能，可以醒腦通脈、降火平肝，能祛寒除濕、理氣開胃，對消化不良、胃寒疼痛等均有療效。

張騫通西域的貢獻是多方面的，特別是在西域食品的引進與飲食文化交流方面，可稱之為「中華第一人」。

絲綢之路的官方開通，使東西方之間的交流迅速提升，如西域良馬、駱駝的引進，對改善新疆及整個西北地區的交通運輸條件起了十分重要的作用。又如出土的東羅馬鎏金銀盤等食器，證明了東西方之間在食物交流的同時，也促進了食器的交流。

三、特有的民族飲食

秦漢時期西北地區飲食文化的亮點之一正是特有的民族飲食。包括曾經影響過世界文明進程的匈奴，以及塞種、月氏、烏孫、羌、車師等。

❶·匈奴飲食

考察西北地區曾經有過的諸多民族中，有一個十分強大的民族，這就是秦漢政權為之頭疼的匈奴。匈奴是我國北方歷史上的一個游牧民族，其地盛產良馬。《史記·匈奴列傳》稱：該族「逐水草遷徙，毋城郭常處耕田之業，然亦各有分地。毋文書，以言語為約束」。由於居無定所，形成了集體行動，善騎善戰的特點。「兒能

騎羊，引弓射鳥鼠；少長則射狐兔，用為食。士力能毌（guàn，古通『彎』）弓，盡為甲騎。」「其俗，寬則隨畜，因射獵禽獸為生業，急則人習戰功以侵伐，其天性也。」因此，自戰國以來一直為北部勁敵，迫使各國築長城以拒匈奴。「直至武帝北伐匈奴時，朝那（今寧夏回族自治區固原縣東南）、膚施（今陝西榆林縣南）一線與戰國時秦修築的長城走向大體一致，則漢初秦長城仍具有邊塞的防禦功能，這一線也就成為西漢王朝與匈奴族間的邊界線」，「從而構築了一條游牧民族和農耕民族控制區間人為邊界線」[1]。

匈奴是典型的馬背上生活的游牧民族，「平時也常在馬背上，連吃飯、閒談及辦交涉都在馬背上」[2]。匈奴畜牧業相當發達，尤以馬、牛、羊為最多，《史記·匈奴列傳》記載：「匈奴之俗，人食畜肉，飲其汁，衣其皮；畜食草飲水，隨時轉移。」其食物的分配方式是「壯者食肥美，老者食其餘」。匈奴人的其他許多日用品也多仰給於牲畜。長期的馬背生活形成匈奴人吃肉飲酪的飲食習慣，同時也捕食一些鹿、野驢、鳥類等野生動物。[3]

匈奴人在農業方面雖然也有所經營，但由於處在沒有定居的游牧生活中，雖然有農作，也只是在游牧過程中進行，食用穀物只是食肉的一種補充和調劑。

匈奴人也吃魚。《漢書·李廣蘇建傳》記載蘇武到匈奴處：「單于弟於靬王弋射海上。武能網紡繳，檠弓弩，於靬王愛之，給其衣食」。對此，民族史專家陳序經教授認為「這裡說的網紡，應該是捕魚的網紡。捕魚方法，應該早已傳入匈奴，匈奴人也會以魚為食。可能魚在匈奴人的食品中所占成分太少，故史書少有記載。」[4]

西元九十一年匈奴被漢王朝打敗之後，一路西遷。到西元四世紀，匈奴人進入羅馬，直驅匈牙利、意大利、德意志、法蘭西，橫掃歐洲大陸，又成為今天歐洲人研究的重點。

1　朱聖鐘：《西漢時期黃土高原上的農牧交錯地帶》，《中國歷史理論叢·增刊》，2001年。
2　陳序經：《匈奴史稿》，中國人民大學出版社，2009年，第78頁。
3　林幹：《匈奴通史》，人民出版社，1986年，第134頁。
4　陳序經：《匈奴史稿》，中國人民大學出版社，2009年，第77頁。

❷·塞種、月氏、烏孫等民族的飲食習俗

從先秦至兩漢，新疆地區先後有塞種、月氏、烏孫、羌、車師等民族生活在這裡。他們大多以游牧生活為主，但也有些許的差別。

塞種人，亦稱塞人，傳統的游牧民族，曾經居住在伊犁河谷與準噶爾盆地，其飲食風俗「大致與匈奴相同」[1]。塞種人崇拜虎、好駱駝，他們的飲食與北方游牧民族相似，以肉食和奶酪為主，其中以羊肉最多。現代考古發現，在出土的物品中有羊肉和小刀並列於木盤之中，似乎給人以剛剛開宴的感覺。

月氏，西域三十六國之一，月氏原在河西敦煌一帶，在西元前二〇九到前一七四年期間被匈奴趕到今新疆的伊犁河流域。月氏人主要從事畜牧業活動，食物主要是畜產品，以牛肉、羊肉、牛羊奶、奶酪為主，還有打獵獲得的獸肉等，其中羊肉仍占有主要地位。隨著定居生活的穩定，月氏人農業生產的比重不斷加大，月氏人的烹飪方式也由燒烤轉入烹煮，素食逐漸成為他們飲食的一個部分。

烏孫，游牧民族，其飲食風俗與匈奴相同。一九九四年出版的《新疆歷史詞典》稱：「分布於今伊犁河到天山一帶。從事游牧，兼營狩獵。」烏孫的飲食習慣基本上是以肉食為主，羊、牛、馬、駱駝肉都吃，但以羊肉為多，吃奶酪喝牛羊奶。考古發現，烏孫墓葬中往往也是羊骨和小刀在一起，應該是當時烏孫人生活的真實反映。[2]烏孫也從事一些農業生產，有著比較固定的生活環境。

烏孫的副食比較豐富，尤其是瓜果。考古發現，在「2000多年前，伊犁河三大支流上游的野果林分布區是伊犁最古老的游牧民族塞人和烏孫人的活動範圍。當原始農業還不能為古代人類提供較好的食物時，只有伊犁野果林中的各種野果才是最好的自然生長的植物性食物」[3]。伊犁流域是蘋果、杏、李的起源地，作為當地各民族日常生活中食物的補充和豐富，新疆地區的瓜果在西北區的飲食文化中占有十分重要的地位。

1　陳序經：《匈奴史稿》，中國人民大學出版社，2009年，第152頁。
2　王炳華、王明哲：《烏孫歷史上幾個重大問題的探討》，《新疆社會科學》，1982年第3期。
3　林培鈞：《天山伊犁野果林在人類生態和果樹起源上的地位》，《農業考古》，1993年第1期。

中國飲食文化史　西北地區卷

▲圖4-4　金駱駝裝飾品，新疆烏魯木齊出土（《中國少數民族文化史圖典·西北卷上》，廣西教育出版社）

　　羌人，畜牧業為主的民族，隨著環境的改變，生活在西域羌人的飲食除了肉食之外，也種植和食用一些糧食作物。

　　車師，西域三十六國之一，歷史上有車師前國、車師後國、車師都尉國及車師後長國等。根據史書記載，車師在今新疆東部的天山南北，地理位置相當重要。但是，對於車師的飲食情況卻知之甚少。

　　考古發現，車師人主要從事畜牧業活動，飲食習俗以吃肉、奶酪和喝奶為主。在出土的文物中發現了羊排、羊腿伴以小銅刀或小鐵刀，有些羊肉就置於木盤、木盆之中，上邊還插著小刀，鮮活地展示了車師人的游牧飲食生活。

　　❸·尼雅人的生活

　　由於歷史的變遷，西北地區有些顯赫一時的文化已經悄然消失，他們曾經擁有過的飲食生活也隨之銷聲匿跡，尼雅即是隕落的文明。「今天掩埋在茫茫沙海中漢晉時期的尼雅遺址兩千年前曾是一片繁榮的綠洲，是精絕王國的中心。公元三四世紀後，這顆沙海中的明珠突然在歷史上消失了」[1]。直到近代探險家的出現，尼雅才逐漸為世人所了解，包括他們的飲食習俗。

1　信立祥：《全國考古新發現精品展巡禮》，《文物》，1997年第10期。

◀圖4-5、圖4-6、圖4-7
綿羊與羊骨，新疆尼雅遺址出土，距今2000年左右
（《中日共同尼雅遺跡學術調查報告書》第三卷）

說到西域考古，瑞典探險家斯坦因是最早進入新疆進行考古發掘的人。他先後三次到我國的新疆、甘肅等地進行考察活動，時間分別是一九〇〇至一九〇一年、一九〇六至一九〇八年、一九一三至一九一六年。在發掘中，斯坦因曾經在尼雅遺址中發現了一件捕捉老鼠的「捕鼠夾」，他大喜過望，認為捕鼠夾的發現說明應該有一定數量的糧食存儲。果然接著又發現了小麥的「麥粒」，用於存放「饢」的「大食櫥」[1]，以及葡萄枝、精美的絲織品等。

斯坦因首次向世界展示了古代精絕王國尼雅人的生活片段，使世人第一次知道尼雅人以吃糧食為主，食物品種以「饢」為特色，而且數量非常之大。與此同時，

---

[1]　奧雷爾‧斯坦因著，劉文鎖、肖小勇、胡錦州譯：《踏勘尼雅遺址》，廣西師範大學出版社，2000年，第115頁。

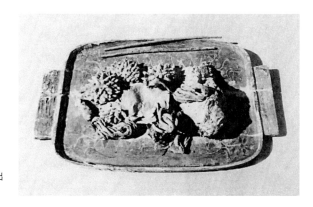

▶圖4-8 烤羊肉,新疆且末縣扎滾魯克出
土,距今2000年左右

尼雅人還種植葡萄,以果蔬作為副食。

　　一九五九年新疆維吾爾自治區博物館在被斯坦因破壞過的尼雅遺址上,再次發現了「捕鼠夾」「打麥場」「粟米」「小麥」「烤餅的饢坑」以及棉布等[1]。饢的再次發現,表明秦漢時期新疆地區的麵食已經相當普遍,饢即是其中最傳統的麵食代表,直到今天。

　　一九九三年、一九九七年,中日聯合進行了調查,發現了不少珍貴的資料,其中編號為97MNI的文物中就有放在缽裡的綿羊、羊肉、羊骨等。在此之前尼雅遺址中同樣也發現羊肉等食物。由此可見,傳統的肉食依舊是尼雅人的重要飲食。考古學家衛斯教授的調查表明,在尼雅遺址中同樣發現了黍、粟、稷、麥子、青稞、糜穀等糧食作物[2],還有蔬菜乾蔓菁,以及水果葡萄、牧草紫苜蓿和乾羊肉羊蹄等,表明了農業的發達。尼雅人的飲食習慣有不少與中原相同,考古發現的小米餅就是最好的說明。[3]

　　除尼雅之外,一九九六年在新疆且末縣扎滾魯克一號墓地同樣發現了肉食品和

1　新疆維吾爾自治區博物館:《尼雅遺址的重要發現》,《新疆文物考古新收穫(1979-1989年)》,新疆人民出版社,1995年,第414-416頁。
2　衛斯:《尼雅遺址農業考古揭秘——精絕國農業考古資料搜括記述》,《中日共同尼雅遺跡學術調查報告書》第三卷,2007年,第315-326頁。
3　新疆維吾爾自治區博物館、新疆社會科學院考古研究所:《建國以來新疆考古的主要收穫》,《文物考古工作三十年》,文物出版社,1979年,第172-173頁。

麵食品共存的現象，其中「食品出土有兩種，一種是麵食品，為小餅；另一種是肉食品，為羊排骨串和羊排骨。小餅：1件（M65R：22）。麵較粗，加工成橢圓形。長4釐米、寬1.6釐米、厚0.8釐米。羊排骨串和羊排骨：14串。作為食品隨葬，羊排骨是相連的三四條肋骨，羊排骨串是將羊排骨用木棍串起來，類似現代的烤肉形式。」專家們認為：「該期墓葬存在放置食物的習慣，主要是羊排骨和羊排骨串，麵食少，有墓葬殉牲習俗，一般是羊頭（山羊和綿羊）、肩胛骨、牛角、馬頭、馬牙、馬下頜和馬肩胛骨、狐狸腿等。」[1]這表明肉食應該是生活的主要構成。

　　扎滾魯克一號墓第二期文化墓葬年代在春秋至西漢之間，大約延續了七八百年。從第二期文化墓葬出土的食物分析，這裡的農業和畜牧業是同時發展，飲食生活比較豐富，與其他地方一樣，麵餅成為當時新疆地區主要的麵食品種。另外，一九八四年在和田地區山普拉古墓地還發現了羊頭、羊肉、炒麵、油餅和點心等隨葬食品。[2]。在天山東部烏魯木齊的魚兒溝還發現了「小鐵刀往往與馬、羊骨（或置於木盤內）在一起，可以想到日常生活中的肉食」[3]。

　　總之，從多處考古遺址發掘的情況來看，尼雅人的肉食比例顯然要大一些。

第二節　屯田與飲食文化

　　甘、寧、青、新地區飲食文化的發展，是在交流中不斷提升的，尤其以絲綢之路的開通和西北屯田最為重要。如果說絲綢之路打開了與外國交流的大門，那麼，屯田則加速了西北地區與內地的文化交流。在大規模人員流動的同時，內地的文化

1　新疆維吾爾自治區博物館、巴音郭楞蒙古自治州文物管理所、且末縣文物管理所：《新疆且末扎滾魯克一號墓地發掘報告》，《考古學報》，2003年第1期。

2　新疆文物考古研究所：《新疆文物考古工作十年》，《文物考古工作十年》，文物出版社，1991年，第349頁。

3　新疆維吾爾自治區博物館、新疆社會科學院考古研究所：《建國以來新疆考古的主要收穫》，《文物考古工作三十年》，文物出版社，1979年，第172～173頁。

也隨之進入，如各式麵點的製作，特色菜餚的加工，尤其是不同風格的飲食習俗的傳入，直接促進了西北地區飲食文化的發展。

一、屯田與農業開發

屯田是在維護祖國統一的前提下，中央王朝對西北地區的重要戰略性措施。屯田的首要任務是解決戍邊將士的吃飯問題，因此在組織形式上分為民屯和軍屯兩大類。民屯的生產者多來源於招募和遷徙的貧民，即徙民實邊。歷史上漢文帝和漢武帝時期曾經前後進行過五次民屯[1]，其中有三次就與甘、寧、青、新地區有關。分別為西元前一六九年、西元前一二一年和西元前一一一年。

軍屯則不然，是指軍隊在守邊的同時邊訓練邊生產，有戰即戰，無戰即農，實行自給自足，以減輕國家的負擔。這一措施從漢代開始直至各朝代，歷久不衰。

西北地區的屯田是伴隨著漢朝對西部的開發同步進行的，所以專家們認為「青海地區進入文明時代始於漢武帝開闢湟中之後」[2]。其範圍包括今天的甘肅武威、張掖、敦煌，寧夏的銀川、青銅峽，青海的樂都、平安、湟中，新疆的輪台、尉犁、車師、北胥鞬（jiān）、焉耆、姑墨、眩雷、赤谷（今吉爾吉斯斯坦之伊什提克）、伊循、樓蘭、伊吾廬、金滿城、且固城、柳中、高昌壁、疏勒、精絕、于闐（tián）等地，以及今烏茲別克斯坦費爾干納盆地一帶。形成了一條沿黃河從內蒙到寧夏、甘肅、青海、新疆的軍事屯田線，為絲綢之路的繁榮提供了物質保障。

大規模的屯田有效地開發了當地資源，提高了農業生產的水平，據汪一鳴《漢代寧夏引黃灌區開發》一文的研究，北地屯田的今寧夏回族自治區的銀川一帶「漢代的城址遍布寧夏南北，反映了漢代寧夏地區經濟開發水平。城址內除有大量的磚和瓦等建築材料外，還有貨幣、銅器、陶器及其他生活用品發現。在固原縣的一些

1　朱和平：《漢代屯田說》，《農業考古》，2004年第1期。

2　青海省文物考古研究所：《青海近十年文物考古文物考古的收穫》，《文物考古工作十年》，文物出版社，1991年，第332頁。

漢代城址中，還多次發現陶水井圈、曲尺形陶水管、陶套管等，表明寧夏當時的城區已有了比較完善的供水、排水設施」[1]。其中著名的灌溉水渠有光祿、七級、尚書、御史、漢渠、高渠、蜘蛛、七星等渠。農田水利有較大發展，說明寧夏的不少地區已經是典型的農耕區[2]。其中漢延渠「支引黃河水繞城溉田，可萬餘頃」[3]。

青海屯田以湟水為中心，包括洮河、大夏河及莊浪河流域等，稱之為「河湟」或「河隴」等[4]。「湟水又名西寧河，是黃河上游一條重要支流，⋯⋯是青海省農業最發達的地區。不僅是糧、油主要產區，而且是蔬菜、瓜果的重要生產基地。」[5]西元前六十一至六十年，西漢趙充國進入湟水流域開始設縣屯田。西漢末年已經開拓至青海湖地區。再加上屯田的人口有中原淮陽、汝南的士卒，他們從內地移民到河湟屯田，把內地先進的農業技術，如水利灌溉、水磨等，以及已經被廣泛使用的牛耕鐵犁技術帶進了青海，這標誌著青海原始農業已經終結，傳統農業開始起步，有效促進了河湟一帶農牧業的進一步發展。值得關注的是，當時青稞已經在青海種植，青稞耐寒能力強，屬裸粒大麥，後來成為藏族人民的主食，而著名的糌粑則成為青藏高原上最具特色的地方食品。

新疆為之西域屯田始於漢武帝時期，規模大、範圍廣、影響深。《史記·大宛列傳》載：「而敦煌置酒泉都尉，西至鹽水往往有亭。而侖頭有田卒數百人，因置使者，護田積粟，以給使外國者」。「侖頭」即輪台，「鹽水」即今羅布泊，在輪台縣克子爾河畔卓果特沁古城，亦曾發現一處漢代糧倉遺跡，遺址裡發現了大量的青稞和麥粒，[6]表明屯田直接促進了農業經濟的發展。

在若羌縣附近「絲綢之路南大道上的米蘭（當時叫伊循，為鄯國的國都）屯田，⋯⋯米蘭屯田生產尚田連阡陌。直到今天生產建設兵團農二師的米蘭墾區，還

1　寧夏回族自治區博物館：《寧夏回族自治區文物考古工作的主要收穫》，《文物》，1978年第8期。
2　朱聖鐘：《西漢時期黃土高原上的農牧交錯地帶》，《中國歷史理論叢·增刊》，2001年。
3　顧祖禹：《讀史方輿紀要》，中華書局，2005年，第2947頁。
4　陳守忠：《河隴史地考述》，蘭州大學出版社，1993年。
5　田尚：《古代湟中的農田水利》，《農業考古》，1987年第1期。
6　張玉忠：《新疆出土的古代農作物簡介》，《農業考古》，1983年第1期。

完整地留下漢唐時代的屯田水利工程遺址和見到在屯田畦埂堆積物處所埋藏的小麥和黍穀」[1]。小麥和黍穀的發現，說明了這裡的食物構成，這些都來自於屯田的收穫成果。

二、屯田與飲食交流

屯田從某種意義上講，是一種大規模的移民活動，而每次移民的結果都促進了當地文化與經濟的發展。例如，在尼雅遺址曾經出土過幾件帶有漢文吉祥語的織錦，其中一件彩錦色澤豔麗，圖案題材新穎，有孔雀、仙鶴、辟邪、虎、龍等形象，並織出「五星出東方利中國」文字。「五星出東方利中國」可與《漢書・天文志》「五星分天之中，積於東方，中國大利」的記述相對應。

另外一件，色彩鮮豔、完美如新。錦以藏青色為地，以絳、白、黃、綠等色織出舞人、茱萸等圖樣，其中間嵌織隸書「王侯合昏千秋萬歲宜子孫」的字樣[2]。茱萸出現在這裡令人十分驚奇，蓋因茱萸與飲食文化淵源頗深，內涵極其豐富。

❶・茱萸與飲食

尼雅遺址茱萸的發現，是西北地區與內地飲食文化交流的具體表現。茱萸，又名䕡（yì）、欇（xiè）、艾子、越椒、榝（dǎng）子、辣子。木本茱萸有山茱萸、吳茱萸和食茱萸之分。《神農本草經・木部中品》稱「山茱萸：味酸，平。主心下邪氣，寒熱，溫中，逐寒濕痺，去三蟲。久服輕身。一名蜀棗。生山谷」。而「吳茱萸：味辛，溫。主溫中，下氣，止痛，咳逆，寒熱，除濕血痺，逐風邪，開腠理。根：殺三蟲。一名䕡。生山谷」。《禮記・內則》載：「三牲用䕡，和用醯（xī）」。䕡，鄭玄《注》曰：「煎茱萸也」。

「茱萸」是一種生命力很強的植物，關於它的食用價值、藥用價值，以及佩茱

1　饒瑞符：《「屯墾戍邊」的歷史意義》，《農業考古》，1985年第1期。

2　信立祥：《全國考古新發現精品展巡禮》，《文物》，1997年第10期。

萸以闢邪惡之風俗，曾見於後人的很多經典之作中，如北魏的《齊民要術》、唐代的《茶經》、宋代的《圖經本草》、明代的《本草綱目》，以及元代的《飲膳正要》等均有所述。若是早在漢代茱萸就出現在了新疆的尼雅遺址中，意義就非同一般了。它雄辯地證明了，漢代屯田政策帶來了文化大交流的重大意義，讓我們又一次看到，文化交流是中國飲食文化發展的不朽動力。

❷·麵點的交流

秦漢時期西北地區經常食用的糧食品種有胡麻、粱米、白米、穬（kuàng）米、黍米、黃米、黃穀、白粟、麥、土麥、胡豆、秫、糜、蕎、薺、菱、秫、穀、菽、鞠、小豆、黑豆等二十餘種。肉類食物來自馬、牛、羊、豬、雞、狗、駱駝等家養畜禽，與五穀食材相輔而食。

麵點是內地傳統的食物品種之一，工藝考究製作精細，歷史悠久。兩漢以來，隨著大規模的屯田活動，一些內地的麵點品種和製作工藝同時被帶到了西北地區。如新疆當時的特色麵點油炸菊花餅、麻花，就借鑑了內地的做法。

一九九六年在新疆且末縣扎滾魯克一號墓地中發現了菊花餅、麻花、薄餅等食物品種，令人大開眼界。發掘報告稱：

食品、穀物9件。食品於漆案（M73：2）上面，有油炸的菊花餅、麻花、桃皮形小油餅、薄餅、葡萄乾，及連骨肉等。穀物和雜草棉布一起出土。

菊花餅：5個（M73：2：1：5）。圓形，麵上浮雕小菊花，底內凹。直徑7.4～8.4釐米。

麻花：3個（M73：2：6：8）。麵條扭制。長9～9.5釐米。

薄餅：1個（M73：2：13）。已成為碎塊，較薄。

漆案，應該是內地傳入的產品，新疆不生產漆器。菊花是內地的觀賞花種之一，因其具有傲霜之風骨而被文人所推崇。且末縣發現的油炸菊花餅、麻花、桃皮形小油餅、薄餅這些食品無疑是當地的特產，而且是用「範」（模子）壓製出來的，反映出製作的規模和規範，以及較強的審美意識。從年代上講，屬於扎滾魯克一號

墓地的第三期文化,「應是東漢末年的事情」[1]。東漢末年在新疆出現類似品種的麵點彌足珍貴。

且末國地處今車爾臣河水系,治今新疆且末縣西南。今天算不上是經濟發達地區,但是在一兩千年前,一個僅僅只有「口千六百一十」的且末小國[2],能夠製作出如此精細的麵點,令人歎為觀止。

1　新疆維吾爾自治區博物館、巴音郭棱蒙古自治州文物管理所、且末縣文物管理所:《新疆且末扎滾魯克一號墓地發掘報告》,《考古學報》,2003年第1期。

2　班固:《漢書》,中華書局,1962年,第3897頁。

第五章　魏晉南北朝時期

魏晉南北朝時期甘、寧、青、新地區的飲食文化是在戰爭、和平、交流、融合併存的社會背景下不斷發展創新的。這一時期的各政權都十分重視本地區的發展，紛紛設立地方管理機構，政區變化極為頻繁。

這一時期在曹魏政權的大力開發下，西北地區的農業生產得到恢復，耬犁、水碓（duì）等新技術開始使用，社會相對繁榮穩定，飲食文化又得到一定程度的發展。

第一節　戰爭、和平與飲食文化

戰爭，人類的怪物，極大地破壞著經濟和文化的發展。魏晉南北朝正是在戰爭與和平此消彼長的過程中，完成了自己文化發展的歷史使命。東漢一朝民族矛盾激化，尤以西北地區的羌人紛紛起義為甚，形成所謂的「羌禍」。從東漢安帝永初元年（西元107年）開始至桓帝建寧三年（西元170年）的63年內，東漢政府為平「羌禍」投入了巨額的軍事開支。其中僅段熲一人就與羌人進行大小戰鬥180餘次，殺羌人多達38200之眾，搶獲羌人牲畜427500餘頭，耗資巨大。東漢對羌人的迫害，使甘肅、寧夏、青海三地受到極大的損失，土地荒蕪，人口銳減，破壞十分嚴重。「河西地空，稍徙人以實之」[1]。直到三國鼎立之後，甘、寧、青、新地區才進入到一個穩定階段，舉步維艱的飲食文化也進入了恢復發展期。

一、飲食生活的有序恢復

三國鼎立之後，北方進入和平發展階段。但由於統一北方的曹魏在短期內不可能一統天下，面對吳、蜀兩家，為了避免東西兩線同時開戰，故將戰略重點指向孫

1　范曄：《後漢書・西羌傳》，中華書局，1965年，第2877頁。

吳。因而，對蜀採取了孫資提出的「不責將士之力，不爭一朝之忿」「據諸要險」「震懾強寇」「鎮靜疆場，將士虎睡，百姓無事」的防禦戰略[1]。摒棄了那種事事要見高低的武夫做法，積蓄能量，在以靜制動中積極防禦。該戰略為曹魏贏得了時間，使其能騰出手來加強對西北地區的經營，醫治戰爭創傷，引進先進的生產技術發展農業，並獲得了成功。

❶‧先進農具的使用

在曹魏放手開拓河西，發展經濟，為最終統一天下做長期戰略準備的過程中，把用內地先進的生產技術發展農業生產列為首位，其中尤以牛耕和耬犁、水碓、衍溉及區種法為代表。

牛耕技術自漢武帝趙過推廣以來，逐漸成為西北耕田的主流。北魏農學家賈思勰說：「神農、倉頡、聖人者也；其於事也，有所不能矣。故趙過始為牛耕，實勝耒耜之利」[2]。事實確實如此，魏晉時期以牛犁地的方法，比起傳統的耒耜之耕，效率大大提高。直至唐宋時期都沒有大變化。

耬犁，耬是用畜力牽引的播種農機，漢代叫耬犁，今北方叫耬車。耬犁有獨腳、兩腳、三腳和四腳等數種[3]，據說三腳耬的發明者是趙過。賈思勰的《齊民要術》雲：「敦煌不曉作耬犁。及種，人牛功力既費，而收穀更少。敦煌太守皇甫隆乃教作耬犁，所省庸力過半，得穀加五」。即勞動力節省了　半而產量卻增加了五成。在西北軍事重鎮的居延曾出土了通長31.5釐米、尖端長遠6.2釐米、寬4.7釐米、厚2.4釐米的木耬犁車腳，它是三腳耬的實物遺存[4]。皇甫隆帶入敦煌的正是這種三腳耬，並且一直使用到五代以後，在今敦煌莫高窟曹元深營建的第454窟中就有耬耕插圖[5]，是那時耬耕技術的最好佐證。

1　陳壽：《三國志‧魏書》，裴松之注引《資別傳》，中華書局，1959年。
2　賈思勰：《齊民要術‧序》，農業出版社，1982年。
3　賈思勰：《齊民要術》卷一，農業出版社，1982年。
4　劉光華：《漢代西北屯田研究》，蘭州大學出版社，1988年，第151～153頁。
5　馬德：《敦煌莫高窟史研究》，甘肅教育出版社，1996年，第134頁。

◀圖5-1 《雙牛農耕圖》，甘肅嘉峪關魏晉墓出土，距今1700年左右

水碓，就是利用水作為動力來舂米，是來自於中原的先進技術。水碓可以減輕勞動強度，大大提高生產效率。《三國志・張既傳》載：「是時，太祖（曹操）徙民以充河北，隴西、天水、南安，民相恐動，擾擾不安，既假三郡人為將吏者休課，使治屋宅，作水碓，民心遂安」。敦煌莫高窟的壁畫中就有利用水碓加工糧食的畫面。[1]

衍溉，就是行灌。把地先開成溝，然後進行灌溉。皇甫隆任敦煌太守其間，繼續加強與內地的交流，並親自將中原的先進技術傳給當地百姓，改進耕作技術，提高農業產量。《三國志》裴松之注引《魏略》載：「初，敦煌不甚曉田，常灌溉蓄水，使極濡洽，然後乃耕。又不曉作耬犂，用水，及種，人牛功力既費，而收穀少。隆到，教作耬犂，又教衍溉，歲終率計，其所省庸力過半，得穀加五。」[2]「蓄水，使極濡洽」，就是漫灌，將整片土地全部用水灌滿。在缺水的敦煌地區實行漫灌，是對資源的重大浪費，且無法保墒，屬於粗放型耕作。衍溉比起漫灌來，是一大進步，可以達到節水、保墒、增產的效果。

區種法，據《氾勝之書》記載，區種法為商湯七年大旱時由伊尹發明，實際上是乾旱山區人民長期生產活動的實踐經驗。因為「區田以糞氣為美，非必須良田

1　王進玉：《敦煌壁畫中的糧食加工工具》，《農業考古》，1988年，第2期。

2　陳壽：《三國志・倉慈傳》，中華書局，1959年。

也。諸山、陵、近邑高危傾阪及丘城上，皆可為區田。區田不耕旁地，庶盡地力。凡曲種，不先治地，便荒地為之。」[1] 山區的「區種法」，是一種小方區農田的播種方法。作法是先挖土深約六寸的播種小區，大小可按土地好壞作成六寸見方或九寸見方。區間距離亦視土地條件而定，上等地區為六寸，中等為二尺，下等為三尺，然後把種子點播到區中。與今天西北地區的「點窩子」相似。「區田法」特別適應於西北及隴右乾旱山區。三國時魏國的軍事將領鄧艾留屯上邦時，還親自教農民「區種之法」。史載：「（鄧）艾欲積穀強兵，以待有事。是歲少雨，又為區種之法，手執耒耜，率先將士，所統萬數，而身不離僕虜之勞，親執士卒之役。」[2]

區田的另一大特點是因地制宜，對土地的要求不高，好壞咸宜。最大的好處是抗旱保收，如果「天旱常溉之，一畝常收百斛」[3]。「區田」作為古代西北農業的重要耕種手段，對西北地區農業的發展起到了重要的作用。

在重農政策的實施下，政府「外招懷羌胡，得其牛羊，以養貧老。與民分糧而食，旬月之間，流民皆歸，得數千家。……親自教民耕種，其歲大豐收，由是歸附者日多。」[4] 所以，魏晉南北朝時期河西一帶農業生產迅速發展，糧食收成大幅度提高，儲備也開始充裕起來，市場上的糧價也比較便宜了。涼州刺史徐邈在任期間，更是大力發展河西農業以及相關經濟，使涼州成為關內供給的保障基地。《三國志·徐邈傳》載：「邈上修武威、酒泉、鹽池以收虜穀，又廣開水田，募貧民佃之，家家豐足，倉庫盈溢。乃支度州界軍用之餘，以市金帛犬馬，通供中國之費。」正是建立在醫治戰爭創傷、恢復農業生產的基礎之上，才使得當時西北地區的飲食文化重新煥發了新的活力。

1　賈思勰：《齊民要術》，農業出版社，1982年。
2　房玄齡：《晉書·段灼傳》，中華書局，1974年。
3　賈思勰：《齊民要術》，農業出版社，1982年。
4　陳壽：《三國志·蘇則傳》，中華書局，1959年。

饅頭，民間傳說是諸葛亮在平定南中即「七擒孟獲」時，為了祭祀死去的戰士用麵粉製作成人頭的模樣投入水中，饅頭由此傳開。

事實上，諸葛亮製作饅頭的歷史應該發生在晚於平南中的「六出祁山」期間。曹魏統一北方之後，西北地區的甘肅東部便成為與蜀漢交鋒的前沿陣地，歷史上著名的六出祁山就發生在這裡，並且演繹出諸葛亮搶收隴上小麥，製作饅頭的故事。

祁山，在今天的甘肅禮縣的西漢水河谷川地，一峰獨起，扼守出入蜀隴的交通要道，水草豐美土地肥沃，是古代的糧倉。諸葛亮在《祁山表》中說：「祁山去沮縣五百里，有民萬戶。矚其丘墟，信為殷矣。」[1]祁山有萬戶之民，其自給自足的經濟可謂富甲一方。古諺雲：「南岈北岈，萬有餘家。」[2]此處所謂的「岈」，實指沿西漢水南北兩岸東西走向宜於耕作的山谷川地及一、二階台地。因此《讀史方輿紀要》說「武侯出祁山，祁山萬戶出租五百石供軍」，以緩解運糧之難。另有史稱：「若趣祁山，熟麥千頃，為之懸餌。」[3]後人之所以將諸葛亮的北伐行為通稱作「六出祁山」者，就是點明諸葛亮寄希望於此地補充軍糧，直趨天水逾隴山進入關中。

如，蜀漢後主建興九年（西元231年）諸葛亮第四次出師，第二次兵出祁山，與魏將司馬懿相持於上邽（今甘肅天水市），當時軍糧無著，又正值小麥成熟之際。諸葛亮怕司馬懿大軍趕到後搶先收麥，便提前下手，率眾將士搶割了魏國老百姓的小麥，做成饅頭以充軍糧，由此諸葛亮失去了當地少數民族的支持而兵敗漢中。《晉書‧宣帝紀》記載：「明年（西元231年），諸葛亮寇天水，圍將軍賈嗣、魏平於祁山。……乃使帝（司馬懿）西屯長安，都雍、梁二州諸軍事，通車騎將軍張合、後將軍費曜、征蜀護軍戴凌、雍州刺史郭淮等討亮。……亮聞大軍且至，乃自帥眾將芟（shān）上邽之麥。」說的就是這段故事。

對於上邽的小麥，魏國也曾動過念頭。但是，魏明帝以政治家的遠見卓識，不

1　張連科、官淑珍：《諸葛亮集》，天津古籍出版社，2008年，第62頁。

2　酈道元：《水經注‧漾水注》，中華書局，2007年。

3　陳壽：《三國志‧鄧艾傳》，中華書局，1959年。

▶圖5-2　祁山

動老百姓的麥子，而是照計劃從關中運糧到隴右前線，並派軍隊護麥，使其生長成熟，贏得了民心。作為回報，百姓積極地支持魏軍，共同抗擊蜀軍的進攻。

　　蜀、魏各自遠道天水作戰，都面臨著糧食不足的狀況，誰能解決糧食問題，誰就能贏得了戰爭的勝利。諸葛亮六出祁山的失敗，關鍵在於無法解決「每患糧不濟」[1]這一難題。

　　今日的地方名吃天水烤饃，相傳源於諸葛亮六出祁山之際，是當時的蜀軍為了作戰時既便於攜帶又能夠保持不壞而烤製成的饃（餅）。

二、絲路上的飲食文化交流

　　絲綢之路在歷史上有三通三絕之說，東漢末年之亂，使絲路同樣未能倖免於難。在進入到魏晉南北朝（西元220-589年）時期才迎來了一個新的發展機遇，促進了飲食文化的交流和發展。

1　陳壽：《三國志‧諸葛亮傳》，中華書局，1959年。

▲圖5-3　羅馬金幣，青海西州大南灣　　▲圖5-4、圖5-5　波斯薩珊王朝銀幣，青海省西寧市隍廟街出土
　　　　出土

❶·絲綢之路的恢復暢通

　　絲綢之路是古代中國連接歐亞大陸的重要交通線，為保障絲綢之路的暢通，曹魏非常重視對河西地區的經營，包括傳統的對外商貿和發展綠洲農業。派出倉慈、皇甫隆、徐邈等為敦煌太守，他們興利革弊，發展生產，特別保護往來於中原胡商的正常交易，嚴厲打擊欺行霸市的惡習，有效地促進了絲綢之路貿易的繁榮，加強了各民族之間的友好往來。

　　當倉慈去世後，當地的人民感恩戴德，紛紛「圖畫其形，思其遺像」，連西域的諸胡為了感激倉慈對絲路商道保護的功勞，甚至於不惜自殘身體「或有以刀畫面，以明血誠，又為立祠，遙共祠之」[1]。史稱「西域人入貢，財貨流通，皆邈之功也」[2]，充分肯定了徐邈的功績。

　　在絲綢之路發展的過程中，一度繁榮於青海地區。由於河西走廊群雄紛爭戰爭頻繁，阻塞了中原通往西域的道路，所以開始改道青海，「出現了中國歷史上的所謂南線『絲綢之路』，來往於東西方的商人、僧侶往往在今西寧作短暫停留，為青海帶來了西域良馬、畜牧技術等；同時，中原養畜和農作技術的著述這時相繼問世，《齊民要術》等著作隨之傳入青海，推動了青海農牧業和商業貿易的進步」[3]。

1　陳壽：《三國志·倉慈傳》，中華書局，1959年。
2　房玄齡：《晉書·食貨志》，中華書局，1974年。
3　張逢旭、雷達亨、田正雄：《青海古代畜牧業》，《農業考古》，1988年第2期。

青海路一度非常繁榮，青海出土的羅馬金幣，以及波斯銀幣，真實地反映出當時青海與西方貿易的密切往來。

黃河發源於青海，河水在青海流量不大，易於灌溉農田。尤其是支流湟水，被譽為青海農業的母親河。專家們認為「湟水流域的農田水利歷史悠久，其規模和經濟效益皆甚過幹流黃河。黃河自貴德縣以東始有水利，而湟水整個流域都富水利，是青海省農業最發達的地區。不僅是糧、油主要產區，而且是蔬菜、瓜果的重要生產基地」[1]。

❷·西域食器的傳入

魏晉時期隨著絲綢之路的繁榮，中西交流的頻繁，與飲食文化相關的一些西域食器也傳入西北地區。例如，新疆出土的特大三耳陶罐，還有獅文銀盤等。獅子是西方特有的動物，在絲綢之路重鎮焉耆對食器獅文銀盤的發現，展示了當時新疆地區從東到西經濟活躍、飲食生活豐富多彩的歷史面貌。

寧夏地區的考古發現也令人眼界大開，特別是一九八三年在固原發現的玻璃碗以及羅馬時期的鎏金銀瓶，最令人驚嘆不已。

玻璃是外來品，中國本土並不生產。寧夏發現的這只玻璃碗造型奇異，通體泛綠，極其精美，價格昂貴。說明魏晉南北朝時期寧夏地區的有錢人已經在使用西方進口的玻璃製品，其食物的品種極有可能也與西方食品有關，或外來飲食在這裡得到了發展。

特別值得關注的是羅馬時期的鎏金銀瓶的發現，充分展示了羅馬時期西方人的飲食習慣。該銀瓶造型美觀工藝精湛，瓶上表現的是古希臘有關愛神芙羅馬狄蒂和海倫的傳說故事，該銀瓶不可多得，在中國是唯一的，彌足珍貴。

瓶是盛奶或者是盛酒的專用容器，是生活中的重要器皿，西域人將羅馬的這件寶貝帶到中國的同時，也將西域的飲食習俗及相關的文化傳入中國。

1　田尚：《古代湟中的農田水利》，《農業考古》，1987年第1期。

▲圖5-6 特大三耳陶罐，新疆喀什地區亞魯　▲圖5-7 獅文銀盤，新疆焉耆縣出土
　　　　吾克遺址出土

▲圖5-8 玻璃碗，寧夏固原南郊鄉深溝村　▲圖5-9 羅馬鎏金銀瓶，寧夏固原南
　　　　的李賢夫婦合葬墓中出土　　　　　　　　郊鄉深溝村的李賢夫婦合葬
　　　　　　　　　　　　　　　　　　　　　　　墓中出土

三、特色飲食習俗

　　從西元三一七年東晉在江南建立，北方先後有十六個強大勢力，稱之為十六
國。其中前涼、後涼、南涼、西涼和北涼建於河西，還有西秦、前趙、後趙、前秦
和大夏都曾占據過西北的部分地區。以及前仇池國、後仇池國、武興國、武都國、

陰平國等，他們的主要成分是鮮卑、匈奴、羯（jié）、氐、羌等民族，從而形成了特色鮮明的飲食文化。

❶ · 四合之興

魏晉時期在政權交替的過程中，西北地區所受影響不大，並藉機得到了高速的發展，呈現出一派欣欣向榮的繁華景象。由於長期的戰爭中斷了西域直接去長安、洛陽的道路，往來於中國的西域及外商人他們只好將姑藏（今甘肅武威）作為貿易中轉站，造就了一顆光彩奪目的絲路明珠。

十六國時期的姑藏是國際性貿易城市，包括西域的金銀幣在這裡都可通用。中亞、西亞以及地中海一帶的外國人不遠萬里來到河西，他們亦商亦游、亦飲亦食，其樂融融，不思故里，成為這一時期國際化的一個亮點。更有一些西域及外國商人乾脆紮根於此，修宅建房娶妻生子。所謂「西域流通，荒戎入貢」[1]。通過絲綢之路，西域及外國的商賈們把來自遠方的藥品、毛織品以及各種食物等運到姑藏進行交易，然後再換取絲絮、布帛、鋼鐵製品到遙遠的中亞、西亞乃至地中海地區。其貿易盛況十分火爆，史稱：「時天下擾亂，唯河西獨安，而姑藏稱富邑，通貨羌胡，市日四合，每居縣者，不盈數月輒致豐積」[2]。

合，即交易。古制一日三合，即一天交易三市，所謂「四合」者，即一天交易四市，姑藏「市日四合」，足見其商業貿易之繁榮，成為當時整個西北地區的經濟文化中心，我國今天所使用的旅遊標誌馬踏飛燕就出土於此[3]。北魏文學家溫子升在《涼州樂歌》中稱：「遠遊武威郡，遙望姑藏城。車馬相交錯，歌吹日縱橫。」旅行者通過親身經歷涼州、姑藏等地，真實地記錄了河西地區的繁華景象。在晉墓出土的磚畫中以藝術的筆觸對此做了真實的記錄。「酒泉丁家閘五號墓壁畫、嘉峪關魏晉墓磚畫中反映了西元3-4世紀河西屯墾、畜牧、農作、蠶桑、屠宰、歌樂、宴

1　陳壽：《三國志·徐邈傳》，中華書局，1959年。
2　范曄：《後漢書·孔奮傳》，中華書局，1965年。
3　甘肅省博物館：《武威雷台漢墓》，《考古學報》，1974年第2期。

▲圖5-10 《進食圖》彩繪磚，甘肅嘉峪關魏晉一號墓出土，距今1700年左右

會等社會生活場景。」[1]到隋唐時終於呈現出「涼州七里十萬家，胡人半解彈琵琶」的富庶景象。

　❷·烤爐餅食

　　麵食是中國傳統的食物品種，伴隨著屯田和移民的進行，原來盛行於東部地區的煎餅也傳到了西北地區，成為這裡居家過日子的食品之一。我們從女廚攤煎餅圖的畫面中看到當時的情景[2]，畫面中的主人公是一位女廚，她跪坐在爐灶旁一邊添柴續火，一邊看著烤爐上的煎餅。

　　畫面中的烤爐正是今天常見的鏊鍋，亦稱鏊子，主要用於攤煎餅、烤餅等。

　　煎餅是中國北方傳統的食物品種，製作方法大致有兩種，一種是用小麥、粟等麵粉調和成流汁，攤於鏊鍋上，謂之攤煎餅，今山東地區最為普遍。另外一種加工方法是將麵和好以後，擀成薄片，然後放在鏊子上烤。煎餅就著蔥蘸大醬是北方傳統的吃法，現在彩繪磚的出土，展示了魏晉時期坊間煎餅加工製作的流程，看上去與今天山東煎餅的製作方法大同小異。

1　李明偉：《絲綢之路與西北經濟社會研究》，甘肅人民出版社，1992年，第206頁。
2　袁融總主編：《甘肅酒泉西溝魏晉墓彩繪磚》，重慶出版社，2000年。

▲圖5-11 《女廚攤煎餅圖》，甘肅酒泉出土，距今1700年左右

▶圖5-12 今日的山東煎餅

　　山東地區吃煎餅的傳統是和蔥一起蘸大醬，即煎餅蘸醬。那麼西北地區在魏晉南北朝時期是否也是煎餅蘸醬呢。斯坦因在敦煌獲取的兩千餘號漢晉木簡當中，就有「煎」「醬」的記錄：「Or8211/1580號木簡載：『口變（？）飲食芥韭、蔥韭』」，「煎（？）醬（？）」等[1]。「蔥」，指的是胡蔥，即大蔥。「煎」，顯然是煎餅。

1　郭鋒：《斯坦因第三次中亞探險所獲甘肅新疆出土漢文文書──未經馬斯伯樂刊布的部分》，甘肅人民出版社，1993年，第125頁。

▲圖5-13 《宰豬圖》，甘肅嘉峪關魏晉六號墓出土，距今1700年左右

❸ · 庖廚宴樂

一九七二至一九七三年在河西走廊西端的酒泉、嘉峪關地區發現了大量的魏晉時期的壁畫，保存下來的有六百多幅，這批壁畫內容「大部分反映了農桑畜牧，屯墾營壘，塢壁穹廬，獵弋出行，庖廚宴樂，衣帛器皿等各方面現實生活」[1]，為我們了解這一時期西北地區豐富的飲食生活提供了不可多得的珍貴資料。

從畫面中我們首先了解到，在日常的飲食生活中豬肉占有一定的比例，如圖5-13[2]就是一幅宰豬圖，畫中的屠夫一手摁著豬，一手將刀放在豬的屁股上，畫面上的屠夫雙眉上挑，頗顯凶殘，而豬又顯得異常害怕，整個畫面非常生動。這類圖在酒泉、嘉峪關出土的最多。筆者在一九九二年夏天曾參觀過此圖，當時畫面的顏色十分鮮豔，給人的印象最深。

魏晉南北朝時期的飲食生活是豐富多彩的，當時人們的飯桌上除了牛、羊、豬肉之外，還有雞、鴨、鵝等。圖5-14表現的是兩位廚人在洗燙宰殺雞與鵝的場面[3]，畫面生動活潑，又具有十分濃郁的生活氣息。而圖5-15在另一處的廚房裡，一男一女廚師面對著豐富的原材料，正在緊張地燒火做飯。所使用的炊具和容器都很豐

1　甘肅省博物館：《甘肅文物考古工作三十年》，《文物考古工作三十年（1949-1979）》，文物出版社，1979年，第148頁。

2　袁融總主編：《甘肅嘉峪關魏晉六號墓彩繪磚》，重慶出版社，2000年，第13頁。

3　甘肅省文物工作隊、甘肅省博物館：《嘉峪關壁畫墓發掘報告》，文物出版社，1985年。

▶圖5-14 《宰燙雞鵝圖》，甘
肅嘉峪關出土，距今
1700年左右

▶圖5-15 《庖廚圖》，甘肅嘉
峪關出土，距今1700年左右

富，反映出官宦富人家非常豐富的日常飲食生活及非常講究的日常菜品製作。為我
們了解這一時期的飲食文化發展狀況提供了真實的記錄。

　　一九六四年在新疆吐魯番縣曾經出土了一幅內容豐富的生活紙畫（見圖5-16），
該畫幅長106.5釐米、寬47釐米。繪畫主要表現了統治階級人物的生活，其中有三分
之一的畫面表現出墓主人生活中的田園及庖廚。考古學家王炳華先生認為：農業是
社會生產的主體，這是墓主人財富及享樂生活的寫照。在田園生活畫面中，可以看
到整齊的田畝，茂盛的禾稼。旁側是草叉、耙等農具，木耙長柄多齒。另外，圖中
有一件家具應當是犁。只要轉一角度，正是一架犁的側視圖，有犁轅、犁梢、犁架
及繫繩等。在整個畫面內，還表現有磨、碓的形象。磨以長木桿作聯動軸，由人推
轉，碓是用足踩動；這些穀物加工工具，與內地農村流行形式完全一樣，明顯可以

▲圖5-16 紙質生活畫，新疆吐魯番阿斯塔那晉墓出土，距今1700年左右（《新疆出土文物》圖版，文物出版社）

看到，這是由於接受內地農村的影響。[1] 王炳華先生所言極是，吐魯番與敦煌近在咫尺，兩地之間歷來交流頻繁，生產技術與飲食習俗的傳入毋庸置疑，如新疆阿斯塔那301墓出土的餃子就是最好的說明。

牛羊肉、奶酪等奶製品依然是傳統飲食，其中喝奶已經成為日常飲食生活的一部分。如圖5-17正是一幅典型的擠奶圖，圖中所表現的人物是母子倆和一隻奶羊，母親擠完奶後走在前邊，兒子牽著羊緊跟著母親走在後邊，而奶羊則有些不情願，兒子只好用力拽著它向前，連整個身體都扭過來了，畫面靈動質樸栩栩如生。

牲畜的放牧與餵養是牧區的一道風景線，圖5-18是一幅「井飲」的彩繪磚，反映的是家庭飼養的馬、牛、雞等家畜在井邊飲水的場面，表現出一派六畜興旺欣欣向榮的景象。

圖5-19反映了生活在社會上層的貴族們，他們並不滿足於常態的食物品種，他們還要經常驅狗放鷹行圍打獵，捕獲野山羊、野鹿等，這種富有刺激性的狩獵行為，既是享樂，又可以一飽美食獵味的口福。

1　王炳華：《新疆農業考古概述》，《農業考古》，1983年第1期。

▶圖5-17 《擠奶圖》，甘肅
嘉峪關出土，距今
1700年左右（《嘉
峪關壁畫墓發掘報
告》，文物出版社）

▶圖5-18 《井飲圖》，甘肅
嘉峪關出土，距今
1700年左右（《甘
肅嘉峪關魏晉一號
墓彩繪磚》，重慶
出版社）

◀圖5-19 《圍獵圖》，甘肅
嘉峪關出土，距今
1700年左右（《甘
肅嘉峪關魏晉一號
墓彩繪磚》，重慶
出版社）

四、發達的釀造工藝

　　釀造是人類對於飲食文明的一大貢獻，釀造工藝的發達代表著飲食生活的豐富
與飲食文化的進步。魏晉南北朝時期西北地區由於糧食生產的提高，社會穩定生活

富裕，人們開始用糧食來發展醋、酒等釀造食品，以豐富日常的飲食生活。

❶ · 以糧釀醋

魏晉南北朝時期西北地區釀造工藝發達。人們開始大量生產食用醋，作為調味品，廣泛應用於菜餚的加工，其中甘肅的河西地區就是當時發達的製醋中心。通過圖5-20的「濾醋圖」，我們看到了當年製醋的具體工藝流程。「濾醋」，即西北人通稱的「淋醋」。「濾醋圖」出土於酒泉西溝魏晉墓，圖中畫面不但充分表現出當時生產醋的規模，還將「濾醋」的工藝流程展示得一清二楚。

醋，又名酢、醯、苦酒。味酸苦。醋分米醋、麥醋、麴醋、糠醋等。醋一般由米、麥、高粱或酒、酒糟發酵而成，製作與酒有相同之處，所以《說文》將醋與酒共歸於酉部。而後人明代李時珍則將醋歸於穀部，是以糧食為製作原料歸類的。

醋，作為酸味調料起源很早，是日常生活中經常食用的調味品。周代就設有專門從事管理的官員「醯人」進行管理。《周禮·天官·醯人》已有所記載。

甕在古代用來裝醋特別流行，並且是財富的象徵。例如儒家十三經之一的《儀禮·聘禮》記載：「醯醢百甕，夾碑，十以為列。」《禮記·檀弓》：「宋襄公葬其夫人，醯醢百甕。」又《太平御覽·飲食部·醯》引《吳錄·地理志》曰：「吳王築城，以貯醯醢，今俗人呼苦酒城。」由此可見古代醋的用量是很大的。醋之所以古今都非常重視，是因為它除了調味之外還有食療作用。中醫認為醋有散瘀、止血、解毒、殺蟲之功，還可助消化。

❷·糧、果釀酒

酒是中國傳統的飲品，最早出現在東部地區，後來逐步傳入西北地區。魏晉時期甘、寧、青、新地區除了飲用傳統的葡萄酒之外，還飲用當地釀造的麴酒——秦州春。

魏晉時期，西北地區已經能生產許多品種的酒，如頤白酒、九醞酒、桑落酒、粱米酒、粟米酒、黍米酒、秫米酒、白醪、糯米酒等。「秦州春」是當時諸多酒品中的一種，頗有影響。秦州是天水的古稱，「秦州春」酒因地而得名。北魏農學家賈思勰在《齊民要術·笨麴並酒》中專門記載了秦州春的製麴方法：「作秦州春酒麴法：七月作之，節氣早者，望前作；節氣晚者，望後作。用小麥不蟲者，於大鑊釜中炒之。炒法：釘大概，以繩緩縛長柄匕匙著概上，緩火微炒。其匕匙如挽棹法，連疾攪之，不得暫停，停則生熟不均。候麥香黃便出，不用過焦。然後簸擇，治令淨。磨不求細；強者酒不斷粗，剛強難押。預前數日刈艾，擇去雜草，曝之令萎，勿使有水露氣。溲麴欲剛，灑水欲均。初溲時，手搦不相著者佳。溲訖，聚置經宿，來晨熟搗。作木範之：令餅方一尺，厚二寸。使壯士熟踏之。餅成，刺作孔。豎槌，布艾橡上，臥麴餅艾上，以艾覆之。大率下艾欲厚，上艾稍薄。密閉

▲圖5-21 玻璃杯，新疆且末縣扎滾魯克一號墓葬出土，距今1700年左右（《新疆且末扎滾魯克一號墓地發掘報告》，《考古學報》，2003年第1期）

▲圖5-22 玻璃杯，新疆尉犁縣營盤魏晉墓出土，距今1700年左右（《中國少數民族文化史圖典·西北捲上》，廣西教育出版社）

窗、戶。三七日麴成。打破，看餅內乾燥，五色衣成，便出曝之；如餅中未燥，五色衣未成，更停三五日，然後出。反覆日曬，令極乾，然後高廚上積之。此麴一斗，殺米七斗」。由文得知，秦州春酒麴是方一尺厚二寸的方形餅狀的塊麴，是用麴範腳踏而成。製麴的麴範是用一尺見方，厚二吋的木材製成的，塊麴不僅僅比散麴好看，而且在發酵性上也有所提高。

賈思勰是我國南北朝時期傑出的農業科學家，他所著的《齊民要術》被譽為中國古代「四大農書」之一。賈思勰以自己的親身實踐，加以分析、整理，對當時社會上流行的酒以及酒的製作方法進行了記載和考察，他對秦州春酒的記載，成為我們今天研究魏晉南北朝時期西北地區釀酒史的寶貴資料。

與中國糧食生產豐歉晴雨表的麴酒不同，葡萄酒是以水果葡萄為原料的，不涉及國家的糧食安全。葡萄酒原產於西域，《史記・大宛列傳》記載大宛國「其俗土著，耕田，田稻麥。有蒲陶酒。」大宛，今烏茲別克斯坦費爾干納盆地一帶。又說「宛左右以蒲陶為酒，富人藏酒至萬餘石，久者數十歲不敗。」還記載安息「其俗土著，耕田，田稻麥，蒲陶酒」。安息，今伊朗高原的東北部。所以晉人張華《博物志》稱：「西域有葡萄酒，積年不敗，彼俗云可至十年，飲之，醉彌日乃解。」由此可見，蒲陶酒最早當從中亞傳入。

《太平御覽》載魏文帝在詔群臣時亦稱（葡萄酒）：「甘而不飴，酸而不酢」。新疆是西北地區最早釀造和飲用葡萄酒的地區，我們從新疆且末縣和尉犂縣出土的玻璃杯得到了證明。

葡萄酒經過新疆地區的發展之後，開始東傳至中原，並被視為珍品而享用。新疆地區葡萄酒的發展與傳播，與西域諸國的密切交流分不開，後來葡萄酒逐漸成為新疆地區著名的飲品。

通過絲綢之路大量傳入的食材原料與飲品，則成為這一時期的顯著特點。

第二節　失落的飲食文明

飲食文化如同一幅長長的歷史畫卷，當展開甘、寧、青、新地區魏晉時期的飲食文化時，一個沉重的話題出現在我們面前，那就是新疆地區曾經有過輝煌的文明，樓蘭、高昌堪稱其中的代表，然而她卻失落了。

一、樓蘭食話

一曲「樓蘭姑娘」引起了人們對這個文明故城的回憶。樓蘭，曾經是絲綢之路上最耀眼的明珠，位於今天新疆東南部羅布泊地區若羌縣北境。樓蘭故城大約建於東漢初年，廢棄時間大約在西元三七六年左右的前涼末年，距今已有一六〇〇多年。魏晉時期樓蘭是西域長史所在地，擔負著對樓蘭城及其附近地區屯田的管理任務。樓蘭屯田者主要是戍卒，除了農業生產之外，還從事「牛、胡牛、土牛、驢、羌驢、馬、駝」的畜牧業經營；其中「牛的用途多見於耕地或運輸；馬、駝、驢主要是作交通運輸使用」[1]。樓蘭最繁榮是在西晉時期，中西貿易、農牧業經濟、文化與飲食生活都非常發達。

❶·農牧相濟

樓蘭的飲食文明直接表現在餐桌上的是豐富的原材料與飲食品種，食品原料主要有小麥、大麥、粟、禾、穈子（黍）等，其中穈子是樓蘭及整個西北地區最傳統的糧食作物。侯燦先生考察樓蘭時在一些散亂木材下就發現了堆積著大量的穈子，「經測定穈子堆積的厚度約70釐米，寬約1米。堆積中還夾雜有麥粒」。穈子，在古書簡中寫作「床」在樓蘭出土的木簡和紙文中多處見到「床」的字樣，如「下床九十畝溉七十畝」，「出床四斛四斗稟兵孫定吳仁二人」，「出床十二斛六斗稟兵衛芒等七人」。

1　孟凡人：《魏晉樓蘭屯田概況》，《農業考古》，1985年第1期。

一九八四年四月新疆社會科學院考古研究所組織考古調查隊，在這裡發現了「糜子、大麥等實物標本」，同時「又發現了一顆迄今為止在世界上保存得最古老最完好的小麥花」，「距今至少也有1600多年」。[1]這個發現非常重要，它進一步證明了小麥在新疆地區是在種植並在食用。

在新疆東南部塔里木盆地東北邊緣的尉犁縣，還發現了「水稻」[2]。水稻一向被認為是南方的農作物，尉犁縣地處絲綢之路中道，之所以能夠生產水稻，可見當年氣候濕潤物產豐富，有著豐沛的水源，為水稻的栽培提供了環境的支撐。

曾經三次考察過樓蘭的考古學家王炳華先生認為，樓蘭當時的條件優越，農牧業都很發達，「畜牧業仍屬於一個主要的地位，綿羊、山羊、牛、馬、駱駝等是人工飼養的主要牲畜，羊牛是肉乳之源，駝、馬是交通代步的工具。農業仍然是以小麥、粟等旱地農作為主」[3]。學者薛宗正先生認為：「僅見於樓蘭簡牘者已有麥、大麥、小麥、粟、黑粟、禾、穀、雜、叔機、芒、糧、米等，以出現多寡判斷，似以麥為主，加工成品有麵、乾（hé）等，次為粟與禾。既有如此眾多的糧食，必然可生產酒、醬、酢（醋）之類調味品以佐餐。……還種植瓜果、菜蔬以佐食。……此外還飼養驢、羌驢、駝以供馱運，羊以供食用，至於漢人慣於食用的豬則未見簡牘。」[4]以醋為代表的調味品我們雖然沒有在樓蘭發現，但是不能排除其存在，因為我們在與之相鄰的酒泉發現了大量生產醋的彩繪磚。

至於豬作為主要的傳統肉食來源，在同一條絲綢之路上的河西魏晉墓中大量出現，而在樓蘭卻未見於簡牘，確實值得研究。

❷·糧肉兼食

魏晉南北朝時期樓蘭人的飲食習慣是吃牛羊肉、奶酪，喝牛、羊奶。在新疆尉

1　侯燦：《樓蘭出土糜子、大麥及珍貴的小麥花》，《農業考古》，1985年第1期。
2　新疆文物考古研究所：《新疆尉犁縣營盤墓地1995年發掘簡報》，《文物》，2002年第6期。
3　王炳華：《滄桑樓蘭——羅布淖爾考古大發現》，浙江文藝出版社，2002年，第98頁。
4　薛宗正主編：《中國新疆·古代社會生活史》，新疆人民出版社，1997年，第190～191頁。

▶圖5-23 今日的樓蘭（《中國少數民族
文化史圖典‧西北捲上》，廣
西教育出版社）

犁縣的考古發掘中發現這裡的「墓葬中普遍有隨葬食物的習慣，主要是肉食──羊
頭、大塊羊排等，也有少量麵食。放置的位置比較統一，均放在頭端的木几或木盤
（或木案）上。隨葬的生活用具主要是木器，如罐、杯、碗，個別的為陶罐，基本
上是一墓一件，都放在盛放羊肉的几、盤一側」[1]。這一隨葬的習俗表明，食肉當是
主要飲食方式。

樓蘭人的日常飲食中還有麵餅，他們用麥麵、粟麵，做成麥麵餅、粟麵餅，而
且做工頗為精細講究。樓蘭人使用「蒸、煮用的灰陶甑，造型與中原一樣，它對於
蒸製麵食品、小米等是很適用的」[2]，尤其是麵餅。新疆尉犁縣考古發現「食物除羊
肉外是麵餅。麵餅3件，呈淺黃色，手搓成條狀盤成橢圓形，或手拍捏成不規則圓
形，長2.5-10.2釐米、寬2.2-6.9釐米、厚0.4-0.9釐米」[3]。大量麵餅的出現和製作工
藝的展示，說明樓蘭先民對麵食的需求和精細的加工水平。另外，麵餅具有不易變
質而又便於攜帶的特點，是游牧民族的特色食品。

樓蘭是失落的文明，今天的樓蘭已經是人去樓空面目皆非，面對生命靜止的荒
涼之海，足以引起人類的深刻反思，人類所犯的最大錯誤恰恰就是以自己的能力

1　新疆文物考古研究所：《新疆尉犁縣營盤墓地1995年發掘簡報》，《文物》，2002年第6期。
2　王炳華：《滄桑樓蘭──羅布淖爾考古大發現》，浙江文藝出版社，2002年，第98頁。
3　新疆文物考古研究所：《新疆尉犁縣營盤墓地1995年發掘簡報》，《文物》，2002年第6期。

去破壞世界原有的生態環境與人的和諧，人類在創造文明的同時又在毀滅著文明。

回首看去，歷代先民在生態保護方面的做法足可稱道。西周時期就曾有嚴格的規定，《逸周書‧大聚解》記載：「旦聞禹之禁，春三月，山林不登斧，以成草木之長；三月川澤不入網罟，以成魚鱉之長」。秦王朝同樣規定：「春天二月，不准到山林中砍伐木材，不准堵塞水道。不到夏季，不准燒草作為肥料，不准採摘剛發芽的植物，或捉取幼獸、鳥卵和幼鳥，不准……毒殺魚鱉，不准設置捕捉鳥獸的陷阱和網罟，到七月解除禁令。」[1]漢襲秦制，同樣有類似的規定，而且是寫在牆壁上公之於眾。在西北地區敦煌懸泉的漢簡中就有關於春天禁止焚燒山林行獵等相關內容。[2]

樓蘭文明的隕落是一面歷史的鏡子，後人當以此為鑑。

二、文明高昌

高昌是絲綢之路上又一顆閃亮的明珠，曾經對西北地區飲食文化產生過重大的影響。高昌故城位於吐魯番市東約45公里處的哈拉和卓鄉所在地附近，與消失的古城樓蘭齊名。

❶‧移民興地

高昌的地理位置十分重要，史稱「此其西域之門戶也」[3]，高昌「東北通伊吾（今哈密市），北達車師後部，南通樓蘭（羅布泊西北崖）、鄯善（今若羌縣境），西經交河、焉耆達龜茲、疏勒。地扼西域交通咽喉，戰略地位十分重要」[4]，是兵家必爭之地。

地處吐魯番盆地的高昌，生態環境優越，「吐魯番盆地，雖地勢低窪，炎熱多

1　睡虎地秦墓竹簡整理小組：《睡虎地秦墓竹簡》，文物出版社，1978年，第27頁。

2　甘肅省文物考古研究所：《敦煌懸泉漢簡釋文選》，《文物》，2000年第5期。

3　范曄：《後漢書‧西域傳》，中華書局，1965年。

4　趙予征：《絲綢之路屯墾研究》，新疆人民出版社，1996年，第77頁。

風少雨，但土地肥沃、日照充足、地下水豐沛。此地自古宜桑麻五穀，的確是人類生息繁衍的好地方。」[1]《魏書・西域傳》曾載，這裡「氣候溫暖，厥土良沃，穀麥一歲再熟，宜蠶，多五果，又饒漆。有草名羊刺，其上生蜜而味甚佳。引水漑田。出赤鹽，其味甚美。復有白鹽，其形如玉，高昌人取以為枕，貢之中國。多葡萄酒。」高昌土肥水美、物產豐富，是一塊富饒的風水寶地，為歷代所重視。

高昌是一個移民小社會，人員來自不同的地方，一部分人來自軍隊中的兵士，漢武帝時大軍西征大宛，曾留下老弱不能行走者於此屯田。自此開始，高昌便一直作為屯田的重點地區而延續了下來。「沙畹的《漢文文書》928號文書就曾記有屯田士兵領取口糧的事情：『出禾五斛四斗，稟高昌士兵梁秋等三人，日食六升，起九月一日，盡卅日。』這是從高昌調到樓蘭的屯田士兵在樓蘭領取口糧的賬簿。」[2]還有一部分人是為躲避中原戰亂而來到高昌的漢人，帶來了中原的農業技術，因此高昌地區農業相對發達，人民生活安定。根據趙予征先生的研究，在《吐魯番出土文書》的資料中就有關於高昌人種植、管理「葡萄園頃畝」的記載[3]，說明當時的高昌除了糧食作物之外，還種植葡萄，並延續至今，成就了後世吐魯番葡萄的極高知名度。

❷・漢食之風

高昌失落的飲食文化，在考古發現中得到了充分的展示。這裡有著與中原地區一樣的生計方式和飲食生活，包括傳統的祭祀活動，並且以糧食、水果作為祭品。高昌的「祭器中盛有小米粒、黑豆、食油和水果等」，有「李子和葡萄」[4]。他們「除了米飯、粟飯之外，還用麵食發酵醋以佐餐……麵醬也是每家必備的食品」[5]。

1　薛宗正主編：《中國新疆・古代社會生活史》，新疆人民出版社，1997年，第201頁。

2　趙予征：《絲綢之路屯墾研究》，新疆人民出版社，1996年，第77頁。

3　柳洪亮：《新出吐魯番文書及其研究》，新疆人民出版社，1997年，第311頁。

4　莫尼克・瑪雅爾著，耿昇譯：《古代高昌王國物質文明史》，中華書局，1995年，第184頁。

5　新疆社會科學院考古研究所編：《新疆考古三十年》，新疆人民出版社，1983年，第250頁。

（1）麵醬　醬的一種，最先食用於中原地區，是傳統的調味品之一。後來通過絲綢之路的交流傳入高昌，成為這裡主要的調味品之一。而且高昌人已經掌握了作醬的方法，並將其用於各種食品中。

（2）麵點　「高昌人還烤製各種花色點心，而以加入砂糖的甜點最受歡迎。隨著南人北遷及水稻的生產，不再研磨成粉的米飯、粟飯的蒸食也為人們所接受」[1]。各種花色點心的出現，表明高昌人對麵粉加工的精細化和工藝化，而粒食的推廣，則進一步豐富了飲食的品種。

（3）餃子　內地人重要的食物品種之一，一九五九年在高昌的出土發掘中就發現了「餃子」，「出土有餃子三隻，分盛於三個陶碗內，餃子長約5釐米，寬1.5釐米」，與今天餃子的個頭大小相同。餃子實物在高昌的發現說明餃子在西北地區的高昌至少在魏晉時期就已經開始食用了。另外，在「301和302墓還出土有麵製龍形殘段，係用麵皮捏合而成，外面壓劃紋飾，另有麵條、麵餅之類」[2]。龍是帝王的象徵，中原地區有蒸龍給小孩子吃的習俗，希望孩子長大後具有超常的能力。龍形麵食的發現，說明高昌人在生活習俗方面與中原有著十分密切的關係。

一九八六年的考古發掘同樣發現了餃子，而且是八隻，「餃子86TAN388：17，長五點七釐米。共發現八個，出土時盛在碗裡，每碗一個或二個」，還有「紅棗、共發現八個，已成棗乾。出土時盛在碗裡，每碗二個或三個」[3]。

紅棗，在內地同樣是喜慶的水果，代表著吉祥。高昌餃子與紅棗同時出現，而且數量上又都是「八」，這種組合與配伍，其中隱藏的奧秘待後人詮釋。

新疆盛產水果，由於暑夏的酷熱和糖化作用，使其格外甘甜。高昌人在吃水果的同時還發明了果醬，又成為提高高昌人飲食生活質量的一個亮點。

1　薛宗正主編：《中國新疆・古代社會生活史》，新疆人民出版社，1997年，第201頁。

2　新疆社會科學院考古研究所編：《新疆考古三十年》，新疆人民出版社，1983年，第78頁。

3　柳洪亮：《1986年吐魯番阿斯塔那古墓群發掘簡報》，《考古》，1992年第2期。

中國飲食文化史　西北地區卷

❸ · 獨特的麵食工藝傳統

高昌人對於麵食很有研究，並已形成了獨特的傳統工藝。法國學者莫尼克·瑪雅爾認為：「在阿斯塔那古墓葬發掘出土的食物祭品中，包括泥作的糕餅，分別為小餡餅狀、擰花狀、新月狀和花狀：其中有一部分還帶有果醬的殘餘。在此問題上，我們還頗感興趣地提一下另外一件值得注意的事：當時另一種來自西域的點心製造方式也在長安風靡一時，即用芝麻粒裝飾的各種各樣的小點心。從在阿斯塔那發現的一些殘餘物來看，我們可以了解其原來的面貌。」[1]莫尼克·瑪雅爾提出與西域飲食習俗進行比較的觀點很有道理，這些小麵點或其做法，很有可能就是來自於西域，是絲綢之路文化交流的成果。

一九六五年在阿斯塔那65TAM39墓又發現了麵食，有「麵食2塊。其中1塊（65TAM39：11）捲曲如杏皮狀，色微黃，似小蠶繭形，表面上印有較規整的線條紋，可能是在編織物上搓擰時留下來的。長2釐米、寬1釐米。置於死者右肩部。另一塊（65TAM39：23），淡咖啡色，油煎食品，捲曲成筒狀，長4釐米、寬1.4釐米。置於死者右頭頂端」[2]。這個捲曲狀似小蠶繭形而且表面上印有較規整線條紋的食物，當是今天西北地區流傳極廣的「搓魚子」的前身。因形狀像小魚而得名，好吃而且好看，如是，「搓魚子」的歷史將大大前提。

▶圖5-24 絲綢之路重鎮張掖的「搓魚子」

1　莫尼克·瑪雅爾著，耿昇譯：《古代高昌王國物質文明史》，中華書局，1995年，第185頁。
2　吐魯番地區文管所：《吐魯番阿斯塔那古墓區65TAM39清理簡報》，《考古與文物》，1983年第4期。

專家們還認為高昌人的麵食很富有創意，「漢代戍邊士卒一般背負炒麵充飢，高昌人沿襲了北方及西域麵食的傳統，並極大豐富了食用花色。他們或以麵溶水調煮成粥糜食用，還能製作烤餅（饢），包餃子，做餛飩，並在粥糜的基礎上引申出湯餅的吃法（類似今天新疆人吃的揪片子〈一稱湯飯〉）」[1]。

高昌人加工食物的炊餐具也非常豐富，有「鐵鍋等金屬製品」，有「釜、甑、罐、壺、盆、盤、盂、碗等」陶器，「木製餐具有杯、盤、木勺、木鏟等」木器，還有「煮粟飯時常用釜、甑，平底釜則可用來烙餅」，「普遍以木箸進食是他們延續漢族飲食傳統的主要標識之一」[2]。

❹ · 胡食一幟

魏晉時期，高昌人吃胡食非常普遍，從原料、調料到做法，無不充滿胡食之風。由於西域調料的廣泛使用，所食風味多以芳香、辛辣為主，烹調方法是以烤、煮為主。形成一些大受歡迎的菜餚，「胡炮肉」即是其中一例。

「胡炮肉」的具體做法是：「肥白羊肉，生始週年者，殺，則生縷切如細葉，脂亦切。著渾豉、鹽、擘蔥白、薑、椒、蓽撥、胡椒，令調適。淨洗羊肚，翻之。以切肉脂內於肚中，以向滿為限，縫合。作浪中坑，火燒使赤，卻灰火。內肚著坑中，還以灰火覆之，於上更燃火，炊一石米頃，便熟。香美異常，非煮炙之列」[3]。

「胡炮肉」，又稱胡羊肉，是歷代美食家所稱讚的胡食一品，更是往來於絲綢之路上的中外遊人、客商、美食家們之心儀。吃胡炮肉，喝葡萄酒，是魏晉高昌之時尚。

「胡炮肉」中的調味品「渾豉」，即整粒的豆豉。豉的原材料主要有豆和小麥兩種，為豆豉和麥豉。使用渾豉做「胡炮肉」，相對於麥豉來說，菜品的色形更加乾淨清爽，賞心悅目。

1　薛宗正主編：《中國新疆・古代社會生活史》，新疆人民出版社，1997年，第210頁。
2　薛宗正主編：《中國新疆・古代社會生活史》，新疆人民出版社，1997年，第211頁。
3　賈思勰：《齊民要術》卷八，農業出版社，1982年。

中國飲食文化史　西北地區卷

關於豉的起源，《北堂書鈔》卷一百四十六引晉張華的《博物志》稱：「外國有豉法，以苦酒溲豆，暴令極燥，以麻油蒸訖，復暴三過，搗椒屑篩下，隨多少合投之，中國謂之康伯。」張華《博物志》的記載應該是有據所依的，尤其是作為「胡炮肉」的調味品，豆豉從西域傳入完全可能。

「胡羹」同樣是高昌非常有名的一道菜。「胡羹」以羊肉為基本原料，《齊民要術》卷八記載了胡羹的具體做法：「用羊脅六斤，又肉四斤，水四升，煮：出脅，切之。蔥豉一斤，胡荽一兩，安石榴汁數合，口調其味」。羊脅就是羊排，安石榴就是石榴，原出自西域，賈思勰引《博物志》曰：「張騫使西域還，得安石榴、胡桃、蒲桃。」後來「胡羹」傳入內地，成為一道經久不衰的美食。

高昌人擅長吸納融合，他們把從西域引進的「胡食」與當地的食品原料混合搭配食用，形成了新品。如，他們把洋蔥、胡蘿蔔、香菜等西域食品與當地所產的大麥、大米等糧食及肉摻和進去一起煮，成為菜肉粥，至今仍為維吾爾族所喜愛，稱之為「肖克茹希」。

第六章　隋唐五代時期

魏晉南北朝末期，西突厥汗國控制了今新疆和中亞的廣大地區，隋朝積極恢復統轄西域地區，於西元六〇八年打敗了甘肅、青海一帶的吐谷渾，設置西海、河源（今青海北部）、鄯善、且末（今新疆若羌及且末）四郡；西元六一〇年設置伊吾郡（今新疆哈密）；並使高昌（今新疆吐魯番東南）臣服，打開了通往西域的南、中、北三路。為便於管理，隋朝設立了「西域校尉」，負責接待西域各國使臣。

西元六四〇年和西元七〇二年，唐朝在西域以今庫東縣和吉木薩爾兩縣為治所，置安西和北庭兩大都護府，共轄都護府2個、都督府45個、州120個。

隋朝與秦朝一樣，是個十分短暫的朝代。秦朝從統一六國到滅亡前後15年；隋朝從統一到滅亡（西元589-618年）前後不過30年，值得研究的是這兩個朝代之後都是中國歷史上最強盛的朝代，即漢朝和唐朝。

唐朝時期甘、寧、青、新地區十分富饒，誠如司馬光所說：「是時中國盛強，自安遠門西盡唐境萬二千里，閭閻相望，桑麻翳野，天下富庶者無如隴右」[1]。這一時期西北地區曾經發生過若干個重大事件，諸如吐蕃的興起、吐谷渾的衰落、佛教的興起、伊斯蘭教的傳入等，影響著飲食文化的發展。佛教在西北地區的興起，帶動了繁盛的寺院經濟，形成了以素食為主的佛教飲食文化；伊斯蘭教的傳入使穆斯林人口增加，逐漸形成了具有鮮明特色的中國清真飲食文化。[2]在民族大融合的進程中，西北地區的飲食文化更加豐富多彩。

第一節　太平盛世與飲食文化的繁榮

隋朝的生命是短暫的，煬帝的奢靡為後世所指。由他主持的一個奢華大宴也成為飲食文化史上的一個話題。西元六〇九年，隋煬帝從青海到甘肅，為懷柔西域各

1　司馬光：《資治通鑑》卷二一六，中華書局，1996年。
2　林松、和龔：《回回歷史與伊斯蘭文化》，今日中國出版社，1992年，第277頁。

國，遂在燕支山（山丹縣）下大宴西域諸國使者，這就是著名的「魚龍曼延」宴。該宴成為甘、寧、青、新地區級別最高、影響最大、最為奢華，而且是由皇帝主持舉行的國宴，開奢華宴飲之先河。

一、空前絕後的「魚龍曼延」宴

隋朝開國之君隋文帝是個有作為的皇帝，他目睹了北周宣帝宇文贇（yūn）的荒淫奢侈，在他取代了北周之後，實行了一系列的改革，使北方迅速發展起來。隋文帝統治時期人口增長，國家富庶，「中外倉庫，無不盈積」[1]，注曰：「隋氏西京太倉，東京含嘉倉、洛口倉，華州永豐倉，陝州太原倉，儲米粟多者千萬石，少者不減數百萬石。天下義倉，又皆充滿。京都及并州庫布帛各數千萬，而錫賚（lài）勳庸，並出豐厚，亦魏晉以降之未有。」[2]《貞觀政要》說：「比至（隋文）末年，計天下儲積，得供五六十年」之久。一九七一年洛陽發現了隋大業時期的含嘉倉，在探出的259個糧窖中，大的可窖糧一萬多石，少的可窖藏數千石[3]。隋煬帝正是在「戶口益多，府庫盈溢」[4]，「人物殷阜，朝野歡娛」的背景下即位的[5]。憑藉著父輩積累下來的財富，隋煬帝開始了無比浮華奢侈的一生。

隋煬帝一生愛吃、貪游、好色、講排場。大業元年（西元605年）八月隋煬帝第一次巡遊江都，其排場程度令人咂舌，「舳艫相接二百餘裡，照耀川陸，騎兵翊兩岸而行，旌旗蔽野。所過州縣，五百里內皆令獻食，多者一州至百輿，極水陸珍奇；後宮厭飫，將發之際，多棄埋之」[6]。這是一支上萬人的龐大隊伍，由后妃、宮女、尼姑、和尚、軍隊、衛士等組成，沿途還有儀仗隊迎送，鼓樂相伴。「所經州縣，並

1　魏徵：《隋書·食貨志》，中華書局，2008年。
2　杜佑：《通典》卷七，中華書局，1988年。
3　河南省博物館：《洛陽隋唐含嘉倉的發掘》，《文物》，1972年第3期。
4　魏徵：《隋書·食貨志》，中華書局，2008年。
5　魏徵：《隋書·高祖紀》，中華書局，2008年。
6　司馬光：《資治通鑑》卷一八〇，中華書局，1996年。

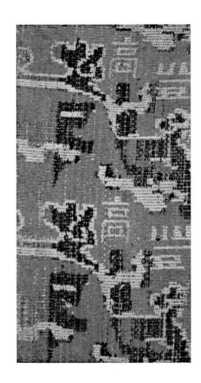

◄圖6-1　織錦，新疆尉犁縣出土
（《新疆尉犁縣營盤墓地
1995年發掘簡報》，《文
物》，2002年第6期）

令供頓，獻食豐辦者加官爵，闕乏者譴至死」[1]，民間苦不堪言。

　　大業五年（西元609年）隋煬帝西巡青海，經大鬥拔谷（今甘肅民樂縣南扁都口）入河西走廊，大會西域諸國使者於燕支山（今甘肅山丹縣）下。為了辦好此次國家級的盛會，隋朝作了大量的前期準備工作，如「衣服車馬不鮮者，州縣督課，以誇示之」，就是要求參加會議和相關的人重新製辦新衣，油漆車輛裝飾馬匹，並且由地方官員親自督辦，以迎接大會的召開。

　　為了加強與西域的聯繫，大葉年中，隋煬帝特地「置西域校尉以應接之」[2]。而當時在河西走廊的「西域諸胡，佩金玉，被錦罽，焚香奏樂，迎候道左。帝乃令武威、張掖士女，盛飾縱觀。衣服車馬不鮮者，州縣督課，以誇示之」[3]。錦罽，一種

1　魏徵：《隋書·食貨志》，中華書局，2008年。

2　魏徵：《隋書·西域傳》，中華書局，2008年。

3　魏徵：《隋書·食貨志》，中華書局，2008年。

▶圖6-2 《漫衍魚龍圖》，山東省沂南縣出土（《漢代人物雕刻藝術》，湖南美術出版社）

西域生產的絲織品和毛織品，上面有圖案，價值昂貴，只有在重大活動時才穿著。

　　燕支山大會盛況空前，據記載：「及帝西巡，次燕支山，高昌王、伊吾設等及西蕃胡二十七國，謁於道左。皆令佩金玉，被錦罽，焚香奏樂，歌舞喧噪。復令武威、張掖士女盛飾縱觀，騎乘填咽，周亘數十里，以示中國之盛。……又令三市店肆皆設帷帳，盛列酒食，遣掌蕃率蠻夷與民貿易，所至之處，悉令邀延就坐，醉飽而散。蠻夷嗟嘆，謂中國為神仙。」[1]各中所說「西蕃胡二十七國」，大體指高昌國、康國、安國、石國、焉耆國、龜茲國、疏勒國、于闐國、汗國、吐火羅國、挹怛（yìdá）國、米國、史國、曹國、何國、烏那曷、穆國、波斯國、漕國等。

　　大會的最高潮是隋煬帝宴請高昌等「蠻夷陪列者三十餘國」的「魚龍曼延」宴[2]。

　　「魚龍曼延」，又作「魚龍漫衍」「魚龍曼衍」，出自《漢書・西域傳》：「設酒池肉林以饗四夷之客，作《巴俞》都盧、海中《碭極》、漫衍魚龍、角抵

1　魏徵：《隋書・裴矩傳》，中華書局，2008年。
2　魏徵：《隋書・煬帝紀》，中華書局，2008年。

之戲以觀視之」。可見「魚龍曼延」實際上是雜技與幻術的相結合，從頭至尾有三個變化過程，開始為龍口吐金塊祥瑞之獸，然後變化為一條大魚，最後化為黃龍，象徵福壽延綿吉祥幸福。「魚龍曼延」既能單獨表演，也能為宴會等場合助興。

遺憾的是隋煬帝「魚龍曼延」宴的菜譜沒有流傳下來，具體內容不得而知。但是，不論從煬帝一貫排場的作風，還是從已經形成的規模、規格來看，其豪華的程度都可以想見。

在與西域各界一系列的聯誼活動中，隋煬帝的各種措施具有足夠的吸引力：對於西域諸商無論吃住分文不取，迎送如賓。對於這種過分的大方，連胡商都感到驚詫。《資治通鑑》記載：「諸蕃請入豐都市交易，帝許之。先命整飾店肆，簷宇如一，盛設帷帳，珍貨充積，人物華盛，賣菜者亦藉以龍鬚席。胡客或過酒食店，悉令邀廷就坐，醉飽而散，不取其直，紿之曰：『中國豐饒，酒食例不取直。』胡客皆驚嘆。其黠者頗覺之，見以繒帛纏樹，曰：『中國亦有貧者，衣不蓋形，何如以此物與之，纏樹何為？』市人慚不能答。」[1]此後胡商蜂擁而至，「所經州郡，疲於送迎，糜費以萬萬計。」[2]致使地方財政捉襟見肘、入不敷出。

對於隋煬帝此次在西北地區進行的盛大國事活動，後世人客觀地總結了其積極正面的作用，有專家認為這是一次展示國力、促進交流的成功之舉，[3]並收到了預期效果。這年冬天「三十餘國」使節和朝貢者不遠萬里來到東都洛陽[4]，其遠期作用不可低估。他們向隋政府進貢了名貴的方物，也把所在地的文化以及飲食習俗帶到了內地，極大地促進了內地與西域諸國的交流和眼界的開闊。

1　司馬光：《資治通鑑》卷一百八十一，中華書局，1996年。
2　魏徵：《隋書·食貨志》，中華書局，1973年。
3　李明偉：《隋唐絲綢之路》，甘肅人民出版社，1994年，第21-22頁。
4　魏徵：《隋書·西域傳》，中華書局，2008年。

二、盛唐氣象與胡食之風

隋朝是個短命的王朝，不足40年就被中國歷史上最強盛的唐朝所替代。唐朝是我國歷史上最開放大氣的一個王朝，通過絲綢之路，不遠萬里來到中國的胡商們，他們善於把握商機，既販賣珠寶，也開酒肆飯店，來自西域的「胡食」此時大規模地進入了大唐帝國。

❶·胡食大興

對於胡食的文化意義，學者徐興海先生認為：「到了唐朝，胡漢民族已經經過了長時期的雜處錯居，在飲食風俗習慣上由相互排斥、相互碰撞到相互學習、互相吸收，並最終趨於大同，這一過程使中國傳統的飲食文化更加豐富多彩。」他還提出這種交流過程的特點是：「漢族接受胡族飲食時，往往滲進了漢族飲食文化的因素，如羊肉的吃法，便加進薑、桂、橘皮作香料，去掉羶腥以適合漢人的口味。而漢人飲食在胡人那裡也被改造。這種吸收與改造，極大地影響了唐朝及其後世的飲食生活，使之在繼承發展的基礎上最終形成了包羅眾多民族特點的中華飲食文化體系」。

西北地區的飲食文化從來都不是孤立地發展，有著與外界交流的歷史傳統，特別是絲綢之路的開通，極大地豐富了中國本土的飲食生活。最先享受到西域飲食的西北地區，他們有意識地將一些具有西域特色的食料陸續引進，例如冠以「胡」字的胡豆，又名蠶豆。《本草綱目》雲：「此豆種亦自西胡來，雖與豌豆同名、同時種，而形性迥別。」《太平御覽》雲：「『張騫使外國，得胡豆種歸。』指此也。今蜀人呼此為胡豆，而豌豆不復名胡豆矣。」還有胡蔥，亦名蒜蔥、回回蔥、凍蔥，辛溫無毒。能溫中下氣，消穀能食，具有很好的食療作用。

「胡食」在唐朝名噪一時，特別受到王公貴戚的青睞，「貴人御饌，盡供胡食」[1]。在眾多的「胡食」當中，尤以「胡餅」最具特色。

1　歐陽修：《新唐書·輿服志》，中華書局，1975年。

胡餅在漢朝就已經傳入內地，漢代劉熙《釋名·釋飲食》稱：「餅，並也，溲麵使合併也。胡餅作之大漫沍（hù）也：亦言以胡麻著上也。」並且還列舉了「蒸餅、湯餅、蠍餅、髓餅、金餅、索餅」等。

唐朝人吃胡餅是當時的飲食時尚，並且有許多相關的故事流傳朝野。相傳武則天當政時，官居四品的張衡，已經通過考察準備進入三品。但就在退朝的路上，「路旁見蒸餅新熟，遂市其一，馬上食之，被御史彈奏。」武則天知道後立即降敕：「流外出身，不許入三品」[1]。張衡為吃胡餅而丟官的故事近乎於天方夜譚，這只是唐代筆記小說中的一段逸聞，但是反映了市井市肆胡餅流行確是事實。

又載，安史之亂，唐玄宗西逃至咸陽集賢宮時，正好趕上「日向中，上猶未食，楊國忠自市胡餅以獻。」[2]說的是唐玄宗在逃命的路上吃的也是胡餅。可見胡餅在當時隨處可見，是尋常小吃。唐代大詩人白居易一首有關胡餅的詩《寄胡餅與楊萬州》，更為後人廣泛引用：「胡麻餅樣學京都，麵脆油香新出爐。寄與飢饞楊大使，嘗看得似輔興無。」

胡餅，被認為「胡餅即芝麻燒餅，中間夾以肉餡。」[3]亦可以認為是餡餅。關於胡餅的製作方式，飲食專家王賽時先生認為：「在唐朝，胡餅一般是在爐中或其他類似炊器中烤熟的餅」，實際上就是烤餅，但有一個發展過程，「胡餅系漢朝延續而來的食品，原為西域風格，至唐時輾轉流變，製型及加工方法可能會有較大的變化：由於地域不同，餅的大小及式樣也不一致」，胡餅有加油與不加油之分，大與小之別。考古工作者於「1969年在新疆吐魯番阿斯塔那唐朝墓葬中曾出土一枚直徑19.5釐米的麵食，估計便是當時西部流行的大型胡餅」[4]。這種大型的胡餅叫「古樓子」。據說當時是「時豪家飲次，起羊肉一斤，層佈於巨胡餅，隔中以椒豉，潤以

1　張鷟：《朝野僉載》卷四，中華書局，1979年。

2　司馬光：《資治通鑑》卷二一八，中華書局，1996年。

3　徐興海主編：《中國食品文化論稿》，貴州人民出版社，2005年，第101頁。

4　王賽時：《唐代飲食》，齊魯書社，2003年，第4頁。

酥，入爐迫之，候肉半熟食之，呼為『古樓子』」[1]。這個「古樓子」就是夾肉餡的大餅。

胡餅在民間流傳歷史長、名氣大、食用範圍廣。自從西域傳入以來，最先流行於西北地區，在成為家喻戶曉的美食之後，又傳入內地。

鏵饠，亦寫作「畢羅」，是西北地區流行一種飯食，由西域傳入，不但口感好而且品種繁多，如蟹黃畢羅、羊腎畢羅等，頗受人們的喜歡。鏵饠是「把米飯與肉類或蔬果拌和煮成的飯食，類似於今天的八寶飯。相傳係是由『蕃中』畢氏、羅氏好食此味而傳入京華。⋯⋯唐代在京師就設有專賣畢羅的畢羅店，一些文人舉子頗有到畢羅店就食。則畢羅不僅流行於宮廷及貴族公卿之家而已。但亦有人釋畢羅為麵食」[2]。蕃中，主要指西北地區的青海一帶，因吐蕃而名。唐朝詩人對蕃中多有描寫，如唐代法學家呂溫有《蕃中拘留歲於回至隴石先寄城中親故》的詩文[3]，大詩人白居易的《縛戎人》中有「一落蕃中四十載」的詩句。

由於唐代是麵食與粒食並行，因此，把畢羅釋為麵食大概是對不同做法的認識。唐代用米既煮飯，也熬粥，熬粥是粒食最常見的烹調方法。米亦可加工成粉。

唐朝餅的種類非常豐富，除「胡餅」以外，還有「蒸餅、煎餅、胡餅、曼頭餅、薄夜餅、喘餅、渾沌餅、夾餅、水溲餅、截餅、燒餅、湯餅、煮餅、索餅、鳴牙餅、糖脆餅、二儀餅、石敖餅等，多達幾十種。」這些餅的命名，「或以加工方法而論，或以形狀而定，其中還可囊括包餡類的各樣麵食。在餅類主食中，唐人食用最多的是蒸餅、煎餅、胡餅和湯餅」[4]。

❷．寒具之食

唐朝麵食相當的發達，除了餅食之外，西北地區還盛行一種叫作「饊子」的食

1　王讜：《唐語林》卷六，北京燕山出版社，1998年。
2　徐連達：《唐朝文化史》，復旦大學出版社，2004年，第2頁。
3　呂溫：《全唐詩》，上海古籍出版社，1986年，第924頁。
4　王賽時：《唐代飲食》，齊魯書社，2003年，第2頁。

◀圖6-3　饊子，西北地區著名的清真食品

品。

　　「饊子」作為古食由來已久，「饊子」又作「柵子」，係油炸食品。「饊子」雖然是冷食，但在唐朝卻是宴會上的重要麵點。饊子，又稱「細環餅」「捻頭」，是油炸食品，不容易腐敗，有利於存放。古代有「一月寒食，三日斷火」的習俗，在寒食節裡不動火做飯，所以家家都要準備些油炸食品，既宜於涼吃又耐餓，故又稱之為「寒具」。饊子便是其中之一。在甘肅還有用五穀雜糧炒熟後，再搭配一些乾柿子皮磨成粉叫作「炒麵」的食品，在這一天吃。至今仍然是甘、寧、青、新地區主要的傳統食品。晚唐詩人張友正在《寒食日獻郡守》中寫道：「入門堪笑復堪憐，三徑苔荒一釣船。慚愧四鄰教斷火，不知廚裡久無煙」。

　　寒食節，是中國最古老的節日，據說是為了紀念春秋晉文公時的介子推而沿襲成俗，距今已有兩千多年的歷史。唐人孟雲卿的《寒食》稱：「二月江南花滿枝，他鄉寒食遠堪悲。貧居往往無煙火，不獨明朝為子推。」唐朝特別重視寒食節，開元二十年（西元732年）發布敕，「寒食上墓，宜編入五禮，永為恆式」[1]，將寒食掃墓變成了國家法令。

　　盛唐時期的節日名目繁多，放假日也多，一年之中有一一七個節日。元宵節、端午節放假一天，而「元正、冬至各給假七日，寒食通清明四日」[2]。寒食是僅次於元日、冬至的重要節日。

1　劉昫：《舊唐書》，中華書局，1975年，第198頁。

2　李林甫：《唐六典》，中華書局，1992年，第35頁。

三、葡萄美酒與「炙牛烹駝」

在中國歷史上唐朝社會的開放程度，接受外來文化的熱情，以及寬厚的人文情懷都是後來的王朝難以比擬的。學者徐連達先生將武則天至玄宗開元天寶年間界定為盛唐階段，是唐文化發揚光大的燦爛時期。[1]武則天當政時期經濟發達國家富強，其晚年人口達到六一五萬六一四一戶，是唐太宗初年二百萬戶的三倍，為唐朝人口發展的第一個高峰。相對安定的政治環境促進了社會經濟的繁榮發展，出現了前所未有的大唐盛世。大唐帝國以博大胸懷對外採取了一系列相對寬鬆、開放的政策，使外國人對大唐更加嚮往，他們相互串聯，不遠萬里紛至沓來。在繁榮的絲綢之路上，你可以看到東西方文化的交流，國語與外語並存、國樂和胡樂同奏、胡姬與漢女爭妍，各色人物彙集一堂，洋洋大觀。這一時期，飲食文化獲得長足的發展，出現諸多文化亮點。

葡萄酒，西北區的佳釀，在唐朝得到了前所未有的重視。據《冊府元龜》卷九七記載，唐初就已將西北地區高昌的馬乳葡萄及其釀酒法引入長安，唐太宗親自監製，釀出八種色澤的葡萄酒，引發了全社會的追逐，尤為文人雅士們的喜愛，成為歌詠的重要素材。文人善聚豪飲，作詩酬唱，讚美飲食，此為是唐代飲食文化的一大特色。

詩人用自己的體驗吟詠葡萄酒，讚美葡萄酒，留下了美酒詩文的千古絕唱。在現存的近五萬首唐詩中，內容涉及酒的就有五千多首，占整個唐朝詩的十分之一。其中就有不少與西北地區關係密切。如岑參的《酒泉太守席上醉後作》一詩：

> 酒泉太守能劍舞，高堂置酒夜擊鼓。
>
> 胡笳一曲斷人腸，座上相看淚如雨。
>
> 琵琶長笛曲相和，羌兒胡雛齊唱歌。

1　徐連達：《唐朝文化史》，復旦出版社，2003年，第20頁。

渾炙犛牛烹野駝，交河美酒金叵羅。

三更醉後軍中寢，無奈秦山歸夢何。

這是唐肅宗至德二年（西元757年）詩人岑參從西域東歸路經酒泉時，滿懷激情寫下的名篇。在這篇名作中，我們感受到濃郁的西域風情，賓主共聽「胡笳」演奏，看「胡雛」唱歌，主賓共享烤全牛和野駱駝，品飲著西域交河盛產的葡萄酒，在夢中思念著秦嶺家鄉。

唐朝的炙品有許多品種，「炙牛烹駝」是唐朝流行飲饌「炙品」中的一個。炙就是烤，渾炙，即全烤，近乎於原始的烹飪方式，特別適合唐朝人大氣開放粗獷瀟灑的氣質。據說當時用來「行炙」的有牛、馬、驢、羊、鹿、鵝、蛙、魚、蠔、蚌蛤、蝤蛑（qiúqí）、大貊、茄子等。「衣冠塚名食」中有「蛇峰炙」，韋巨源燒尾宴上有「昇平炙」，懿宗皇帝賜同昌公主有「消靈炙」等。「炙牛烹駝」與葡萄美酒已成為絲綢之路上最具標誌性的美食。

唐代詩人們還以葡萄美酒寄詩，直抒胸臆，表達憂國憂民之情。如鮑防的《雜感》：

「漢家海內承平久，萬國戎王皆稽首。

天馬常銜苜蓿花，胡人歲獻葡萄酒。」

苜蓿，為張騫通西域所引進，在西北地區廣為種植，是牲畜最喜吃的飼料，以「牧草之王」著稱。詩人委婉表述儘管天下太平，周邊諸國臣服，胡人年年獻上香醇的葡萄酒，但在歌舞的景象之下卻孕育著危機。

邊塞詩人王翰的《涼州曲》把西北的邊塞詩推到極致：

「葡萄美酒夜光杯，欲飲琵琶馬上催。

醉臥沙場君莫笑，古來征戰幾人回。」

描摹出邊塞將士在艱苦荒涼的邊塞痛飲美酒的豪放曠達情懷，以及將士們氣貫長虹、視死如歸的英雄氣概。

唐朝飲酒風氣之盛表現在豐富多彩的酒器上，其中有杯、盤、碗、盞、樽、杓等。上等的珍貴用具用瑪瑙、琉璃、玉石、金、銀、犀角做成，上面雕鏤著各種動

▲圖6-4　夜光杯，甘肅生產

植物圖飾。日常用具則是陶瓷。瓷器中的精品有越瓷、邢瓷，製作精美絕倫，亦為富貴人家所用。[1]新疆出土的唐朝仕女圖，真實地再現了這一場面。圖6-6中的仕女手持托盤與酒杯，在向他人奉酒，或是獻茶。仕女形象落落大方，一派雍容華貴之氣。

▲圖6-5　唐朝鎏金銅尊

▲圖6-6　《唐朝仕女圖》，新疆吐魯番阿斯塔那墓出土

1　徐連達：《唐朝文化史》，復旦大學出版社，2004年，第17頁。

唐人對飲食要求兼有色、香、味、形、具之美，以及四周環境的舒適幽雅。飲食時還與音樂舞蹈、歌唱、行令、賦詩等穿插在一起，給宴會增添種種樂趣，從而形成一種時代的飲食風韻。可謂是一種有品位的物質與文化藝術的享受。[1]

第二節　宗教與飲食文化

由宗教信仰而產生的飲食習俗既是宗教文化的主要構成，同時也是甘、寧、青、新地區飲食文化的顯著特色之一，其中以佛教飲食文化、道教飲食文化和清真飲食文化最具代表性。

一、佛教飲食文化

唐代是我國佛教發展的鼎盛時期，在開元年間（西元713-740年），達到5358所[2]，僧尼就達20餘萬[3]。信徒遍及天下。

西北地區是佛教最早傳入的地區，中國佛教一路由海上絲綢之路傳入，一路由陸路絲綢之路傳入，傳入中土規模最大的是經西北地區河西走廊的陸路絲綢之路，這裡是早期佛教傳入和學習佛教的地區。據有關專家考察，整個魏晉南北朝時期前往西方取經的僧人竟達「數以萬計」[4]，根據學者張弓先生的研究，唐朝西北地區不完全見於記載的大寺就有三十餘座[5]，還不包括一些小的寺院。例如，近期新疆和田達瑪溝佛寺考古新發現就表明「于闐是我國佛教入傳的必經之地，原本

1　徐連達：《唐朝文化史》，復旦大學出版社，2004年，第17頁。
2　李林甫：《唐六典》卷四，中華書局，1992年。
3　張弓：《漢唐佛寺文化史》，中國社會科學出版社，1997年，第109頁。
4　馬曼麗、樊保良：《古代開拓家西行足跡》，陝西人民出版社，1987年，第34頁。
5　張弓：《漢唐佛寺文化史》，中國社會科學出版社，1997年，第86頁。

盛行小乘佛教，然而至5世紀初盛行大乘佛教，成為古代西域大乘佛教的中心，也是中原大乘佛教的策源地」[1]。而著名的新疆拜城縣克孜爾千佛洞更是譽滿全球的絲路瑰寶。

佛教徒們在溝通中外關係的同時，也把佛教的飲食文化帶到了中國，在佛教長時期盛行的影響下，形成了以素食為代表的佛教飲食體系。

❶ ·「年三月六」與持齋禁忌

在佛教的修習中，通行「年三月六」的持齋。「年三」即在一年之中的正、五、九月的「三長齋月」裡，從初一到十五蔬食齋戒；「月六」是指每個月的六個齋日，即在每月的初八、十四、十五、二十三、二十九、三十日，也是要吃素持齋的。[2]

今天的佛教飲食，毫無疑問是素食，但是，在唐朝以前卻不能一概而論。飲食文化專家姚偉鈞先生說：「需要指出的是，在中國的蒙、藏地區，由於蔬菜種植不易，不吃肉就難以生活，所以這些地區的佛教徒一般都吃肉，這是屬於特殊環境下的『開戒』」[3]。民以食為天，人的生存是第一位的，這些宗教的教規與戒律，體現了鮮明的人本思想。

佛教飲食忌「五辛」。何為「五辛」？《本草綱目·菜部》曰：「昔人正月節食五辛以辟癘氣，謂韭、薤、蔥、蒜、薑也。」「佛家以大蒜、小蒜、興渠、慈蔥、茖蔥為五葷」。

興渠，又稱阿魏、阿虞、薰渠、哈昔尼、雲薹等，有人認為「興渠」是印度的一種香料，也有人認為是一種近似於芫荽的植物。芫荽就是香菜，一般用作調味，從佛教忌口來看應該是香菜之類比較合理。

佛教忌口的規矩來源於古代印度，根據玄奘法師所見，在信奉佛教的古印度，日常飲食「蔬菜則有薑、芥、瓜、瓠、葷陀菜等。蔥蒜雖少，啖食亦希，家有食

1　巫新華：《新疆的和田達瑪溝佛寺考古新發現與研究》，《文物》，2009年第8期。

2　僧佑：《弘明集》卷十三，中華書局，2011年。

3　姚偉鈞：《中國傳統飲食禮俗研究》，華中師範大學出版社，1999年，第138頁。

者，驅令出郭」[1]。老百姓的生活尚且如此，何況佛門之人？可見忌口是佛教徒必須遵守的戒律。

蒜有大小之分，小蒜，又名茆菜。味辛，溫，有消食理胃，溫中除邪之功效。《說文》：「蒜，葷菜」，指的是小蒜。小蒜作為調味品在我國使用很早，至少可追溯到夏代。《大戴禮記・夏小正》載：「十二月：納卵蒜。」卵蒜即小蒜，卵者小蒜之根。《爾雅・釋草》：「蒚，山蒜。」蒜亦為葷菜。小蒜原產我國為山蒜，後人工移植，在古代為主要調味品。隨著大蒜的傳入，小蒜的調味功能日漸淡化，目前西北區只有部分農村還在食用，大多數地方已不再食用。

大蒜，又名葫、葷菜。味辛，溫，有袪風化毒、消食化肉之功效。大蒜原產自西域，是絲綢之路開通後才傳入我國的。李時珍《本草綱目》「葫」下曰：「按孫愐《唐韻》雲：『張騫使西域，始得大蒜、葫荽。則小蒜乃中土舊有，而大蒜出胡地，故有胡名。二蒜皆屬五葷』。」據知大蒜稱葫者，乃西域產物。蒜具有殺毒功效，故可以生食、醃食，又可去腥，在烹炒畜禽時多用。

❷・淡雅素齋

素食，中國傳統的飲食方式之一，以佛教獨特的飲食體系最具代表性。在以素食為先決條件的限制下，烹飪原料相對較少，使得佛家非常注重烹飪技藝的特色化、精細化。在花色品種上推陳出新，在味覺上追求清雅香淡，形成了獨樹一幟的佛門素食。

佛教素食從東漢發端，經過歷代僧廚的不斷努力，最終形成了極具特色的素菜主流。有以下三大特點：「其一，清鮮淡雅，擅烹蔬菽。佛寺素菜製作的主要原料有瓜果鮮蔬、三菇六耳、豆類製品等。這些四季時蔬清淡素淨，給人以新鮮脆嫩的感覺；軟糯的麵筋豆皮之類，給人以爽口的感受；香味醇厚的菇類，給人以鮮嫩馨香的口味。其二，工藝考究，以素托葷。南北朝至隋唐時，佛寺素菜使用的原料雖

1　玄奘撰，周國林註譯：《大唐西域記》，岳麓書社，1999年，第106頁。

中國飲食文化史　西北地區卷

▶圖6-7、圖6-8　甘肅敦煌莫高窟

然比較平常，但工藝考究的製作，能使素菜豐富多彩。山珍海味及雞鴨魚肉，都可用素料來仿製。其三，歷史悠久，影響至今。佛寺素菜尤其是專門針對俗人香客的飲食，在對外經營的過程中由單一發展至多樣，由純素到仿葷，完成了由寺內到寺外的發展過程。源於唐朝的許多佛寺名菜，至今仍在烹壇上占有重要位置，為人們所喜食，如『桂花鮮粟羹、桑蓮獻瑞』等，這些名菜都有其特定的飲食文化內涵，命名也很雅緻。」[1] 南北朝以來不少寺院就闢有專門的寺院素食向社會開放，廣結善緣弘揚佛法，當時北朝寺院經濟的主要來源之一就是接納俗客。

1　姚偉鈞：《中國傳統飲食禮俗研究》，華中師範大學出版社，1999年，第138-139頁。

❸·敦煌佛門的特例

　　敦煌不僅僅是絲綢之路上的重鎮，也是西北地區佛教最發達的地區之一。但敦煌佛門有一些很特殊的規定，與內地迥異。其一就是僧人的飲酒。

　　佛教的齋戒非常嚴格，規定：「1.不殺生、2.不偷盜、3.不非凡行、4.不妄語、5.不飲酒、6.不著香燻衣華鬘、不香油塗身、7.不歌舞唱伎及往觀聽、8.不坐臥高廣大床、9.不非時食」。所說「不非時食，不是戒而是齋，不非時食稱為齋，過中午不食稱為持齋，過了中午而食稱為非時食」[1]。而敦煌的僧人卻可以在寒食節裡解齋喝酒、踏歌、設樂。高啟安先生的研究表明在「歲日期間僧人們解齋要喝酒，因此，寺院在大歲前還要支出節料臥酒，以備歲日解齋時吃用，如P.230V（此為文書編號）：『麥玖斗，粟壹碩貳斗，臥酒冬至節料及眾僧用』（465行）（此為文書編號），『油肆斗玖勝，歲會眾僧節料用』等」[2]。僧人與信眾共度佳節，其樂融融。說起來，這應該是特殊環境下的一種做法。敦煌地處河西走廊，與沙漠為鄰，地高土涼天氣寒冷。寒食節來臨之際內地已是初春時分，而在河西走廊西端的敦煌依舊是漫天飛雪的嚴冬，因此，在冬去春來之際寺院開齋，讓僧人喝些酒以送走最後的冬天，當出於生活環境的需要，卻蘊涵著深切的人文關懷。

　　敦煌的僧人喝酒，可能是個個案，其他地區並無此例。我們在吐魯番出土的文書記錄中，記有高昌竺佛圖等僧人的供食單，全部都是素食，如「竺仏圖傳，麵五斗六升，床米九升，……十三日，合用麵五斛六斗，床米九斗」[3]。如此說來，敦煌佛門確是個特例。

　　敦煌佛門的另一特例是，寺院不負責供應僧人們的日常飲食。我們知道內地的僧人一日三餐均是由寺院供應的，包括遊方的僧尼。而當時敦煌的僧尼卻沒有這樣的慣例，「敦煌僧人的日常飯食不由寺院供應」[4]，而是自己解決。但在特定的情

1　湛如：《敦煌佛教律儀制度研究》，中華書局，2003年，第134頁。

2　高啟安：《唐五代敦煌飲食文化研究》，民族出版社，2004年，第382頁。

3　《吐魯番出土文書》第三冊，文物出版社，1981年，第250頁。

4　郝春文：《唐後期五代宋初敦煌僧尼的社會生活》，中國社會科學出版社，1998年，第168頁。

中國飲食文化史　　西北地區卷

況下例外，也許遇有法事活動、當寺僧役、寺院事務和世俗節日等，包括田務、園務、修造、窟上、加工、清倉等六類活動。敦煌法門的這種特例，也許是受到當時敦煌發達的經濟氛圍影響使然。

二、道教飲食文化

隋唐五代時期甘、寧、青、新地區的道教飲食文化同樣頗具特色。對中華傳統文化的發展起著重要作用。道教以老子為尊，以《道德經》為要，五千言的《道德經》是中國傳統哲學的重要組成部分。道教在李氏唐朝是作為國教而存在，開元年間（西元713-740年），天下總道觀一六八七所，其中女道觀五五〇所。西北地區有許多道教的仙山，如甘肅的崆峒山、興隆山、寧夏的天都山等，有名氣的道觀六十多座，其中甘肅省最多，以元代建成的玉泉觀為代表，距今已有七百多年的歷史。李唐推崇老子，給予老子極高的禮遇。唐高宗於乾封元年（西元666年）追號老子為「太上玄元皇帝」，「天寶五年（西元746年）二月十三日，太清宮使、門下侍郎陳希烈奏：『大聖大祖元元皇帝（老子）以二月十五日降生，既是吉辰，請四月八日佛生日，准令休假一日。』從之。」[1]這是說從天寶五載開始，每年老子生日的二月十五日也要和四月八日佛的生日一樣，休假一天，足見道教先祖在李唐王朝的重要地位。

李姓源於老子李耳，分為「隴西李」和「趙郡李」兩大郡望。其中建唐李氏的一支屬「隴西李」，源出甘肅天水的飛將軍李廣，從李廣到李淵一脈二十三代，是李氏的主幹。由於隴西李的地位所在，因此唐朝時西北地區的道教相對發達，由此也帶來了內容豐富的道教飲食文化。

❶·道法自然　和合五味

1　王溥撰：《唐會要》，中華書局，1955年，第1519頁。

▶圖6-9　老子過函谷關曾經布道
　　　　於甘肅的天水一帶

　　道教飲食文化的核心是清靜無為，道法自然，遵守自然規律，希冀天人合一。道教進食是以簡單樸素、吃飽為標準，不追求奢華。

　　老子說「甘其食，美其服，安其居，樂其俗」[1]，成為後來道教一切行動的指南，也是飲食生活不可踰越的標準。敦煌發現的《老子說法食禁誡經》中就有「凡食皆不得求其精細，凡食皆不得食有餘。」「凡道士皆當隨分精應，不得心生貪求甘美諸味」的規定。[2] 意思是說粗茶淡飯是根本，只要有飯吃，能吃飽就行，不需要也不允許追求甘美諸味以滿足口舌之慾。

　　老子是周朝的史官，晚年的老子見周王室衰微，遂棄官西去。離開京城的老子，一路西行，看到了天人之際的變化，回歸到天人合一的最高境界。他提倡樸素的粗食觀，嚴格規定飲食的禁忌。

　　根據學者高國藩先生的整理，敦煌《老子說法食禁誡經一卷》中就有三十五條

1　老子：《道德經‧八十章》，線裝書局，2007年。

2　高國藩：《敦煌俗文化學》，上海三聯書店，1999年，第200～201頁。

飲食禁誡，嚴格規定了道家日常飲食的諸般戒律，清楚地表明了道家的飲食觀。一是主清潔。在三十五條中，有相當多的條規都是這方面的內容。如「凡食皆須清淨」「米麥餅果落穢處來勿食」「犯灰土勿食」「非清潔器具勿食」等。二是主粗食，倡節儉。如「凡食皆不得求其精細」「凡食皆不得食有餘」（即不能剩飯）「不得心生貪求甘美諸味」「凡道士食竟，餘悉散施，勿得貯積」等。三是食之有道、食之有禮。如「食從盜（家）來勿食」「非法食勿食」，若「道士臨食」時，見「賢人」「老病」「飢寒」者等，都要「先當與之」。這些非常具體的道家食規，約束了道人的飲食行為規範，使人守法、健康延壽。老子認為：「道士凡食，能持此禁誡，常不違犯，諸天為人延年益壽，增添衣食，世世繁昌，求享自然」。高國藩先生認為：「三十五條道教飲食禁誡，它是中古時代民間飲食風俗的表現，它表現了民間飲食的粗食觀之特徵」,[1]對於中國人粗茶淡飯的做法有著深遠的影響。道教粗食主張是中國傳統樸素節約美德的最古老的理論支撐。

道教還有飲食「十戒」，「十戒」中有戒酒、戒色、戒貪慾、戒殺生、戒貪味等[2]。同樣規定飲食有度，不可過量、過奢，例如「食以飽為度，味以適為期。供食一如齋食，不得葷穢，犯者，五刑論究」[3]。再次表明了道教斥奢守正的飲食觀。

對比佛、道兩家忌口的食物品種，我們發現一個很有意思的現象，即佛教忌蔥，而道教不忌蔥，道教戒律規定：「凡菜，齋食所賢，當除五辛之外，時有名菜瓜瓠之屬，皆須種植。」[4]這是為什麼呢？

蔥，屬於辛味調味品，又名茖、菜伯、和事草。蔥作為一種調味品，其用途極廣，幾乎可以與所有菜餚搭配，明代李時珍說它是：「諸物皆宜，故雲菜伯、和

1　高國藩：《敦煌俗文化學》，上海三聯書店，1999年，第200-201頁。

2　《要修科儀戒律鈔》，胡道靜、陳蓮笙、陳耀庭選輯：《道藏要籍選刊》第八冊，上海古籍出版，1989年，第410頁。

3　《要修科儀戒律鈔》，胡道靜、陳蓮笙、陳耀庭選輯：《道藏要籍選刊》第八冊，上海古籍出版社，1989年，第449頁。

4　《洞玄靈寶三洞奉道科戒營始》，《道藏要籍選刊》第八冊，上海古籍出版社，1989年，第517頁。

事」[1]。道教不忌蔥者，不在葷素，關鍵在於這個「和」字，在於蔥適宜與所有的菜蔬搭配，並融入其中為其調味，助其鮮香。蔥的這種廣泛的適應性、和諧性被道家賦予了哲學性的內涵，即是「和」字。就是道教一脈相傳的「和為貴」思想。

「和」即「合」，亦稱「和合」。所說和合，乃是中華傳統文化重要內核之一的「尚和」，中國人認為「天微以成，地塞以形。天地合和，生之大經也。」[2] 指的是天與地之和合，才有萬物。漢初大思想家陸賈在總結秦亡的經驗時說：「乾坤以仁和合」[3]。有了仁政，才會有天地萬物之間的「和諧」。

中國飲食文化的核心思想之一就是「尚和」，它體現在人文方面，是崇尚和諧，以食求和；體現在烹飪技術方面，則是追求「五味異和」「五味六和」，與道教傳統的「尚和」理唸完全吻合。道教主張要在人與自然的平衡中求得發展，認為天、地、人是聯繫在一起的，提倡「只有人與天與地通力合德，才能夠使宇宙間充滿創造力，帶來萬物的豐饒與和諧」[4]。講的就是天之道與人之道，是一種非常科學的生態觀，也是中國飲食文化的中心哲學思想。

西北地區道教的飲食特點之一，就是在道教食規的範圍內，立足於自己生產和道觀所在地出產的糧食以及蔬菜瓜果為主。以著名的崆峒山為例，道觀所用食物基本可以自給。五穀是主食，蔬菜瓜果是副食。蔬菜品種有：蕨菜、蘑菇、虎瓜、蔓菁、百合、金針、苦茶、苜蓿、苔灰、斜蒿等。其中「蘑菇」，大的叫羊肚菜，「金針」又稱黃花菜；野生的苔灰，又叫做「灰灰菜」，平時採集食用，若是荒年亦可充飢。瓜果品種有：山桃、核桃、杜、杏、冬果、白果、山梨、林檎、野生木瓜、櫻桃、莓子、葡萄等。其中「杜」又稱李子，「林檎」又稱花紅。另外，西北地區的道士們在為他人做禳災、祈福等法事時，依然是隨主家而食，吃飽就滿足，沒有特殊的要求。

1　李時珍：《本草綱目》，華夏出版社，1998年，第1062頁。
2　呂不韋：《呂氏春秋·有始篇》，中華書局，1986年。
3　陸賈：《新語·道基篇》，中華書局，1986年。
4　卿希泰、姜生：《「天之道」與「二人之道」——道家倫理的二無結構及對中國倫理的影響》，《道家文化研究》第十六輯，生活·讀書·新知三聯書店，1999年。

❷ · 清心寡慾　辟穀求仙

道教重視人的生命，注重養生，追求長生不老，特別是主張通過「絕穀」「休糧」，以求長生成仙。

什麼是「辟穀」？「辟穀」是道教在修練長壽時的功課之一。

最早見於《史記・留侯世家》，稱：「留侯（即秦末漢初時的張良）從入關。留侯性多病，即道引不食穀，杜門不出歲餘」。

「辟穀」究竟吃不吃食物，有兩種不同的看法。周世榮先生認為：「辟穀」又叫「卻穀」；它散見於《抱朴子》《赤松子》《黃庭經》和《聖濟總錄》等古籍。所謂「辟穀」就是不吃五穀，通過服氣，即呼吸空氣來維持生命，它是一種古老的氣功術式。[1]

也有一說是：「不吃穀物的人，可以食石韋。石韋是道教辟穀最常用的草藥。每月初一，服食一節石韋。以後每日增加一節劑量，直到十五日為一個階段。十五月圓以後，每日再減少一節。至月終，又恢復到月初的劑量與月圓月缺的變化遞增、遞減而趨向進退」[2]。不論吃與不吃，其目的都是為了健身長壽。

唐人好仙道尚老子，尤其喜歡食用與長壽相關的胡麻飯，如當時甘肅崆峒山的道士就非常喜歡吃胡麻飯。究其原因就在於「胡麻飯、麟脯、仙酒，這三樣東西都是常人心目中的仙家食品，為他們所不易或不能得到的，所以在敘述中表現了一種嚮往之情」[3]。經驗證胡麻確實有「久服輕身不老，明目耐飢，延年」之功效[4]。胡麻亦可作為美容的食材，胡麻與杏仁經過調製後，令人面色光潤白皙。還有石髓，即石鐘乳，味甘，性溫，無毒。有治寒熱、欲不消、皮膚枯槁以及能延壽等功效，多為喜道好仙者服用。

道教注重養生，亦重養德。道教主張清心寡慾，行善積蔭。東晉的道教學者葛洪曾說：「然諸道戒，無不雲欲求長生者，必欲積善立功，慈心於物，恕己及人，仁逮昆蟲，樂人之吉，憫人之苦，賙人之急，救人之窮，手不傷生，口不勸禍，見人之得如己之得，見人之失如己之失，不自貴，不自譽，不嫉妒勝己，不佞諂陰賊，如此乃為有德，受福於天，所作必成，求仙可冀也。」[1] 欲想得道，必先修德，反之亦然。

西北地區的道教同樣以「辟穀」為傳統，同時也吃食物。據文獻記載，西北地區的道教在「辟穀」修行時主要吃「黃精」，以山陽者為最好；還要吃補氣益肺的「黃瓜」，以及「柏子仁」「玉麟脯」「鳳凰草」「仙人杖」「老翁鬚」「筆管草」「補補丁」，和代茶而飲的石韋等。[2]

道教把修身養性與養生健身和諧地統一起來，正如後人宋代名醫寇宗奭所言：「夫善養生者養內，不善養生者養外。……善養內者實內，使臟腑安和，三焦各守其位，飲食常適其宜」[3]。

三、清真飲食文化

清真飲食文化是唐朝飲食生活中的一大亮點，尤其是西北地區的一大亮點。

❶ · 伊斯蘭教的傳入與清真飲食文化的形成

強大的唐朝實行了大氣平等的民族政策和對外開放的開明國策，感召著四夷來朝，八方進貢。為促進國際間的交流，大唐政府還採取了專人接待外來使者的優待政策。《唐會要》卷一百具體記錄了唐政府對各國來使按路程遠近分別給六個月、五個月、三個月的程糧，以及驛馬、食宿等費用，並尊重各國的風俗禮儀，極大地

1　葛洪：《抱朴子‧微旨》，中華書局，2011年。

2　張春溪：《崆峒山志》，蘭州古籍書店，1990年，第103-105頁。

3　葉顯純選編：《本草經典補遺》，上海中醫藥大學出版社，1997年，第14頁。

吸引著「絕域」的外國前來交流。這一時期，僅南亞、中亞、西亞諸國來朝貢大唐的就有27國之眾，27國之中最少的來過大唐2次，最多的竟達33次。[1]開放的國家政策促進了各民族之間的文化交流，中西間的商貿往來，為西北地區飲食文化的發展注入了新的文化因素。

唐代的甘、寧、青、新地區與阿拉伯帝國交流密切，阿拉伯─伊斯蘭飲食文化就是在這一開放大氣的社會背景下傳入的，經本土化以後，形成中國清真飲食文化，是中國飲食文化中的一朵奇葩。

伊斯蘭教傳入中國的時間，學界一般認為是在唐永徽二年（西元651年），這一年，阿拉伯帝國派使節來到長安，與唐朝建立了正式關係。史界將這一年作為伊斯蘭教傳入中國的開端和標誌。[2]從發展看，「中國的伊斯蘭教是和平傳入。伊斯蘭教是在唐宋時期，通過外來的穆斯林商人傳入中國的，他們來中國的目的不是傳教，而是經商。當時中國海外貿易空前繁盛，統治者對外來商人實行鼓勵和保護政策，為穆斯林商人大量來華創造了條件。他們在中國定居後，保留了自己的宗教信仰，並通過與中國人通婚，繁衍子孫，以及客族同化，緩慢地增加穆斯林人數。他們的宗教信仰開始只被當作一種生活習俗，沒有引起統治者的特別注意，因此沒有被明令禁止，即使在唐武宗斷佛的浪潮下也未受到波及」[3]。因此，中國清真飲食文化得以發展。

受伊斯蘭教教義的規定，信仰伊斯蘭教的民族「禁食豬、馬、驢、騾、狗和一切自死的動物、動物血，禁食一切形象醜惡的飛禽走獸。無論牛、羊、駱駝及雞禽，均需經阿訇或做禮拜的人念安拉之名後屠宰，否則不能食用。因宗教化為習俗，逐漸形成習慣，自成一體」[4]。

1　張澤咸：《唐代工商業》，中國社會科學出版社，1995年，第469頁。

2　穆赤·雲登嘉措：《青海少數民族》，青海人民出版社，1995年，第199頁。

3　米壽江：《本土化的中國伊斯蘭教及其特點》，《伊斯蘭文化論集》，中國社會科學出版社，2001年，第49-50頁。

4　寧銳：《中國回族的飲食民俗》，《伊斯蘭文化論集》，中國社會科學出版社，2001年，第442頁。

今天的中國有十個普遍信仰伊斯蘭教的民族，他們分別是：回族、維吾爾族、哈薩克族、東鄉族、柯爾克孜族、撒拉族、塔吉克族、保安族、烏孜別克族、塔塔爾族。這十個民族的大多數都在西北地區。

回族是西北地區分布最廣的民族，甘、寧、青、新都有回族。

維吾爾族，主要居住在新疆維吾爾自治區的喀什、和田、阿克蘇、庫爾勒、烏魯木齊、伊犁等地。

哈薩克族，主要分布在新疆以及甘肅和青海。

東鄉族，主要居住在甘肅省。

柯爾克孜族，主要居住在新疆維吾爾自治區。

撒拉族，主要分布在青海、新疆、甘肅。

塔吉克族，主要居住在新疆維吾爾自治區。

保安族，主要居住在甘肅省。

烏孜別克族，主要居住在新疆維吾爾自治區。

塔塔爾族，主要居住在新疆維吾爾自治區。

居住在西北地區的這十個信仰伊斯蘭教的民族，他們尊奉著自己的信仰，恪守著嚴格的飲食習俗，在歷史發展的長河中，不斷學習革新，創造了燦爛的清真飲食文化。正如林松、和龑二位先生所說：「舉凡婚喪禮儀，飲食禁忌，以至節氣佳期，所有現存回族特點，無一不發源於伊斯蘭教。」[1]

❷．以養為本、以潔為要、以德為先的飲食思想與踐行

中國的清真飲食文化在發展過程中，經歷了「萌芽時期：唐宋的清真飲食；發展時期：元明的清真飲食；成熟時期：清、民國的清真飲食」三個階段[2]。逐漸形成了以養為本、以潔為要、以德為先的極具特色的清真菜系，甘、寧、青、新地區亦

1　林松、和龑：《回回歷史與伊斯蘭文化》，今日中國出版社，1992年，第101頁。
2　米壽江：《本土化的中國伊斯蘭教及其特點》，《伊斯蘭文化論集》，中國社會科學出版社，2001年，第462、467、470頁。

為佼佼者。

「清真菜的歷史可追溯到唐初，當時中國與海外特別是西域各國通商活動頻繁，不少阿拉伯和波斯商人通過絲綢之路和香料之路來到中國，帶來了穆斯林獨特的飲食習俗和飲食禁忌。之後一部分人遷往華北、江南、雲南等地。隨著中國穆斯林人數的增多，專供穆斯林食用的菜餚、食品品種便迅速增加，同時，因其菜餚風格獨特，也受到許多非穆斯林群眾的普遍歡迎。」[1]

正如《中國清真飲食文化》一書所說：「縱觀1300多年中國清真飲食文化的發展歷程，充滿著創造與輝煌。我們貼近歷史的脈搏，感受著她的律動，在其中，我們分明看到了一條貫穿整個清真飲食文化的主線，那就是『以養為本，以潔為要，以德為先』的思想與踐行，從而極大地豐富了中華民族『醫食同源』（亦稱『藥食同源』）的思想，使穆斯林成為這一傑出思想最成功的踐行者與發展者。」《中國清真飲食文化》還談到，以養為本，就是以營養保健為核心的養生思想；以潔為要，就是注重清潔為要義；以德為先，是誠實守信的商業美德。中國清真飲食文化是和諧的文化，突出體現在四大特點，第一，熱愛生命，愛護生態環境，與大自然相生相依的農牧情愫；第二，尊老愛老的飲食習俗；第三，自我約束，自我節制；第四，與兄弟民族平等相處，共同建設和發展著中國的清真飲食文化。

第三節　吐谷渾、吐蕃、敦煌的飲食文化

甘、寧、青、新地區是歷史上的一個多民族聚居區，因此與人們息息相關的飲食文化在不同程度上被打上了民族的烙印。隋唐五代時期受多民族影響最大的當數吐谷渾、吐蕃、回紇、西夏。

1　楊柳主編：《中國清真飲食文化》，中國輕工業出版社，2009年，第225頁。

一、吐谷渾的飲食習俗

吐谷渾本為遼東鮮卑慕容氏的一支，《隋書·吐谷渾傳》記載：「吐谷渾，本遼西鮮卑徒河涉歸子也。初，涉歸有二子，庶長曰吐谷渾，少曰若洛廆（wěi）。涉歸死，若洛廆代統部落，是為慕容氏。吐谷渾與若洛廆不協，遂西度隴，止於甘松之南，洮水之西，南極白蘭山，數千里之地，其後遂以吐谷渾為國氏焉。當魏、周之際，始稱可汗。都伏俟城，在青海西十五里。雖有城郭而不居，隨逐水草……風俗頗同突厥。」大約在西元294-306年間西遷至今陰山一帶。西晉永嘉末，又從內蒙古南下，向南、向西北發展，逐漸遷至甘肅南部、四川西北和青海湟水流域地區。到了東晉十六國時期，吐谷渾之孫葉延正式建立政權，以祖父吐谷渾之名為其國號。由於吐谷渾在西北地區的勢力所在，因此在隋唐五代時期曾經對這裡的飲食文化產生過重要的影響。

❶·吐谷渾的活動範圍

隋唐五代時期，青海飲食文化受影響最大的就是來自吐谷渾。吐谷渾從西元四世紀進入青海，到七世紀被吐蕃兼併[1]，在長達300年的時間內，吐谷渾的主要活動範圍在今天的青海省。根據史料記載，吐谷渾極盛時在青海的控制範圍，大體上是「自西平臨羌城以西，且末以東，祁連以南，雪山以北」，幾乎占據了整個青海，其勢力西邊達到了且末、于闐一帶，東邊達到了金城（今甘肅蘭州），後敗於隋，投於唐，所謂「東西四千里，南北二千里，皆為隋有。置郡縣鎮戍，發天下輕罪徙居之」[2]。政治中心所在的王城為伏俟城，即今青海省共和縣鐵卜加古城。

吐谷渾作為隋唐時期西北地區的統治者之一，在其強大的時候曾經占據著青海絲綢之路的要道——青海道，也就是「羌中道」的貿易通商，控制著中原對外的交流。正因為有了便利的條件，吐谷渾在當時對內對外的交流都非常活躍，與西域諸

1　青海省志編纂委員會編：《青海歷史紀要》，青海人民出版社，1987年，第71頁。

2　魏徵等：《隋書·吐谷渾傳》，中華書局，1973年。

國的聯繫尤為密切。

吐谷渾作為游牧民族在進入青海後的三百年開發，使青海畜牧業的發展達到了一個新的高峰，對於青海以食肉為主的飲食習俗起著重要的作用。

吐谷渾直到隋煬帝時才俯首稱蕃，於是隋朝在故地「置河源郡、積石鎮。又於西域之地置西海、鄯善、且末等郡。謫天下罪人，配為戍卒，大開屯田，發西方諸郡運糧以給之」[1]，重新控制了青海湖東部和南部。

❷ · 肉酪與青稞並重

吐谷渾是一個游牧民族，逐水草而牧，居帳篷而息。根據現有的資料表明，其飲食習俗是以吃牛羊肉、吃奶酪、喝牛羊奶為主，五穀雜糧為輔。《魏書》稱吐谷渾：「好射獵，以肉酪為糧。亦知種田，有大麥、粟、豆，然其北界氣候多寒，唯得蕪菁、大麥，故其俗貧多富少。」[2]蕪菁，又稱大頭菜、蔓菁等，原產於幼發拉底河和底格里斯河的兩河流域，是外來的蔬菜，性喜冷涼，適宜青海種植。這裡所說的大麥，是指青稞，是青海藏民族地區主要的糧食作物之一，是加工「糌粑」的主要原料，是不可缺少的口糧。一般而言游牧民族的飲食習慣大體都是這樣，主要是指處於游牧漁獵階段，吐谷渾也不例外。

吐谷渾遷徙到青藏高原以後，原有的生產方式和生活方式都有所改變，「由於吐谷渾長期與中原及西域交往，接受了外來文化，逐漸改變了初到青海時的純游牧狀況，促成了漢、羌、鮮卑諸民族的相互融合，使青海廣大牧業區也進入了封建社會的初級階段，封建農奴制開始在牧業區出現」[3]。吐谷渾社會性質的轉變，表現為農耕文化含量的提高，定居成分加大，在飲食結構上潛移默化地向糧、肉並重過渡。

1　魏徵等：《隋書·食貨志》，中華書局，1973年。

2　魏收：《魏書·吐谷渾傳》，中華書局，1974年。

3　張逢旭、雷達亨、田正雄：《青海古代畜牧業》，《農業考古》，1988年第2期。

專家認為這一時期，「西方的吐谷渾吃大麥較多，同時也以肉酪為糧」[1]，即「隨水草，帳室、肉糧」[2]。這裡所說的吃大麥的吐谷渾，應該是居住在農業發達的東部河谷地帶，而其他地區則繼續著傳統的以肉食奶酪為主食，大麥、豆類、蔬菜等為副食的飲食習慣。

二、西北地區的吐蕃人

吐蕃於西元七世紀在青藏高原崛起，並向四周出擊，勢力不斷擴大，乘安史之亂之機，吐蕃攻占了西北地區的河西、隴右等地，坐大成強。

❶ · 文成公主從西北出發入藏

唐朝在青海的勢力是以樂都為中心，西至青海湖。吐蕃興起以後，控制了原吐谷渾牧地，並壓迫唐勢力退至青海東部，繼而與唐朝爭奪陝、甘，[3]成為唐朝的心腹大患。

貞觀十四年（西元640年）唐與吐蕃松贊干布聯姻，成為唐蕃關係史上的一件大事。這一年唐太宗李世民將唐朝宗室的女兒文成公主下嫁於吐蕃的松贊干布。第二年（西元641年）文成公主從長安出發，走的是絲綢之路中的唐蕃古道。經甘肅的天水、甘谷、武山、隴西、臨洮、蘭州，至青海的民和、樂都、西寧、湟源，過日月山、扎陵湖、鄂陵湖、通天河達到玉樹，然後入藏抵達拉薩。

文成公主遠嫁吐蕃，為即將開始的新生活準備了豐富的物資，其中包括唐朝印刷的書籍、中藥、蠶種和穀物種子，還帶上了擅長手工藝製品的工匠等。文成公主在青海的玉樹住了一個多月，期間她向當地民眾傳授中原地區先進的農耕技術和紡

1 　李斌城、李錦繡、張澤咸、吳麗娛、凍國棟、黃正建：《隋唐五代社會生活史》，中國社會科學出版社，1998年，第48頁。

2 　歐陽修、宋祁等：《新唐書·吐谷渾傳》，中華書局，1975年。

3 　張逢旭、雷達亨、田正雄：《青海古代畜牧業》，《農業考古》，1988年第2期。

織技術等，深受當地老百姓的喜愛。為此，玉樹特地為文成公主興建了寺廟，這就是著名的「文成公主廟」。一千多年來香火不斷，受到人們的供奉。

文成公主經過青海，是當時青海的一件大事，對於傳播內地的飲食文化，尤其是茶文化，有著非常深遠的影響。

而文成公主所經過的日月山作為當時藏漢的界山，雙方和睦相處，並且設立茶馬互市，發展貿易。

❷ · 食肉嗜酒飲茶

吐蕃是一個傳統的游牧民族，生活環境是「其地氣候大寒，不生秔稻，有青稞麥、袁（niǎo）豆、小麥、喬麥。畜多犛牛豬犬羊馬……其人或隨畜牧而不常厥居，然頗有城郭。其國都城號為邏些城。屋皆平頭，高者至數十尺。貴人處於大氈帳，名為拂廬。寢處污穢，絕不櫛沐。接手飲酒，以氈為盤，捻鋋（chán）為碗，實以羹酪，並而食之」[1]。長期以來吐蕃人養成了以吃牛羊肉、奶酪、酥油，喝牛羊奶為主，以吃糧食為輔的飲食習慣。吐蕃人天性豪放，由於游牧生活的特點，他們擅長嗜酒飲茶。在宴請客人時往往還讓客人親自殺牛作為烹飪之肉，所謂「必驅犛（máo）牛，令客自射牲以供饌」[2]，表現出濃郁的遊獵民族的飲食習慣和熱情好客的風俗。

吐蕃還有吃生肉的習俗，史稱「人喜噉生物，無蔬、茹、醢、醬，獨知用鹽為滋味，而嗜酒及茶」[3]。嗜酒，即喝當地生產的青稞酒。茶，即青海特有的酥油茶。

由於環境的變化，吐蕃人也在變。「在第七世紀時的吐蕃，已不是純粹游牧民族，逐漸實行定居牲畜，農業和水利也比較發達，……大片開墾耕地，説明他們已不是原始蒙昧的部落氏族了」[4]。這是部分農業經濟發達的地區從事農業生產的反

1　劉昫：《舊唐書·吐蕃傳》，中華書局，1975年。

2　劉昫：《舊唐書·吐蕃傳》，中華書局，1975年。

3　楊應琚：《西寧府新志》，青海人民出版社，2001年，第993頁。

4　張逢旭、雷達亨、田正雄：《青海古代畜牧業》，《農業考古》，1988年第2期。

映，「此後有一些內地人至隴右、河西，發現居於這一地區的蕃人的一些變化。王建在《涼州行》中寫道：『蕃人舊日不耕犁，相學如今種禾黍。驅羊亦著錦為衣。為惜氈裘防鬥時，養蠶繅繭成匹帛。那甚繞帳作旌旗。』隴右、河西有很多吐蕃人學習漢族百姓的耕種和養蠶。」[1] 涼州，河西走廊之重鎮，今甘肅省的武威市。

唐代的吐蕃與中原的交流非常密切，如吐蕃人使用的「『開元通寶』銅錢，寶花紋銅鏡，漆杯、碗、盤等，均屬中原漢地傳入吐蕃。絲織品中絕大多數亦為中原漢地所織造，幾乎囊括了唐代所有的品種。」而且發現西方特有的「粟特金、銀器，瑪瑙珠、玻璃珠、紅色蝕花珠，銅盤、香水瓶，粟特錦和波斯錦」[2] 等，在這裡都有出土。

吐蕃也種植小麥、青稞等糧食作物，主要是青稞。青稞是青藏高原上特有的食物品種，以耐寒高熱量而著稱。專家們認為：「吐蕃人也食用『五穀』」[3]。所謂「食用五穀」，指的正是傳統的農業區以及半農半牧區所種植的糧食作物小麥、大麥、青稞、蕎麥、糜、穀、豌豆等，在河湟農業區除了食用五穀雜糧之外，還有芥菜、香菜、大白菜、蔓菁、蘿蔔、蔥、蒜、韭菜等蔬菜，品種十分豐富。

吐蕃人的飲食習慣極大地影響了西北地區的飲食文化，如飲茶、飲酒習俗。吐蕃人飲茶的習俗最晚從唐朝中葉即已形成。由於茶葉具有「解酒食、油膩、燒炙之毒，利大小便，多飲消脂」之功效[4]。因而，對於生活在青藏高原地區多食肉奶而又缺少蔬菜、水果的吐蕃人而言，茶葉的作用就顯得非常重要，並且逐步形成了飲用酥油茶這一特有的傳統習俗。

酥油茶是在用磚茶熬製好的茶水中放入酥油、鹽，然後再放進酥油桶中反覆攪拌即成，既可以解渴又可以充飢。

吐蕃人不吃魚，這是吐蕃人的飲食習慣，並沿襲了很長時間。

1　翁俊雄：《唐代區域經濟研究》，首都師範大學出版社，2001年，第180頁。
2　許新國：《青海考古的回顧與展望》，《考古》，2002年第12期。
3　宋德金、史金波：《中國風俗通史‧遼金西夏卷》，上海文藝出版社，2001年，第486頁。
4　張瑞賢：《本草名著集成》，華夏出版社，1998年，第281頁。

三、絲路翹楚——敦煌飲食

在甘、寧、青、新地區唐宋以來的飲食文化中，敦煌始終是一處特別值得關注的焦點。敦煌不僅僅是絲綢之路上的重鎮，而且還是佛教最發達的地區之一，尤其是一九〇〇年以來敦煌文書的發現、「敦煌學」的形成，以及大量珍貴資料出現，為我們進一步認識隋唐五代時期敦煌及河西地區的飲食文化提供了不可多得的優勢條件，這是其他地區所無法比擬的。

❶ · 敦煌壁畫中的農業及加工器具

敦煌自漢代開河西四郡以來，由於其地理位置的重要，得到了迅速的發展，特別是絲綢之路的開通，使敦煌由一個默默無聞的小鎮變成為了整個絲綢之路上最耀眼的一顆明珠。《晉書》中就曾寫道：「此郡（敦煌）世篤忠厚，人物郭雅，天下全盛時，海內猶稱之，況復今日，實是名邦。」特別是敦煌壁畫和藏經洞的發現，使我們有機會更多地接觸到有關敦煌地區的生活習俗與飲食文化。

隋唐五代時期敦煌的農業生產發展迅速，當地已經採用了中原地區先進的耕作技術和水利灌溉。使用「耕犁（單轅直轅犁、雙轅直轅犁、曲轅犁、三腳耬犁）、鐵鏵、耱（mò），牛衡、鋤頭、木鄉頭、鐮刀、梿枷、四齒叉、六齒叉，木鍁、掃帚、簸箕、籃子，木斗，糧袋、牛車……」等生產工具[1]。並且已經種植水稻，圖6-10就是一幅敦煌莫高窟五代的農作圖。圖中反映的正是敦煌地區使用雙牛耕地和水稻插秧的勞動場面，畫面生動，極富生活特色。

在敦煌莫高窟五代的另一幅農作圖，圖6-11中同樣有插秧的場面，反映出敦煌的水稻種植具有一定規模，否則不會屢次出現在壁畫當中。繼而我們可以推斷：敦煌的食物品種中，不單單是粟、黍、粱，而且還有大米。

從糧食加工方面看，圖6-12反映出敦煌地區已經採用石磨來粉碎粒食。在敦煌「莫高窟初唐321窟南壁的《寶雨經變》中有不少反映勞動人民生活的場面。其中東側

1　王進玉：《敦煌壁畫中農作圖實地調查》，《農業考古》，1985年第2期。

▲圖6-10 《雙牛耕地水稻種植圖》，敦煌莫高窟53窟

▲圖6-11 《水稻插秧圖》，敦煌莫高窟98窟

上部的一棟房後有兩婢女在推轉手磨加工食物，這種手推磨的形象資料傳世得很少，因而顯得更加珍貴。特別引人注意的是壁畫中描繪的手推小磨和1972年沙洲（敦煌）城內出土的唐朝小石磨大體相同」[1]。史載，敦煌地區早在漢代就已經開始使用石磨，用人力加工糧食的石磨在西北地區普遍存在，直到今天還有不少地方在使用，一般多是用人的腹部推動槓桿加工麵粉，這種用手直立磨面的「手磨」在西北地區已不多見了，但在甘肅隴南地區還有家庭用其磨製元宵粉。

1　王進玉：《敦煌壁畫中農作圖實地調查》，《農業考古》，1985年第2期。

◀圖6-12 《手推磨食圖》，敦煌
莫高窟初唐321窟

❷ · 麥麵精食

隋唐五代時期敦煌的主要糧食品種，基本上是沿襲了傳統的農作物，主要有小麥、青稞、大麥、羅麥、蕎麥、粟、黍、水稻以及豌豆、蓽豆、豇豆、小豆子、大豆、黑豆等豆類作物。還有宛麥、旋麥。其中「豌麥似大麥，出涼州；旋麥，三月種，八月熟，出西方」[1]。而青稞、大麥和羅麥為其特色。

對於敦煌青稞，有專家認為：「青稞，敦煌當時栽培的麥類除了小麥外，還有『青麥』。……敦煌曾被吐蕃占據過半個多世紀，吐蕃人作為統治者，其飲食習俗對敦煌人有相當的影響。因此，吐蕃占據期間以及以後，青稞可能主要作為炒麵的原料來食用。許多卷子中都出現了炒麵，有些是粗炒，有些是細炒，炒麵甚至成為施捨的物品之一。」[2]

還有羅麥，當時敦煌種植的麥類糧食作物之一，不過，五代至宋以後不再見有羅麥的記載，從這個現象來看，可能是「羅麥」的名稱發生了變化，或者是不再成

1　徐堅：《初學記》卷二十六，中華書局，1962年。
2　高啟安：《唐五代敦煌飲食文化研究》，民族出版社，2004年，第12-13頁。

為主要的種植對象。

敦煌豐富的麥類為麵食的精細加工提供了有利的條件，現在看到的壁畫中有關石磨等加工麵粉的場面，表明當時敦煌地區的麵食比較發達。在敦煌文獻中常常將麵稱之為「䴬」，即小麥麵粉。《說文》稱：「䴬，小麥末也。」敦煌學家蔣禮鴻先生在考察敦煌的「䴬麵」粉時說：「『䴬』就是『麵』的同音假借字，『粉麵』就是粉末。」[1]據知當時的「䴬」就是已經加工後的麵粉。

麵粉的大量食用，為食物品種的開發提供了便利的條件，敦煌人以自己的聰明才智加工出種類繁多的餅食，滿足人們日常生活的需要。敦煌的餅食究竟有多少呢，學者高啟安的研究稱：「翻檢敦煌文書，有蒸餅、餕餅、餦餅、胡餅、油胡餅、索餅、環餅、白餅、渣餅、燒餅、䭔餅、梧桐餅、菜餅、水餅、魦餅、薄餅、鐵餅、煎餅、湯餅、籠餅、餅餤（dàn）、餅餐（dàn）、龍虎蛇餅等二十餘種。」

除了餅食之外，敦煌流行的其他食品還有「餺飥、麨、水麵、飯、饊枝、冷讓、冷淘、油麵、灌腸麵、小食子、飣飳（dòu）、小飯、餺䭔、粥、菓食、頭、黍臛、糕糜、羹、菜模子、蒸胡食、粽子、餛飩、糌粑、餢飳（bùzhù）、煮菜麵、鬍麵、饅頭、臛等，其中一些食物屬於副食。」[2]可謂品種豐富，美不勝收。

❸·西域香藥

絲綢之路給甘、寧、青、新地區帶來的不僅僅是經濟上的繁榮和中西文化的交流，同時也使沿途的城市迅速發展起來，促進了綠洲文化的興起。作為一個縮影，敦煌飲食文化的豐富多彩在很大程度上來自商業貿易的發達，其中來自西域的「香藥」貿易占有很大比重，成為買賣交流的亮點。香藥是既可用來作調味品的香料，同時又是有食療作用的藥材，故稱「香藥」。

對於當時敦煌市場上的各種香藥，楊曉靄先生有這樣的描述：「桂皮胡桃瓤，

1　蔣禮鴻：《敦煌變文字義通釋》，上海古籍出版社，1997年，第109頁。
2　高啟安：《唐五代敦煌飲食文化研究》，民族出版社，2004年，第12、13頁。

栀子高良薑，陸路訶黎勒，大腹及檳榔。亦有蒔蘿蓽撥，蕪荑大黃：油麻椒秫，河藕弗香……」[1]。其中的「桂皮」「高良薑」「蒔蘿」「蓽撥」等，就是既屬藥材又屬於調味品的「香藥」。對於這幾種香藥的食療作用，在後人明代李時珍的《本草綱目》中，都有很詳細的總結。

蓽撥，又名蓽茇。味香，屬芳辛類調味品，煮肉時常用。《本草綱目》稱：「蕃語也。」「味辛，大溫，無毒。」有「溫中下氣，補腰腿，殺腥氣，消食，除胃冷、陰疝、癖」之功效。蓽撥是西域傳入的調味品，在中土用於治病，但名稱卻未有改變。

蒔蘿子，又名慈謀勒，小茴香，時美中，蒔蘿椒，癟谷茴香，土茴香。屬於辛味調味品，烹煮羊肉最適宜。《本草綱目》稱：「蒔蘿、慈謀勒，皆番言也。」性味辛溫無毒，能溫脾腎，開胃散寒，行氣，解魚肉毒。蒔蘿子與小茴香性味相同但氣味稍弱。形極相似，但二者名實不宜混淆。

高良薑，又名蠻薑，意指不是本地所產。高良薑屬辛香類調味品，適用於烹煮肉類。《本草綱目》稱：「味辛，大溫，無毒。」有溫中散寒止痛之功效。高良薑與草荳蔲同煎飲用，可治口臭。

桂皮，又作肉桂，乃桂樹之皮陰乾而成。不刮去粗皮者稱肉桂，除去外皮者為桂心，在調味品中多用肉桂。屬甘味調味品，烹肉可去腥除羶，不宜製湯，一般大塊使用。《本草綱目》稱：「味甘，辛，大熱，有小毒。」「利肝肺氣，腹內冷氣，痛不可忍，咳逆結氣壅痺，腳痺不仁……」之功效。

香藥入肴作為西北地區飲食文化的優秀傳統，是對中國藥食同源思想的開創性發展。對於西北人民的身體健康起著重要的作用。這些從西域傳入的香藥之所以暢銷於西北地區的敦煌市場如魚得水，也是和西北地區大量食用牛羊肉的習慣密切相關的，在這裡，這些香藥最大限度地發揮了其亦食亦藥的作用，完成了美食、香料、藥材、食療的完美結合。

1　楊曉靄：《瀚海駝鈴——絲綢之路的人物往來與文化交流》，甘肅教育出版社，1999年，第29頁。

第四節　琳瑯滿目的新疆飲食文化

唐朝是中國歷史上空前繁榮昌盛的國家，版圖遼闊。唐朝在伊州、庭州、輪台、清海、碎葉、西州、焉耆、龜茲、烏壘、疏勒等地大興屯田，恢復和促進了農業生產的發展，帶動了全疆經濟的繁榮。

隋唐五代時期新疆地區的飲食生活可以用四個字概括——豐富多彩。主要表現在兩個方面，既有豐富的食物品種，又有特色的飲食習慣，展示出無窮的魅力。

唐朝的新疆，一個個綠洲城邦不斷興起，促進了農業生產的發展，「今新疆巴里坤、焉耆、庫車、輪台等地仍保存有許多唐朝屯田遺址。其中焉耆陸式鋪古城、唐王城屯田遺址中，還保存有許多倉庫、地窖，貯存有麥麵、小米、高粱、胡麻等物」[1]。正因為小麥、小米、高粱等糧食作物種植的面積大，所以當時新疆最常見的飲食習慣就是喜歡喝粥。唐人徐堅輯《涼州異物誌》記載：「高昌僻土，有異於華：寒服冷水，暑啜羅闍。郡人呼粥」[2]。喝粥作為隋唐五代時期新疆飲食生活的特點之一，已被考古發現所證實。

❶·唐玄奘筆下的諸多美食

新疆地域遼闊，物產豐富，當年西行的玄奘法師在他的《大唐西域記》中就記述了他親眼所見的這裡的物產，如阿耆尼國，「土宜麋、黍、宿麥，香棗、蒲萄、梨、柰諸果」。阿耆尼，即今新疆焉耆回族自治縣一帶。還有「屈支國，東西千餘里，南北六百餘里。國大都城周十七八里，宜麋、麥、有粳稻，出蒲萄、石榴，多梨、柰、桃、杏。土產黃金、銅、鐵、鉛、錫」。屈支，又稱龜茲、丘茲，即今新疆焉耆庫車縣。再有「素葉水城」，「清池西北行五百餘里至素葉水城。城周六七里，諸國商胡雜居也。土宜麋、麥、蒲萄，林樹稀疏。氣序風寒，人衣氈褐」。素

1　劉錫濤：《古代新疆的三次大開發及其歷史借鑑》，《中國歷史地理論叢》，2001年增刊。

2　徐堅：《初學記》卷二十六，中華書局，1962年。

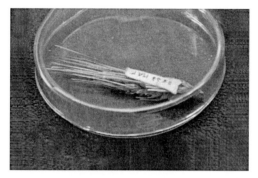

▲圖6-13 小麥，新疆吐魯番阿斯塔那墓出土　　　　▲圖6-14 藤盒，新疆吐魯番阿斯塔那墓出土

葉水城，又稱碎葉城，即今吉爾吉斯共和國托克瑪克城西南。

　　當時，「唐太宗為了鞏固邊防，設置龜茲、于田、疏勒、碎葉四個軍鎮，築城駐軍，號稱安西四鎮。我國傑出的詩人李白就出生在碎葉」[1]。于田，即于闐。五代人平居誨的《于闐國行程記》記載于田「以蒲桃為酒，又有紫酒、青酒，不知其所釀，而味尤美。其食，粳沃以蜜，粟沃以酪。其衣，布帛。有園圃花木。俗喜鬼神而好佛」[2]。「好佛」者，是說于闐一帶信奉佛教，已經被和田達瑪溝佛寺的考古發現所證實，而且還發現與吐蕃有一定的聯繫。[3]所說「紫酒」者，就是大名鼎鼎的葡萄酒，因顏色紫紅透亮而得名。

　　❷·五穀油料與馬肉

　　隋唐五代時期新疆地區的食物品種已經相當豐富，在飯桌上可以享受到稻、粟、菽、黑粟、雜穀、青稞、芒果、豌豆、小麥等，唐代的小麥與今天的小麥大體相同。

　　與豐富的食物相適應，食具食器也較多。如當年盛放食物的藤盒，既防塵又透氣，且造型規整大方，編工細緻。也說明當年新疆地區具有良好的生態環境能夠生

1　新疆維吾爾自治區博物館編：《新疆歷史文物》，文物出版社，1977年，第38頁。
2　歐陽修：《新五代史》卷七四，中華書局，1974年。
3　巫新華：《新疆的和田達瑪溝佛寺考古新發現與研究》，《文物》，2009年第8期。

長藤，抑或是由內地傳入的。

胡麻，是唐代西北地區一種非常重要的油料作物，別名巨勝、方莖、方金、狗蝨、油麻、脂麻。為胡麻科植物脂麻的成熟種子。胡麻原產西域，進入中原是絲綢之路的貢獻。李時珍曰：「漢使張騫始自大宛得油麻種來，故名胡麻，以別中國大麻也。」[1]在新疆「焉耆唐王城」以及「吐魯番的唐墓裡都發現過」[2]。胡麻的含油量很高，故稱油麻。有黑白二種。兩千多年來甘、寧、青、新地區一直在種植，而且是面積最大的地區。胡麻榨出的油叫胡麻油，李時珍說：「胡麻取油，以白者為勝。服食以黑者為良。」「入藥以烏麻油為上，白麻油次之」[3]，並且有潤燥滑腸、治燒燙傷之功。

隋唐五代時期新疆的飲食習慣並沒有太大的變化，不過，此時出現了吃馬肉的食俗。法國人莫尼克‧瑪雅爾認為：「王延德（北宋官吏，曾奉命出使西域高昌〈今吐魯番〉並因著有見聞遊記而著名）告訴我們說：『貴人食馬，餘食羊及鳧雁。』」這與吐魯番地區生態環境優越，畜牧業經濟發展快是相適應的。

❸‧甘甜可口的蔬果

新疆地區有著獨特的自然環境，日照時間長，全年日照可達2600-3600小時，晝夜溫差大，最大日差為20℃-30℃，非常利於光合作用和水果的糖化作用，因此新疆地區的蔬菜長得非常好，如蔓菁、洋蔥、胡荽、茄子等。特別是洋蔥，王東平先生認為：「洋蔥在我國的栽培史也相當長，西域高昌王國時期人們食用的主要蔬菜中就有洋蔥（sorun）。《飲膳正要》中稱『回回蔥』，就其名稱上看，即可推知來自西域等地。」[4]

新疆地區的瓜果甘甜可口自古有名，唐代人們可以吃到甘甜可口的桃、李、

1　李時珍：《本草綱目》，華夏出版社，1998年，第969頁。
2　張玉忠：《新疆出土的古代農作物簡介》，《農業考古》，1983年第1期。
3　李時珍：《本草綱目》，華夏出版社，1998年，第971頁。
4　王東平：《新疆古代蔬菜種植述略》，《農業考古》，1996年第3期。

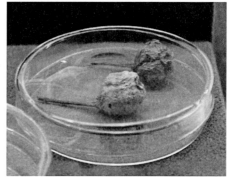

▲圖6-15 葡萄，新疆吐魯番阿斯塔那墓出土　　　▲圖6-16 梨，新疆吐魯番阿斯塔那墓出土

杏、紅棗、梨、梅、葡萄、石榴、胡桃、梨、沙棗以及甜瓜等水果。

　　隋唐五代時期，新疆最出名的特色水果就是「波斯棗」和「偏桃」。波斯棗就是人們熟知的伊拉克棗，偏桃，就是今天的扁桃。段成式《酉陽雜俎》一書中說：「偏桃，出波斯國，波斯呼為婆淡。樹長五六丈，圍四五尺，葉似桃而闊大，三月開花，白色，花落結實，狀如桃子而形偏，故謂之偏桃。其肉苦澀不可噉，核中仁甘甜，西域諸國並珍之」。偏桃中有一個品種經過嫁接後成了後來鼎鼎有名的蟠桃。

　　新疆地區種植水果在唐朝就已經形成了規模，今人從新疆的民豐尼雅發現了西元一世紀至三世紀的大面積果園，「果園裡的樹有杏、桃、梅、葡萄」；在吐魯番發現了「葡萄」、「梅」、「紅棗、梨、瓜皮、巴旦杏」[1]。還有金黃色的金桃、銀色的銀桃等[2]，可謂品種豐富。

　　唐朝的高昌在大量種植葡萄的基礎上，已經進入到精加工的階段。當時，人們已經加工出「包括帶皮醪的葡萄漿和葡萄汁的葡萄漿」，還有與葡萄相關的「甜醬」等[3]，極大地豐富了人們的飲食生活。

1　張玉忠：《新疆出土的古代農作物簡介》，《農業考古》，1983年第1期。

2　韓香：《隋唐長安與中亞文明》，中國社會科學出版社，2006年，第166頁。

3　陳習剛：《吐魯番出土文書中的「醬」、「漿」與葡萄的加工、越冬防寒問題》，《古今農業》，2012年第2期。

❹·胡餅與饢

隋唐五代時期新疆的麵食品種已經相當豐富，最引人注目就是麵點。例如，在新疆阿斯塔那墓中就發現了各式各樣的麵點。有的類似於今天的雞蛋糕、麵包、雞蛋餅，有的類似於今天的麻花等，還有一些造型奇異花樣特別的食品，令人大開眼界，其中尤以饢最為出名。饢是麵餅中的一種。但饢的主要原料不僅僅侷限於小麥。一般認為饢與胡餅有著密切的淵源關係。

餅發展到「北朝至隋唐間，最有代表性的胡食是胡餅，還有畢羅等」[1]。

胡餅早在青銅時代就已成為古新疆大眾喜愛的食品。胡餅的實物是在新疆的哈密五堡墓地發現的。這是一塊「方形食物，邊長23釐米，厚2.3釐米。雖乾裂為數塊，但形體完整，四條邊有刀切割的痕跡，較規整。原料加工研磨粗糙多小顆粒，其間又摻雜較多的穗殼物。從表面看，這種穗殼物經火燒，烤成黑色炭類。從製作方法可知是烤製食物。如果胡餅是源於古新疆的話，那麼這些食物應是胡餅的始祖」[2]。中國最早的胡餅出在新疆，此說不無道理。

唐人好吃餅，宋《古今歲時雜詠》專門收錄了有關唐人稱讚餅的詩歌，崔正言的《立春》：「吏部今餘十九牙，一杯湯餅羨君家。不妨更往挑生菜，釘取黃金喋裡花」等[3]，說明歲時吃餅也是一種風俗。

新疆塔吉克族、柯爾克孜族等都有製作與食用饢的傳統。在新疆吐魯番縣高昌故城城郊阿斯塔那和喀拉和卓兩古墓葬中，出土了自晉迄唐的小麥以及麥麵加工成的饢、水餃和餛飩。有專家認為，東漢末的胡餅可能學自新疆。後來唐宋的胡餅，都是維吾爾族現在饢的前身。[4]一方水土養一方人，「大漠孤煙直，長河落日圓」，在茫茫的絲綢之路上旅行，饢成為商旅們必備的食物，和水一樣與人們結下了不解之緣。至今，饢仍然是新疆最普及、最流行的食物。

1　毛陽光：《北朝至隋唐時期黃河流域的西域胡人》，《尋根》，2006年第2期。
2　張成安：《淺析青銅時代哈密的農業生產》，《農業考古》，1997年第3期。
3　蒲積中編，徐敏霞校點：《古今歲時雜詠》（一），遼寧教育出版社，1998年，第58頁。
4　陳紹軍：《胡餅來源探釋》，《農業考古》，1995年第1期。

❺ · 合食制形成

唐朝是中國飲食習慣改變的重要時期，從這時候起，人們吃飯時由延續幾千年的席地就座分案而食，改變為高足坐具流行後的合食制。學者吳玉貴先生認為：「至少從戰國以來，中國古代飲食一直採取了分餐制的飲食方式，即在聚餐時，在每位就餐者面前放置一張低矮的食案，各人分餐而食。……到了唐朝，隨著高足坐具的

◀圖6-17、圖6-18、圖6-19、圖6-20、
圖6-21 各式麵點，新疆阿斯塔那墓出土

傳入和流行，引發了餐制的革命性變革，人們的就餐習俗由席地而坐的分餐制轉而成為高凳（或椅）大桌的合食制。」[1]這是一次重大的改革，從分食制到合食制經過了數千年的發展過程，合食制最大的特點就在於非常符合中國人的家庭觀念，增加了相互交流的機會，團團圍坐，其樂融融，與中國傳統「尚和」的思想非常契合，最終成為定製。

1　吳玉貴：《中國風俗通史‧隋唐五代卷》，上海文藝出版社，2002年，第65頁。

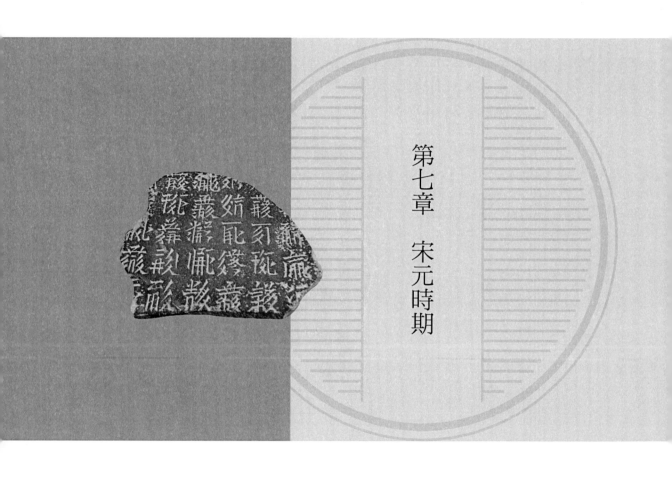

第七章　宋元時期

宋朝是中國歷史上唯一重文輕武的朝代，但始終未能完全控制甘、寧、青、新西北地區，其勢力最強時也只達到青海的西寧、甘肅的蘭州及以東南部分地區；南宋勢力所及也僅僅只有甘肅東南部天水、武都及甘南的一部分。這一時期甘、寧、青、新西北地區絕大部分時間分別隸屬於西夏、西州回鶻、吐蕃、西遼等。自宋朝始，政治、經濟中心東移，西北地區失去了往日的輝煌，在飲食文化方面至少已經無法與中原地區相比。但是，也形成了一些新的飲食文化現象。

元帝國是世界上疆域最大的國家，其面積占據了當時世界的三分之一以上。西元一二五一年和西元一二七一年，元朝以今吉木薩爾和霍城兩縣為治所，分別設置別失八里和阿力麻里兩行尚書省，分管天山南北兩地。元世祖至元十八年（西元1281年）設立了甘肅行省，甘肅由此而名，治所甘州（今張掖），轄七路，包括青海、寧夏等地。

第一節　西夏的飲食文化

一、西夏的經濟發展

西元一〇〇二年夏太祖李繼遷藉助遼國的勢力攻占了靈州（今寧夏靈武縣），使宋朝西北部邊疆失去了藩籬，後又「經過李氏父子幾代人的不懈努力，公元1038年，李元昊正式稱帝，國號大夏，定都興慶府（今寧夏銀川市），因地處西北，史稱西夏」[1]。西夏在西北由來已久，王稱《西夏事略》說，從李繼遷的先祖「唐末有思恭者，鎮夏州，討黃巢有功，賜姓李氏，世有夏、銀、綏、宥、靜五州之地」。西夏最強盛時據有整個河西走廊及相鄰地區，《宋史》曰：「元昊既悉有夏、銀、綏、宥、靜、靈、鹽、會、勝、甘、涼、瓜、沙、肅，而洪、定、威、龍皆即堡鎮

1　關連吉：《鳳鳴隴山——甘肅民族文化》，甘肅教育出版社，1999年，第40頁。

號州，仍居興州，阻河依賀蘭山為固。」清人吳廣成《西夏書事》說其「東盡黃河，西界玉門，南接蕭關，北控大漠，地方萬餘里」。西夏歷史上在寧夏建都一八九年，當時是八十三萬平方公里，控制了甘、寧、青、新的大部分地區，成為與宋朝相始終的強大的西北地方政權。

❶·農牧經濟的轉換

兩宋朝以來，在西北地區的飲食文化當中，西夏黨項人的生活及飲食習慣可謂最具特色。考察西夏的飲食文化，主要來自於西夏文字的記載。西夏文字是本民族創造的，史稱「元昊自製蕃書，命野利仁榮演繹之，成十二卷，字形體方整類八分，而畫頗重複。教國人記事用蕃書，而譯《孝經》、《爾雅》、《四言雜字》為蕃語」[1]的創造，標誌著西夏的文明和文化的繁榮發達。正因為有了西夏文字，才使我們更多地了解到西夏飲食文化的發展狀況。

（1）歷史淵源　西夏是黨項人建立的，而黨項本來是羌族的一支，歷史學家周偉洲先生認為：「從黨項、西羌的經濟、習俗等方面比較分析，也證明黨項是源於羌」[2]。由於黨項是一個尚武的游牧民族，所以史稱：「黨項羌者，三苗之後也。其種有宕昌、白狼，皆自稱獼猴種。東接臨洮、西平，西拒葉護，南北數千里，處山谷間。每姓別為部落，大者五千餘騎，小者千餘騎。織犛牛尾及羊

▶圖7-1　西夏文字

1　脫脫等：《宋史·夏國傳》，中華書局，1976年。
2　周偉洲：《早期黨項史研究》，中國社會科學出版社，2004年，第19頁。

古羌歷毛以為屋。服裘褐，披氈，以為上飾。俗尚武力，無法令，各為生業，在戰陣則相屯聚。無徭賦，不相往來。牧養氂牛、羊、豬以供食，不知稼穡」[1]。這是党項最初的經濟生活狀態，其飲食習俗是：吃牛羊肉、氂牛肉、豬肉等，而不知道種植莊稼，可見其主食和副食的次序與西北地區漢民族的飲食習俗完全不同。

隨著党項的強盛與生存空間的拓展以及生活環境的改變，其生計方式也發生了變化，由單純的畜牧業轉化為開始從事農業生產，而且發展得很快。由於特別是據有寧夏以後，李氏採取了一系列興修水利、開墾荒地等積極措施，使傳統的農業經濟區得到一定程度的恢復與發展，與此同時畜牧業、農業、手工業、商業、交通都取得不小的成就。

（2）水利與農業　在農業生產方面，西夏統治者採取本土耕作與掠奪宋邊地相結合的方針，以迅速達到發展之目的。研究表明：「西夏兵民常在宋邊境進行掠奪性的墾荒，宋麟州窟野河一帶田腴利厚，元昊時開始插木置民寨三十餘所，發民開墾寨子旁之田。後來西夏索性發動幾十萬人用耕牛越界墾種，耕種時派軍隊保護，侵耕有時深入到綏德一帶」[2]。對邊地的侵略是歷史上常見的事情，但是，像西夏這樣有計劃、有目的、有規模的掠奪墾荒則不多見。實際上西夏的寧夏平原、河套平原本身就是很發達的農業生產基地。回溯歷史上的這個地區，自秦漢以來水利建設不斷，發展到唐朝已經形成了以興州為中心的灌溉網。唐人韋蟾有詩讚道：「賀蘭山下果園成，塞北江南舊有名。」西夏一代，不僅努力修復了漢唐故渠，而且還修建了新渠道，即今謂之「昊王渠」或「李王渠」，直到今天有些渠段仍在發揮著作用。

儘管有寧夏平原、河套平原發達的農業生產，但由於西夏多是乾旱區，自然環境差別很大，各地情況複雜，糧食短缺一直是西夏沒有解決的大問題，《遼史·西

1　魏徵等：《隋書·西域傳》，中華書局，1973年。
2　張波：《西北農牧史》，陝西科學技術出版社，1989年，第276-277頁。

夏外紀》所載西夏人民春夏秋冬食野菜的事實與出土的記錄是相吻合的。正因為如此，西夏建立了嚴格的糧庫管理制度和倉儲制度，如「糧食入庫時，計量小監與巡察者一同坐在庫門處，糧食量而納之，予以收據，收據上有斛斗總數、計量小監的手記，『不許所納糧食中入虛雜』。糧食庫的賬目須層層核查，計量小監人除原舊本冊以外，依所納糧食之數，當為升冊一卷，完畢對以新舊冊自相核校，無失誤，然後為清冊一卷，附於狀文而送中書」。並且建立了「京師糧庫；官黑山新舊糧食庫、鳴軍地租糧食庫、林區九澤地糧食庫、大都督府地租糧食庫」[1]等，以備不虞。

❷·豐富的農作物

西夏發達的水利為糧食作物的發展帶來了勃勃生機，根據文獻記載，當時西夏的農作物種類很多，主要有：小麥、大麥、蕎麥、糜、粟、粳米、糯米、豌豆、黑豆、蓽豆、青麻子等。「西夏漢文本《雜字》『斛豆部第四』中所記糧食更多，有粳米、糯米、秫米、黍米、大麥、小麥、小米、青稞、赤穀、赤豆、豌豆、綠豆、大豆、小豆、豇豆、蓽豆、紅豆、蕎麥、稗子、黍稷、麻子、黃麻、稻穀、黃穀」。就種植方式而言，西夏「既有旱地作物，又有水田作物；既有北方常見的麥類、豆類、黍類，還有西部青藏高原上特產青稞。特別值得提出的是當時北方少有的水稻在西夏地區多有種植，而且有粳米、糯米等不同的稻米」[2]。還有蘿蔔、蔓菁、藘菜等蔬菜以及庥子、古子蔓、鹹地蓬實、茯蓉苗、小蕪荑、席雞草子、地黃葉、登廂草、沙蔥、野韭、拒灰葆、白蒿、鹹地松實等，此類產品都可食用。[3]

出土文獻證明：「党項羌各部落很早以前就掌握了畜牧和農耕技術，所以西夏文史料中存在有大量的穀物類植物的名稱。首先是表示『穀物、糧食』和『五穀』的通稱詞。……較為普遍的穀類植物大約是稻子。西夏文史料中有一組字、詞表示

1　劉菊湘：《西夏的庫入管理制度》，《固原師專學報》，1999年第4期。

2　宋德金、史金波：《中國風俗通史·遼金西夏卷》，上海文藝出版社，2001年，第458-459頁。

3　朱瑞熙、張邦煒、劉復生、蔡崇榜、王曾瑜：《遼宋西夏金社會生活史》，中國社會科學出版社，1998年，第25頁。

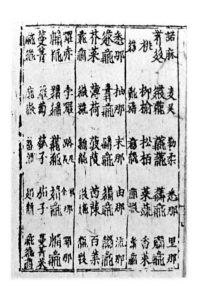

▶圖7-2　西夏文獻（《中國少數民
　　　族文化史圖典・西北卷
　　　下》，廣西教育出版社）

『稻子和稻子的種類、等級以及飯食』，表示稻子品種的字、詞有『白米』、『非糯米』、『晚熟粳米』、『糯米』」[1]。可見西夏糧食作物的品種非常豐富，包括了夏糧和秋糧的全部。但是，「從事農耕的以漢人為多，他們掌握著比較先進的生產技術，對西夏社會經濟的發展起著重大作用」[2]。我們能看到的西夏豐富的麵食，是西夏豐富的農作物與漢人烹調技藝相結合的結晶。

西夏自己有一套完整的行政機構，不但創造了西夏文字，同時還鑄造了貨幣，作為交換，其經濟形態較為完備，也有比較活躍的貿易與稅收。

二、西夏的飲食習俗與鹽、馬生計

西夏的飲食習俗頗具特色，他們把食品通稱之為「食饌」。根據一九〇九年於內蒙古阿拉善盟額濟納旗黑水城遺址出土的西夏文和漢語雙解詞典《番漢合時掌中

1　捷連吉耶夫・卡坦斯基著，崔紅芬、文志勇譯：《西夏物質文化》，民族出版社，2006年，第191-192頁。
2　吳天墀：《西夏史書稿》，廣西師範大學出版社，2006年，第133頁。

▲圖7-3、圖7-4　西夏國貨幣

珠》中有關飲食的記載，可以分為麵食和肉食兩大類。

❶ · 麵食製作

　　宋朝小麥、糜子、蕎麥等糧食作物在西北地區大面積種植。宋朱弁《曲洧舊聞》：「麥，秋種夏熟，備四時之氣。蕎麥，葉青，花白，莖赤，子黑，根黃，亦具五方之色。然方結實時最畏霜，此時得雨，則於結實尤宜，且不成霜，農家呼為解霜雨。穄（jì），西北人呼為糜子。有兩種，早熟者與麥相先後；五月間熟者，鄭人號為麥爭場」[1]。甘、寧、青、新地區的主要食物品種中有：穄（糜子）、粟、大麥、小麥、青稞、稻米、豌豆等，正是在此基礎上，造就了發達的麵食。

　　通過出土文獻，我們發現「西夏人的糧食食品多種多樣，可以把糧食蒸或煮熟後食用，也可以將穀物碾磨成麵粉作成細麵、湯麵煮食，或蒸、炸、烙成各種食品，有的還有各種餡」[2]。在西夏文字典《文海》和《番漢合時掌中珠》兩部字典中列舉的食品有：「細麵、粥、乳頭、油餅、胡餅、蒸餅、乾餅、燒餅、花餅、油球、盞鑼、角子、饅頭、甜醅、酸醅、肉餅、酪、酥油、奶渣等。食品的烹飪有燒烤、

1　朱弁：《曲洧舊聞》卷三，中華書局，1985年。

2　宋德金、史金波：《中國風俗通史・遼金西夏卷》，上海文藝出版社，2001年，第460頁。

攪拌、煮熬、炒等方式，使用的調味品有鹽、油、椒、蔥、蜜等」[1]。

這些麵食的製作方法及性狀非常豐富，如「蒸餅，應是將麵食放在蒸鍋裡，下面燒水成氣，蒸熟而成。乾餅、燒餅、花餅，也許是類似現在西北地區少數民族喜食的烤饢之類。油球，應是一種圓球狀的食品。盞餺，這一食品名稱和器皿有關，是否在製作時置於盞上加工而成。角子，也就是餃子。中國古代將餛飩（餃子）也列入餅類。饅頭，應與中原地區相同，使麵發酵後蒸製而成。酸餡、甜餡，這兩種食品應是置於其他麵食中的餡。」[2]很有可能也是從中原地區傳入的。

宋人曾鞏在《隆平集》中記載了時人一年四季的飲食狀況：「其民則春食豉子蔓，鹹蓬子；夏食蓯蓉苗、小芙蕖；秋食席雞子、地黃葉、登廂草；冬則蕾沙蔥、野韭、拒霜、灰葓子、白蒿、鹹松子以為歲計。」可以說是菜品資源豐富，四季分明。

西夏人能把稻米做成很多品種，俄國學者依據西夏文書的研究表明：西夏「稻米製作的飲食有『米粥、煮熟的米飯』、『炒米』、『蒸熟的米飯』等。特別需要指出的是『米粉』。還有一個單字表示米湯、稀粥或是任何穀物類糧食煮成的稀粥」。他還發現「西夏國貧窮的人們將原本當作飼料用的農產品的殘渣——『油粕、豆餅』也當作食物」[3]。說明當時廣大下層百姓的生活還是很窘迫的。

❷ · 肉食乳品

肉食和乳製品是西夏飲食的重要構成，「西夏牲畜種類眾多，主要有馬、牛、羊、駝、驢、豬、狗和犛牛等」[4]，尤以牛、羊、馬和駱駝為大宗[5]。而肉又以綿羊肉、牛肉為主。作料有鹽、醋、胡椒、椒、乾薑等。加工手段已採用燒、烤、煮、

1　朱瑞熙、張邦煒、劉復生、蔡崇榜、王曾瑜：《遼宋西夏金社會生活史》，中國社會科學出版社，1998年，第25-26頁。

2　宋德金、史金波：《中國風俗通史·遼金西夏卷》，上海文藝出版社，2001年，第460-461頁。

3　捷連吉耶夫·卡坦斯基著，崔紅芬、文志勇譯：《西夏物質文化》，民族出版社，2006年，第192、195頁。

4　保宏彪：《論河西走廊在西夏興起與發展過程中的戰略意義》，《西夏研究》，2012年第2期。

5　僧人：《西夏王國與東方金字塔》，四川人民出版社，2002年，第106頁。

▶圖7-5　西夏牛

熬、炒等烹飪技法。其中手抓羊肉、燒烤羊肉、羊雜碎等是西夏人的特色食品，諺語亦有「設宴祭神宰牛羊」的說法[1]。

乳製品，也是西夏特色食品之一，「乳畜主要是母牛、母羊和母駱駝，牛多為犛牛，羊包括羖和綿羊。牧民不但要自己食用乳類食品，還要供給官家。供給皇室的稱為『御供』，提供御供的母畜要由專人放牧，以便及時供應質量好的乳酪和乳酥。……在西夏，婦女承擔著擠奶的勞務。（西夏文）《三才雜字》有乳糜、乳頭。總之，西夏文獻表明党項人的飲食離不開乳製品。」[2]「西夏文史料中有四個單字表示『牛奶』。党項人食用『奶皮』（凝乳）、『奶油、黃油』、『奶渣』、『乳漿、奶漿』。」[3]西夏盛產牛奶，甚至多到「百牛乳，狗喝去，晨朝喝去中午擠」的現象。[4]西夏畜牧業的發達與乳製品在日常生活中的普及由此可見一斑。

有專家認為：「西夏文獻中一些詞彙表示泛指的『肉、胴體』、『一塊肉、一份肉食』，按字面意義可譯作『分成份子的肉食』，除此之外，史料中還有一些詞彙表示各種等級的肉類。……党項人不僅食肉，而且吃動物的內臟，這種食品相當常

1　陳炳應：《西夏諺語》，山西人民出版社，1993年，第11頁。
2　宋德金、史金波：《中國風俗通史・遼金西夏卷》，上海文藝出版社，2001年，第464頁。
3　捷連吉耶夫・卡坦斯基著，崔紅芬、文志勇譯：《西夏物質文化》，民族出版社，2006年，第191頁。
4　陳炳應：《西夏諺語》，山西人民出版社，1993年，第51頁。

見，有大量的詞彙可以證明，如：『內臟、腸子、碎肉和腸子的混合物』。除腸子以外，『肝』和『骨髓』也可以作食物。」[1]據知當時西夏人善用利用牲畜的各個部位以供食。

❸ · 蔬菜瓜果

西夏人有食用蔬菜的習慣。據考證，西夏當時經常吃的蔬菜有：「香菜、芥菜、薄荷、菠薐、茵蔯、百菜、蔓菁、蘿蔔、茄子、苦藘、胡蘿蔔、漢蘿蔔、半春菜、馬齒菜、吃兜芽、苾、常蔥、蒜、韭、薑。」[2]還有荊芥、蓼子、筍蕨、越瓜、春瓜、冬瓜、南瓜等。在品種繁多的蔬菜當中有不少就是野菜，如苦藘、馬齒菜等。

苦藘，在西北地區也叫苦菜、苦藘菜，田間地頭到處都有。具體吃法是先用開水焯一下然後出鍋，然後涼拌，夏天吃可以解暑，也是做漿水麵的傳統菜。

馬齒菜，「又名五行草，味甘，性寒滑」[3]，具有散血消腫「益壽延年，明目」之功效[4]，西北地區田間路旁都廣泛生長。

西夏的水果品種也比較豐富，有「果子、栗、杏、梨、檎、櫻桃、胡桃、葡萄、龍眼、荔枝、李子、柿子、橘子、甘蔗、棗、石榴、桃。西夏漢文《雜字》中所記更詳：梨果、石榴、柿子、林檎、榛子、橘子、杏仁、李子、木瓜、胡桃、烏枚、杏梅、桃梅、南棗、薁藁、錫果、青蒿、桃條、梨梅、杏煎、回鶻瓜、大食瓜」等[5]。其中橘子、甘蔗未必是西夏出產，但通過交流已成為當地人喜愛的水果。

棗是大眾化的傳統水果，卻與長壽成仙有關。據宋人趙令疇《侯鯖錄》記載，有一鏡銘云：「尚方作鏡真大巧，上有仙人不知老，渴飲玉泉飢食棗」[6]，可見當時有部分人對食物的追求已經不滿足於吃飽肚子，而是上升到延年益壽的食療層次。

1　捷連吉耶夫‧卡坦斯基著，崔紅芬、文志勇譯：《西夏物質文化》，民族出版社，2006年，第190頁。

2　薛路、胡若飛：《西夏仁孝盛世的農耕業考》，《西夏研究》，2012年第1期。

3　鮑山編，王承略點校：《野菜博錄》，山東畫報出版社，2007年，第209頁。

4　孟詵著，張鼎增補，鄭金生、張同君譯注：《食療本草譯注》，上海古籍出版社，2007年，第222頁。

5　宋德金、史金波：《中國風俗通史‧遼金西夏卷》，上海文藝出版，2001年，第466頁。

6　趙令疇：《侯鯖錄》卷二，中華書局，2002年。

據《遼宋西夏金社會生活史》載，新疆生產的「瓜有重六十斤者，海棠色殊佳」，堪稱一絕，而傳統的葡萄依然是西北地區種植面積最大、最受歡迎的水果之一。

大面積的葡萄種植，促成了葡萄酒的盛行。在新疆地區，人們「以蒲桃為酒，又有紫酒、青酒，不知其所釀，而味尤美」[1]。豐沛的葡萄資源衍生了西北地區的葡萄美酒。

❹·以馬換茶的茶馬貿易

西夏雖然也從事農業，但主食依然是以吃肉喝奶為主，與西北地區其他肉食為主的民族一樣，要靠茶來助消化。所以，茶在黨項人的飲食中占有十分重要的位置。由於西夏不產茶，所需完全依靠宋朝供應，且西夏一年茶葉的用量很大，多達三萬至五萬斤。《宋史·夏國傳》記載：「凡歲賜銀、綺、絹、茶二十五萬五千，乞如常數，臣不復以他相干……仍賜對衣、黃金帶、銀鞍勒馬、銀二萬兩、絹二萬匹、茶三萬斤。」後來「會元昊請臣，朝廷亦已厭兵，屈意撫納，歲賜繒、茶增至二十五萬。」[2]在雙方的交易中，宋朝可以茶數斤換取肥羊一隻。

歷史上從唐朝開始中央政府便利用茶向西北民族進行茶馬互市，作為以茶易馬的貿易，到了宋代，因作戰需要，開設了西南茶馬交易點，之後貿易日隆，熙寧七年（西元1074年）經略使干韶上言：「西人頗以善馬至邊，其所嗜唯茶，而乏茶與之為市，請趣買茶司買之」[3]。於是政府管理茶馬貿易的機構「茶馬司」便應運而生。並在今青海省的西寧、樂都等地易馬。今甘肅天水麥積山石窟東崖二十六窟左壁就留有王韶制下孫贇等人的題記[4]可為佐證。又於「秦鳳、熙河博馬」[5]，

1　朱瑞熙、張邦煒、劉復生、蔡崇榜、王曾瑜：《遼宋西夏金社會生活史》，中國社會科學出版社，1998年，第25-26頁。

2　脫脫等：《宋史·食貨志》，中華書局，1977年，第13995頁。

3　脫脫等：《宋史·職官志》，中華書局，1977年。

4　張錦秀編撰：《麥積山石窟志》，甘肅教育出版社，2002年，第151頁。

5　脫脫等：《宋史·食貨志》，中華書局，1977年。

▲圖7-6　茶盞與托盤，新疆吐魯番阿斯塔那墓出土

「博馬」就是市馬、以茶易馬的交易方式。以後便一以貫之成為定製。明代又增設甘肅的天水、臨洮等地博馬，清初又在新疆的伊犁、烏魯木齊等地進行茶馬交易。

　　宋李燾《續資治通鑑長編》說：「西夏所居，氐、羌舊壤，所產者，不過羊馬氈毯。」宋朝是西夏「茶彩百貨之所自來，故其人如嬰兒，而中國乳哺之」[1]。

　　正因為嗜茶，因而出現了諸如「茶臼、托子、茶缽、茶墊」等[2]名目繁多的茶具。「托子」，即茶托。就是茶盞下邊的那個托盤，盤中央有凹正好托住茶盞，茶盞茶托原本是一套。而「茶臼、搗棒」就是將茶葉加工成茶末的工具。西夏人飲茶大體是以熬茶為主，末茶便於熬煮。

　　在冷兵器時代，馬的機動性最強，因而從漢朝以來馬就作為戰略物資由國家控制。中原地區屢受周邊游牧民族的侵擾，其主要原因之一就是游牧民族具有騎兵的優勢。游牧民族地區生產的良馬，體量大、負載重、耐力強、奔跑速度快，內地馬匹遠不如游牧地區的馬強悍，因此每每交鋒多有失敗。在這種情況下，如何引進西北的良馬以提高作戰能力，便成為事關國家安危的大事。而在當時馬匹的主要來源是西夏，因為西夏控制了貞觀以來的原州（今寧夏回族自治區固原）、西使在臨洮

1　李燾：《續資治通鑑長編》卷一百九十六，中華書局，1979年。
2　宋德金、史金波：《中國風俗通史·遼金西夏卷》，上海文藝出版社，2001年，第471頁。

▶圖7-7　西夏馬

軍（今青海西寧市）等四個重要的監牧地，據記載「天寶十二載（西元753年）諸監見在馬總319387匹。內133598匹課馬」[1]。而這些基本上為西夏所有，並且用四監牧之馬與宋朝進行茶葉交換。

總之，茶葉在西夏人日常生活中是具有非常重要地位的。

❺ · 鹽業經濟

西夏國之所以能夠與宋朝相抗衡，食鹽貿易起到了非常重要的作用。《宋史‧食貨志》記載：「青白鹽出烏、白兩池，西羌擅其利」。西夏每年鹽的產量多達五百萬斤以上，其質量上好的青、白鹽便成為對外貿易的最主要經濟來源。因此，有專家認為：「西夏的青鹽，是當時宋夏邊境地區老百姓所喜愛的商品，也是西夏的重要財源之一。僅鹽州的五原就有烏池、白池、瓦池、細項地池產鹽，河西走廊地區和西安州有鹽州和鹽山，靈州的溫池、兩井池、長尾池、五泉池、紅桃池、回樂池、弘靜池也都是產鹽老井。……早在西夏立國之前，這裡的老百姓即從乾涸的鹼水池裡面曬出鹽粒，運往關中地區經銷。」[2]

英國科學家李約瑟在他的著名專著《中國科學技術史》中，談到了中國人對與

1　翁俊雄：《唐代區域經濟研究》，首都師範大學出版社，2001年，第30頁。

2　僧人：《西夏王國與東方金字塔》，四川人民出版社，2002年，第106頁。

鹽有關的文字認識。他認為與鹽緊密組詞的「鹵」字，像是一個曬鹽池，具有象形文字的特點。他說這裡應當略談一談中國人用以區別石類和礦物的象形字。……第三個偏旁是「玉」，用於玉及各種珍貴的石類。第四個是「鹵」字，用於鹽類，但不幸直到近代才被普遍採用，顧賽芬〔Couvreur（2）〕只列出十一個帶「鹵」旁的字。字書的編者沒有對商代的鹵字象形（K71ь）作任何解釋，但可以猜想，那是一個蒸發鹹水的鹽池的鳥瞰圖。按照巴斯·貝京（Baas-Becking）的想法，這也可能是在試畫一顆大的食鹽晶體。[1]

李約瑟的看法很有道理，也充滿情趣。

鹽是國家重要的經濟支柱，歷來是國家專營。由於西夏的「鹽饒美而估廉，公私鹹利」[2]，其青、白鹽的大量入內，給宋朝帶來了不少麻煩和經濟摩擦。據說范仲淹曾經想為西北設置鹽監來抗擊西夏，實現其「先天下之憂而憂」的政治抱負。宋彭乘《續墨客揮犀》：「范文正公少時求為秦州西溪監鹽。其志欲吞西夏，知用兵利病耳。而廨舍多蚊蚋，文正戲題壁曰：『飽去櫻桃重，飢來柳絮輕。但知離此去，不要問前程』。」[3]借蚊子諷刺朝廷目光短淺、沒有認識到西夏鹽利的長遠利害關係。雖然是一時戲笑之語，足見問題之複雜。

❻·飲食器皿

西夏人非常注重飲食器皿，它體現著一個民族的文化底蘊。在《番漢合時掌中珠》中記載的炊餐具、茶酒具就有數十種之多。

其中炊具為：甂、鍋、鐺、鐺蓋、鼎、杓、鍋鑔、笊籬、火爐鏊、火爐、火筋、火枚、火欄；餐具為：箸、匙、肉叉、盆、缽、碗、盤、注碗；茶具為：茶臼、茶銚、搗棒、茶缽、茶墊、濾器、渣滓笊籬、托子；酒具為：酒樽、盞檠子、

1　李約瑟：《中國科學技術史》第五卷第二分冊，科學出版社，1976年，第377～378頁。

2　顧炎武：《天下郡國利病書·陝西上》，上海古籍出版社，2012年。

3　趙令疇：《侯鯖錄·墨客揮犀·續墨客揮犀》卷五，中華書局，2002年。

觥、斝等。[1]這些種類諸多的器皿，承載著十分豐富的文化內涵，它說明西夏人當時的茶文化、酒文化、烹飪文化已經具有很高的水平。作為游牧民族，能將飲食文化發展到如此豐富多彩的地步，很值得研究。

❼ · 唃廝囉（gūsīluō）人

唃廝囉是吐蕃普約後裔，在西元11世紀初被青海東部的封建勢力擁立為王，稱唃廝囉，後遷至青唐朝城（今西寧市）。「唃廝囉統治湟中近一百年（西元1006-1102年）之久，因是宋抗擊西夏的依靠力量，社會比較安定，是中原通往西域的樞紐，不僅中西商人往來密切，而且內地的農業人口和生產技術也隨之大量流入，經濟、文化都有了進一步的發展。至此，湟水沿岸逐成為農田水利較發達的農業區。」[2]在唃廝囉統治的近百年間，唃廝囉部一方面保持著吐蕃自己的文化傳統，同時又不斷地學習中原地區的先進農業生產技術，如犁、耙、碾碌等農業生產工具已廣泛使用，鋤草、施肥、滅蟲、輪作倒茬等技術已普遍推行，促進了當地經濟的發展。

在飲食生活方面唃廝囉人大體與吐蕃相當，是以畜牧業經濟為主，農業經濟為輔的模式。他們特別善於放牧射獵，逐水草而居，其良馬聞名中原。

唃廝囉人喜歡吃牛羊肉，喝牛羊奶，吃酥油，同時也吃糌粑。由於環境的關係，唃廝囉人缺少蔬菜、調味品、醬等。在食物加工過程中唯獨使用食鹽調劑口感。唃廝囉人尤其喜歡喝酒和飲茶[3]，幾乎達到嗜酒茶如命的地步。唃廝囉與宋朝保持著頻繁的茶馬互市。

唃廝囉盛行佛教，馬可波羅曾經到過青海的西寧，他寫道：「途中必須經過一座名叫申州（Sinju，即西寧）的城市。西寧境內管轄的城市和寨堡，同樣劃歸唐古忒省的疆界之內。屬於大汗的版圖。這個國家的居民大多數都是佛教徒。不過也有一些回教徒和基督教徒」。並指出：「當地的居民經營商業和手工業為生。穀物十分

1　宋德金、史金波：《中國風俗通史·遼金西夏卷》，上海文藝出版社，2001年，第469頁。
2　田尚：《古代湟中的農田水利》，《農業考古》，1987年第1期。
3　祝啟源：《唃廝囉——宋代藏族政權》，青海人民出版社，1988年，第3頁。

豐富。」[1]馬可波羅所說西寧有十分豐富的穀物，實際上就是指農業發達的河湟地區。

唃廝囉的飲食結構是農牧兼具，農業區的穀類食物主要有小麥、大麥、青稞、蕎麥、糜、穀、豌豆等，蔬菜類有芥菜、香菜、大白菜、蔓菁、蘿蔔、蔥、蒜、韭菜等，牧區依然是以食牛羊肉、喝牛羊奶、吃酥油為主。

第二節　元朝的飲食文化

元朝雖然統治時間不算長，但是對甘、寧、青、新地區及中亞地區的影響很大。元代是蒙古人所建，而蒙古人是游牧民族，其生活傳統是逐水草而生，養成了「出入止飲馬乳，或宰羊為糧」的飲食習慣[2]。所以，在蒙古人的食物品種當中羊肉是第一位的美食。元代忽思慧著名的飲食文化著作《飲膳正要》就記載了許多這方面的信息，對於後人了解元代人的飲食結構、食養食療的思想，以及香藥入饌的養生特色，具有重要的史料價值。同時以香料入饌，注重以食養生也是西北地區飲食文化又一突出的亮點。

一、豐富的羊肉食品

❶‧羊肉麵食當家

以羊肉為主要食材的食品，在元朝被發展到一個新的高度，當時幾乎有名的菜餚都與羊肉有關。西北有很大面積的農耕區，五穀豐富，盛行麵食，羊肉與麵食完

中國飲食文化史　西北地區卷

1　馬可‧波羅口述，魯思梯謙筆錄，陳開俊等合譯：《馬可‧波羅遊記》，福建科學技術出版社，1981年，第69-70頁。

2　孟珙：《蒙韃備錄》不分卷，四庫全書本。

美結合，成為西北地區的當家飯。例如，當時流行於西北地區麵食之一的「禿禿麻食」即是。元忽思慧《飲膳正要》卷一記載：

「禿禿麻食（繫手撇麵）：補中益氣。白麵（六斤、作禿禿麻食）、羊肉（一腳子，炒焦肉乞馬）右件，用好肉湯下炒蔥，調和勻，下蒜酪、香菜末。」

對於「禿禿麻食」有不同的叫法，根據專家的研究「作於14世紀中期的高麗漢語教科書《老乞大》作『脫脫麻食』，《朴通事》則作『禿禿麼思』。民間飲食著作亦載有此物：『禿禿麻失，如水滑麵，和圓小彈劑，冷水浸，手掌按作小薄餅兒。下鍋煮熟，撈出過汁，煎炒酸肉，任意食之。』以上種種名稱，都是tutumas的音譯，『這是一種14世紀突厥人中普遍食用的麵條，……當今阿拉伯世界的烹飪書籍中也都有其名。』這種食品在元代頗為流行，蒙古人、漢人都對它有興趣，流傳甚廣。」[1]

又如掛麵，「掛麵：補中益氣。羊肉（一腳子切細乞馬）、掛麵（六斤）、蘑菇（半斤，洗淨，切）、雞子（五個，煎作餅）、糟薑（一兩，切）、瓜虀（一兩，切）。右件，用清汁下，胡椒一兩，鹽、醋調和。」

再如「雞頭粉雀舌子：補中，益精氣。羊肉（一腳子卸成事件）、草果（五個）、回回豆子（半升，搗碎，去皮）。右件同熬成湯，濾淨，用雞頭粉二斤，豆粉一斤同和，切作棋子，羊肉切細乞馬，生薑汁一合，炒蔥調和。」[2]可見裡面的主料都是面和羊肉。其中「回回豆子」多次出現，回回豆子「味甘，無毒。主消渴。勿與鹽煮食之。出在回回地面，苗似豆，今田野中處處有之」[3]。亦是西北地區特有的食物品種。

雀舌子，就是今天西北回民最擅長的碎麵，也叫「雀舌頭」，因狀如雀舌，故名。如圖7-8。其加工方法是，先將麵用手捌成薄厚均勻的大張，然後晾到半乾時再用刀切成如麻雀舌頭一樣的形狀，再下鍋煮熟，澆汁即食。

1　陳高華、史衛民：《中國風俗通史·元代卷》，上海文藝出版社，2001年，第38-39頁。
2　忽思慧：《飲膳正要》，人民衛生出版社，1986年，第24頁。
3　忽思慧：《飲膳正要》，人民衛生出版社，1986年，第99頁。

▶圖7-8 甘肅麵食雀舌子

在元代西北地區常見的麵食有：麵條、饅頭、蒸餅、燒餅、餛飩、扁食（餃子）、棋子（餅類）等，就「以麵條來說，見於元代文獻記載的有春盤麵、皂羹麵、山藥麵、掛麵、經帶麵、羊皮麵、水滑麵、索麵、托掌麵、紅絲麵、翠縷麵、勾麵等」[1]。那些麵條的「澆頭」裡就都少不了羊肉。

❷ · 《飲膳正要》的養生思想

元代的《飲膳正要》，是集歷代食療養生之大成者，具有重要的學術價值及使用價值。

《飲膳正要》系統地提出了很多寶貴的養生思想，特別是飲食與健康的關係，論述得非常到位，書中談道：「保養之法，莫若守中，守中則無過與不及之病。調順四時，節慎飲食，起居不妄，使以五味調和五臟。五臟和平則血氣資榮，精神健爽，心志安定，諸邪自不能入，寒暑不能襲，人乃怡安。」《飲膳正要》提倡飲食節制，「雖然五味調和，食飲口嗜，皆不可多也。多者生疾，少者為益。百味珍饌，日有慎節，是為上矣」的觀點，這些觀點至今看來仍十分可貴。

《飲膳正要》在食療諸病中曾列舉六十一方，其中很多都帶有濃郁的西北特

1　陳高華、史衛民：《中國風俗通史·元代卷》，上海文藝出版社，2001年，第15頁。

色，都與西北的食俗及特產有關，如西北地區大量吃羊肉，西北地區產枸杞，西北田間盛產馬齒野菜、河西米、蕎麥、大麥等。這在《飲膳正要》的食療方中都得以體現。例如，枸杞羊腎粥「治陽氣衰敗，腰腳疼痛，五勞七傷。枸杞葉（一斤）、羊腎（二對，細切）、蔥白（一莖）、羊肉（半斤，炒）。右四味拌勻，入五味，煮成汁，下米熬成粥，空腹食之」。馬齒：「味酸，寒，無毒。主青盲白翳，去寒熱，殺諸蟲」。馬齒菜粥：「治腳氣，頭面水腫，心腹脹滿，小便淋澀。馬齒菜（洗淨，取汁）。右件，和粳米同煮粥，空腹食之」。馬齒菜，作為野菜能入食療方中，應該與西夏時期食用馬齒菜的習俗相關，並一直沿襲下來。

河西米，《飲膳正要》載：「河西米，味甘，無毒。補中益氣。顆粒硬於諸米。出本地」。大麥，傳統的食材，「味鹹，溫、微寒，無毒。主消渴，除熱，益氣，調中，令人多熱，為五穀長。」「能消化宿食，破冷氣」。

西北地區特產的蕎麥，「味甘，平寒，無毒。實腸胃，益氣力。久食動風氣，令人頭眩。和豬肉食之，患熱風，脫人鬚眉」。

《飲膳正要》提倡飲食衛生，注重食品清潔與防護。西北地區重肉食，多瓜果，善飲酒，書中所言的一些條律，如其中提出的「飲食利害」有三十餘條，對西北地區有很強的針對性。如：「諸肉非宰殺者，勿食。諸肉臭敗者不可食。」「臘月脯臘之屬，或經雨漏所漬、蟲鼠齧殘者，勿食。諸果蟲傷者，不可食」等。還有「飲食相反」一二十條、「食物中毒」十幾條。這些注意事項，直到今天仍然有著積極的借鑑意義。

《飲膳正要》一書中還列出了各種食物中毒的解方，如「食瓜過多，腹脹，食鹽即消。」「食牛、羊肉中毒，煎甘草汁飲之。」「飲酒大醉不解，大豆汁、葛花、椹子、柑子皮汁皆可」，這些都成為西北地區飲食文化的寶貴遺產。

羊肉之所以成為大眾喜歡的美食，其原因就在於「羊肉：味甘，大熱，無毒。主暖中，頭風，大風，汗出，虛勞，寒冷，補中益氣」之功效[1]。《飲膳正要》在

1　忽思慧：《飲膳正要》，人民衛生出版社，1986年，第111頁。

「聚珍異饌」中一共列了九十四方，其中五十五方突出了羊肉的功能。

❸·蔬菜水果

元朝時期的蔬菜相比以前品種越來越豐富，而且產量也在穩步發展。西北地區的蔬菜類有芥菜、香菜、大白菜、蔓菁、蘿蔔、蔥、蒜、韭菜等。

元朝的西北地區，蔬菜也是和羊肉一塊做的。例如有一種叫做「茄子饅頭」的食品可為代表。其製作方法是：「羊肉、羊脂、羊尾子、蔥、陳皮（各切細）、嫩茄子（去穰）。右件同肉作餡，卻入茄子內蒸，下蒜酪、香菜末，食之。」[1] 很像是今天的「釀茄子」。

王東平先生引：「清代《回疆通志》中仍稱茄『一名崑崙瓜』，或許茄子也是傳自西域。」[2] 茄子，是西北地區傳統的蔬菜，西北是最早食用茄子的地區。這種傳統蔬菜與羊肉相配成美食名肴，是西北地區飲食之一大特點。

新疆歷史上向以出產甜瓜而聞名，元朝時的昌吉就出產一種形狀類似於枕頭的長形瓜。元代的道教全真派教長丘處機於西元一二二〇至一二二二年期間，受成吉思汗邀請，率領徒弟從萊州到阿富汗興都庫什山向成吉思汗傳授長生之術，曾經到過西北及中亞地區，並尤其弟子李志常將其所見所聞編纂成《長春真人西遊記》一書。該書對河西至中亞地區的風土人情進行了細緻的描述：「凡山川道裡之險易，水土風氣之差殊，與夫衣服、飲食、百果、草木、禽蟲之別，粲然靡不畢載」。李志常記道：「又歷二城，重九日至回紇昌八剌城。其王畏午兒與鎮海有舊，率眾部族及回紇僧皆遠迎。既入，齋於台上。泪其夫人勸蒲萄酒，且獻西瓜，其重及稱，甘瓜如枕許，其香味蓋中國未有也。」這是李志常親口品嚐過後的真實記錄，昌八剌城的故址在今新疆昌吉縣境內。甘瓜如枕許，是說甜瓜長得像睡覺用的枕頭一樣大，尤其是甜香美味是中原地區所沒有的。

1　忽思慧：《飲膳正要》，人民衛生出版社，1986年，第43-44頁。

2　王東平：《新疆古代蔬菜種植述略》，《農業考古》，1996年第3期。

二、香藥入肴

西方使用香料有著悠久的歷史，這些香料既是調味品，又是具有保健作用的藥材，故統稱「香藥」。《聖經・舊約・出埃及記》就記載了沒藥、桂皮、菖蒲、肉桂、乳香等香藥的使用。元朝橫跨亞歐大陸，與西方有著密切的交流，沿襲唐宋以來的風習，香藥入肴饌仍是元代西北飲食的一大特色。常用的香藥有陳皮、草果、茴香、白芥等。

如前文所述，元代西北地區有一名饌為「茄子饅頭」，製作時就要加入陳皮。陳皮，又名紅橘、大紅袍，是用柑橘的果皮經乾燥處理而得；陳皮性溫，味苦、辛。在《本草綱目》中對其食療功能有詳細總結，該書的卷三十稱陳皮可「療嘔噦反胃嘈雜，時吐清水，痰痞咳瘧，大腸閉塞，婦人乳癰。入食料，解魚腥毒」。陳皮為芸香科植物的果皮，屬於香味調味品，多用於特殊風味的菜餚，而元代西北人吃饅頭也加陳皮，可謂一大特色。

元代飲饌中重用香藥「草果」，以《飲膳正要》中的幾道湯為例，如「八兒不湯」：「系西天茶飯名。補中，下氣，寬胸膈。羊肉（一腳子卸成事件）草果（五個）回回豆子（半升，搗碎，去皮）蘿蔔（二個），右件一同熬成湯，濾淨，湯內下羊肉，切如色數大，熟蘿蔔切如色數大，咱夫蘭一錢，薑黃二錢，胡椒二錢，哈昔泥半錢，芫荽葉、鹽少許，調和勻，對香粳米乾飯食之，入醋少許」。

苦豆湯：「補下元，理腰膝，溫中，順氣。羊肉（一腳子卸成事件）草果（五個）苦豆（一兩系葫蘆巴）。右件一同熬成湯，濾淨，下河西兀麻食或米心子，哈昔泥半錢，鹽少許，調和」。

馬思荅吉湯：「補益溫中，順氣。羊肉（一腳子卸成事件）、草果（五個）、官桂（二錢）、回回豆子（半升，搗碎，去皮）。右件，一同熬成湯，濾淨，下熟回回豆子二合，香粳米一升，馬思荅吉一錢，鹽少許，調和勻，下事件肉、芫荽葉」。不難看出，這裡的主料都是羊肉，還有新疆地區盛產的回回豆子，這些均為西北地區的特產，同時也都無一例外地加入了「草果」。

對於草果的食療功效，《飲膳正要》稱「草果：味辛，溫，無毒。治心腹痛，止嘔，補胃，下氣，消酒毒」。其中「補胃」與「消酒毒」對食肉、飲酒的西北地區游牧民族而言，非常有益。

茴香也是廣泛適用的一種香藥，茴香屬於香味調味品，香氣怡人，且有和胃理氣、溫腎散寒、袪蠅辟臭之功效。最宜研末做麵食。如「牛奶子燒餅」，其做法就是「白麵（五斤）、牛奶子（二斤）、酥油（一斤）、茴香（一兩，微炒）。右件用鹽、鹼少許。同和麵，作燒餅」。即便是一般的餅，也會加入些茴香以豐富口味如「䭔餅」等。

當時還有許多從西域傳來的「香藥」，如西北地區使用的「齊墩果」即是當時常用的調味品。兼有潤腸通便、解毒斂瘡之功。根據《本草綱目》卷三十一引《酉陽雜俎》曰：「齊墩果，生波斯國及拂林國。高二三丈，皮青白，花似柚，極香。子似楊桃，五月熟，西域人壓為油以煎餅果，如中國之用巨勝也」。齊墩果，齊墩樹的果實。巨勝，就是胡麻。齊墩果是一種極其芳香的香料，西域人把齊墩果壓成油，類似胡麻油一樣，可用來炸餅果，亦可炒菜。

除了香味調味品之外，還有辛味調味品同樣使用頻繁，例如蒜，《飲膳正要》稱「味辛，溫，有毒。主散癰腫，除風邪，殺毒其。獨顆者佳」。大蒜原產自西域，是絲綢之路開通後才傳入中國的。蒜具有殺毒功效，可生食、醃食，又可去腥，在烹炒畜禽魚肉時多用。「獨顆者佳」，就是說獨頭蒜最好。因為獨頭蒜還具有治療傷風的功效，其方法是將獨頭蒜用明火燒熟略焦，吃下即可。時至今日，香辛調味品仍是西北人日常生活中的必需品。

三、元八珍的出現

創建元朝的蒙古人是馬背民族，他們早期的飲食習慣是「其食肉而不粒，獵而

得名」[1]，以吃牛羊肉和奶酪為主，以「益氣調中，耐飢強志」的葡萄酒[2]為美味佳釀。肉食以烤羊肉、烤全羊、烤駱駝最為出名。

在元朝著名的食品當中，「八珍」的影響最大。所謂八珍，元末明初學者陶宗儀《南村輟耕錄》稱「所謂八珍，則醍醐、麆（zhù）沆、野駝蹄、鹿唇、駝乳麋、天鵝炙、紫玉漿、玄玉漿也。玄玉漿即馬奶子」。醍醐，精製奶酪，即乳酪上面凝聚如油的精品，佛教有「醍醐灌頂」之說。麆沆，麆為麋，即麋鹿，或為幼獐；沆，有人認為是馬奶酒。駝乳麋，即駝奶粥。駝蹄，為駝身之物，與熊掌齊名。鹿唇，即犴唇。天鵝炙，即烤天鵝肉。紫玉漿，即西域葡萄酒，或是馬奶酒。

考量八珍，其中的麆沆、野駝蹄、鹿唇、駝乳麋、天鵝，均是野生動物，可見元八珍是游牧民族的產物，具有鮮明的民族特色。

八珍當中的醍醐、麆沆、駝乳麋、駝蹄、紫玉漿、玄玉漿西北地區都有出產。其中「駝蹄」即是西北地區的一道名菜。駝蹄因食材的稀少而顯珍貴，用駝蹄加工的羹即是「駝蹄羹」。駝蹄羹從唐朝開始，就在敦煌、酒泉一帶流傳，發展到元朝已經成為真正的八珍。加工駝蹄羹特別講究用調料，尤其是要突出蔥、薑和胡椒的味道，還有佐與菌類蔬菜，延續至今綿綿不斷。

八珍中的玄玉漿，即馬奶子。喝馬奶是游牧民族的飲食習慣，蒙古人自不例外。而由馬奶子製作的馬奶子酒卻是風行整個西北地區。馬奶子酒，原為「挏馬酒」，早在《漢書·禮樂志》中就有「其七十二人給大官挏馬酒」的記載，西晉學者李奇注曰：「以馬乳為酒，撞挏乃成也。」唐代儒家學者顏師古進一步解釋說：「『挏』音『動』。馬酪，味如酒，而飲之亦可醉，故呼馬酒也。」是說在漢朝宮廷中有七十多人在釀造馬酒，就是馬奶子酒。

馬奶子酒的原產地是西域的奄蔡，亦西域三十六國之一的康居。元朝屬於欽察漢國，範圍在今天的鹹海至裡海一帶。隨著絲綢之路的發展，逐漸傳入中國，成為

1   李炳澤：《多味的餐桌》，北京出版社，2000年，第43頁。
2   忽思慧：《飲膳正要》，人民衛生出版社，1986年，第110頁。

游牧民族最喜歡的酒品之一。例如元代耶律楚材的《西遊錄》就記載了耶律楚材曾經喝過官員賈搏霄送的馬奶子酒，並寫下《謝馬乳復用韻二首》，其一曰：「肉食從容飲酪漿，差酸滑膩更甘香。革囊旋造逡巡酒，樺器頻傾瀲灩觴。頓解老飢能飽滿，偏消煩渴變清涼。長沙嚴令君知否，只許詩人合得嘗。」詩人暢飲馬奶子酒的風情躍然紙上。

第八章　明清民國時期

明朝甘肅、青海、寧夏隸屬陝西都指揮使司，新疆屬蒙古瓦剌部。[1]

清康熙初，原屬於陝西的甘肅正式單獨建省，治蘭州。西元一七五九年清統一新疆後，將今阿爾泰地區由科布多參贊大臣管轄；哈密、巴里坤、烏魯木齊地區劃歸甘肅布政司轄；新疆其他地區統由伊犁將軍管轄。光緒十年（西元1884年）九月三十日，清從甘肅分置新疆省，定省會迪化（今烏魯木齊）。

中華民國期間甘肅、新疆為省級建置未變。一九二九年一月，青海省正式成立，首府設在西寧。一九二三年十月十七日，經國民政府批准以舊甘肅省朔方道八縣及寧夏護軍使轄西套蒙古兩旗屬地合併建為寧夏省。一九二九年一月一日正式成立寧夏省，首府為銀川市。

明清時期是中國飲食文化的成熟時期，蘇、魯、粵、川等特色大菜系已經基本定型。由於明清的政治中心在北京，民國的政治、經濟中心在長江三角洲，此時的甘、寧、青、新地區越加遠離政治中心與經濟的中心，經濟文化的落後開始顯現。但值得慶幸的是，西北地區原生態的飲食文化，在閉塞的環境下得到一定程度的保留，具有濃郁的民族特色，其中又以漢、藏、蒙、清真飲食文化為亮點。

第一節　明清時期農業經濟的恢復與飲食文化的發展

甘、寧、青、新地區的飲食文化相對於蒙元時期而言，在明清時期形成了自己的文化特色。其原因，首先是建立在農業經濟恢復與發展的基礎之上，其次是大規模的移民與本土飲食文化的碰撞、交流與融合。

1　烏魯木齊市黨史地方史編纂委員會編：《烏魯木齊市志》，新疆人民出版社，1994年，第155-157頁。

一、農業經濟的恢復

明清時期，西北地區畜牧業的比例依然低於農業，農業經濟和農業人口占據著主導地位，因此明清時期發展農業是當時經濟生活的中心。

❶・明朝對戰爭破壞的恢復

元末明初的戰爭使西北地區的經濟遭到了極大的破壞，正如列寧指出的那樣：「戰爭使最文明、文化最發達的國家陷入飢餓的境地」[1]。明朝在消除戰爭影響的同時，對恢復西北地區的農業生產採取了一些積極的措施，根據楊曉靄先生的研究，明朝在當時甘肅的「臨洮、岷州、寧夏、洮州、西寧、蘭州、莊浪、河州、甘州、山丹、永昌、涼州等衛軍士屯田，每歲所收，穀種外餘糧請以十分之二上倉，以給士卒之城守者」[2]。又據《明太祖洪武實錄》卷一九五記載，到了洪武二十二年（西元1389年），莊浪、河州、洮州（今臨潭）、涼州、臨洮等衛，已變成米多價賤的富裕地區，呈現出一片欣欣向榮的景象。

明朝的寧夏同樣是設置衛所大興屯田，「開渠灌田，給軍民佃種」[3]。當時「諸衛所田額總計為一萬六千八百四十七頃四十二畝」[4]，「保障了以寧夏鎮城（今銀川市）為中心的寧夏衛、寧夏前衛、寧夏左屯衛、寧夏右屯衛、寧夏中屯衛五之地能夠受到漢延、唐徠兩大主渠及其支渠河水的浸潤，從而使得屯墾形式下的農業生產旱澇保收」[5]。正是在醫治元明之際戰亂創傷的前提下，明朝政府對寧夏的水利事業進行了有效的建設，使之成為名副其實的塞上江南。

明代的青海河湟地區，被稱之為「河湟」或「河隴」[6]，是專家們將青海的西

1　列寧：《列寧全集》第二六卷，人民出版社，1984年，第365頁。

2　楊曉靄：《瀚海駝鈴——絲綢之路的人物往來與文化交流》，甘肅教育出版社，1999年，第194頁。

3　張廷玉：《明史》，中華書局，1974年，第2161頁。

4　呂卓民：《明代西北農牧業地理》，台灣洪葉文化事業有限公司，2000年，第84頁。

5　張維慎：《論明代寧夏鎮的水利建設》，《陝西歷史博物館館刊》第13輯，三秦出版社，2006年，第140頁。

6　陳宋忠：《河隴史地考述》，蘭州大學出版社，1993年，第1頁。

寧地區與甘肅的河西地區相聯繫而稱，因為在很長的時間內，青海東部一帶歸甘肅管轄，是青海農作物、蔬菜、瓜果等生產的重要基地，在自行解決吃穿問題的同時也為國家提供一定數量的糧食。據統計僅明代西寧衛一地，就有「正統三年額設屯科田二千七百五十六頃四十六畝，屯科糧二萬五千一十二石六斗」[1]。清順治《西寧志》記載：「嘉靖二十九年實徵田三千一百八十二頃二十二畝五分五釐。糧二萬七千四百九十五石七斗五合。草三十一萬一千八百六十六束七分二釐。秋青草九萬九千六百四十七束。地畝銀二百九十八兩五分一釐。」[2]這些官方公布的統計數字，充分說明當時農業經濟的發達，為飲食文化的發展提供了必要的物質條件。

❷ · 坎兒井的修建與玉米的推廣

新疆地區歷史上的第三次大開發，主要表現在清代的屯田和興修水利兩個方面。清代的西域屯田始於康熙五十五年（西元1716年），在哈密、巴里坤等地。發展到「乾嘉時期是清代在新疆屯墾的興盛時期，屯田發展很快。主要以軍屯（兵屯）為主，是清代屯田的主要力量，每卒一般授田二十畝，每屯士兵百名，種田二千畝上下。以後陸續興辦旗屯、遣屯和民屯（戶屯）、回屯（就是維吾爾族農民的屯田）、旗屯（即伊犁惠遠、惠寧兩城駐防之滿、蒙、錫伯、索倫、察哈爾、厄魯特等八旗兵所墾種之田）、遣屯（犯屯）」[3]。隨著農田水利的興修，耕地面積大幅度增加。北疆農業的不斷發展，改變了長期以來單一游牧經濟的局面，從而使飲食結構發生了新的變化。

水利是農業的命脈，新疆發展農業大興水利的主要工程就是修坎兒井。坎兒井是新疆地區特有的水利設施，實際上就是「井渠」，據《史記·河渠書》記載，漢武帝時大興水利，在關中修渠，「於是為發卒萬餘人穿渠，自徵引洛水至商顏山下。岸善崩，乃鑿井，深者四十餘丈。往往為井，井下相通行水。水穨以絕商顏，東至

1　田尚：《古代湟中的農田水利》，《農業考古》，1987年，第1頁。
2　劉敏寬：《西寧志》，青海人民出版社，1993年，第196-197頁。
3　趙予征：《絲綢之路屯墾研究》，新疆人民出版社，1996年，第195頁。

▶圖8-1、圖8-2
新疆坎兒井

山嶺十餘里間。井渠之生自此始。穿渠得龍骨，故名曰龍首渠」。後來該技術「由我國傳到西域及中亞，新疆的坎兒井，就是吸取西漢井渠技術而修成的。」[1]這便是坎兒井的由來。

　　坎兒井是根據新疆特有的自然環境發展起來的水利設施，極具地方特色。「坎兒井主要是利用雪水滲透入礫石層的伏流或潛水作水源，這與新疆特殊的自然條件是密切配合的。新疆地區地下水位非常低，風沙大，氣候乾燥，降雨量極小，蒸發量大，故勞動人民就根據當地自然條件，吸取外地的經驗，創造出坎兒井這種獨具特色的水利灌溉工程。」坎兒井的具體結構是：「一般包括豎井、暗渠、澇壩和明渠四個部分。暗渠的用處是將水引出地面。開挖暗渠前則要由有經驗的打井工人找尋水脈，先打一口豎井，了解地下水位，待豎井中發現地下水後，即連打若干個豎井，一般相隔三四丈遠，然後再把各個豎井的底部挖通，這樣，暗渠就形成了，暗渠也即地下水道，地下水沿地下水道逐漸流出地面，地下水流出地面後，再在距出口五百米的地方挖一大蓄水池，稱為澇壩，澇壩下游即明渠，地下水經過明渠直接

1　霍有光：《司馬遷與地學文化》，陝西人民教育出版社，1995年，第235頁。

流入農田進行灌溉，這就是坎兒井灌溉農田的全過程。」[1]在二十一世紀的今天，新疆地區的坎兒井依然是農業不可缺少的水利設施。

坎兒井是廣大勞動人民在長期生產實踐中的智慧發明，是新疆人民因地制宜的創新，對於乾旱少雨的新疆地區來說，是一大創舉。

新疆的坎兒井十分發達，根據黃世瑞先生對清朝《新疆圖志》的研究：「主要分布於北疆的巴里坤、濟木薩、烏魯木齊、瑪納斯、景化烏蘇，以及南疆的哈密、鄯善、吐魯番、于闐、和田、莎車、蔬附、英吉沙爾、皮山等地。吐魯番盆地中的吐魯番、鄯善、哈密、托克遜等四縣共有坎兒井約一千六百條左右，年出水量約九億立方米，每條坎兒井的長度不一，從不足一公里到十幾里，一般是二至三公里，最長的哈拉巴斯曼渠堪稱坎兒井之王，竟長達一百五十里，寬達七尺，能灌溉農田一萬六千九百多畝。」[2]可見清代坎兒井數量之巨、灌溉面積之大，令人歎為觀止！

清朝政府的官員都很重視修坎兒井，如「林則徐廣東禁煙失敗謫戍伊犁間，在吐魯番等地推行坎兒井，防止乾旱區渠水蒸發，新疆農業至今受益坎井。同治間張曜在哈密復修石城子渠時，用毛氈鋪底以防滲漏失水；左宗棠全力支持，從河州、寧夏、西寧蒐購十萬張氈條用於造渠。嗣後吐魯番、巴裡坤、烏魯木齊、瑪納斯、庫車、庫爾勒、庫爾楚及喀什一帶的南路西四城都在浚河修渠，恢復綠洲農業」[3]。因此有專家認為：「清代以前，西域的農業生產在整個社會經濟中占極其微小的比例，而且農業耕作的分布區域集中在天山以南的範圍，天山以北幾乎沒有什麼農業。至清代，情況大為改觀，北疆屯墾農耕得到迅速的發展，並隨之帶來手工業、商業的發展。北疆經濟超過南疆經濟，一躍成為西域經濟的重心所在。」[4]這與清朝政府的重視是分不開的。

農業經濟的發展「改變了歷史上新疆『南農北牧』的經濟地理格局。另外，一

1　黃世瑞：《中國古代科學技術史綱——農學卷》，遼寧教育出版社，1996年，第293頁。
2　黃世瑞：《中國古代科學技術史綱——農學卷》，遼寧教育出版社，1996年，第294頁。
3　張波：《西北農牧史》，陝西科學技術出版社，1989年，第363頁。
4　劉錫濤：《古代新疆的三次大開發及其歷史借鑑》，《中國歷史地理論叢》，2001年增刊。

些原來在南疆地區廣泛種植的糧食作物品種逐漸被玉米所排擠，生產規模萎縮，玉米的生產種植地域迅速地擴大，成為新疆糧食作物的主要品種之一」[1]。玉米的推廣，為新疆糧食生產的提高起到了非常重要的作用。

玉米是一種適應性強、耐高溫、對土壤的要求並不嚴格的農作物，在灌溉較便利的地區容易種植並獲豐收。玉米自清代被引種到新疆之後，傳播得很快，「大約是在道光朝以後主要流行於南疆各地。及新疆置省，始又漸次成為各地農村的主要糧食作物」[2]。

二、豐富的食物資源與民族飲食

❶・豐富的穀物與果蔬

明清時期甘、寧、青、新地區的穀物與果蔬資源已經相當豐富，根據清代地方志的記載，僅甘肅的糧食作物就有：黍、稷、稻、粟、麥、大麥、蕎麥、莜麥、燕麥、秈麥、青稞、玉麥、豌豆、胡豆、蠶豆、扁豆、紅豆、黑豆、黃豆、綠豆、沙米等。糧食去殼與磨碎加工依然是用傳統的石磨和石碾子。

油料作物有胡麻、芝麻、茛麻、大麻、油菜籽、荏子等，其中「荏子」比較有特色。

「荏子」又名白蘇子、玉蘇子。荏子既可以食用也可以作為油料作物榨油，其所榨之油為荏子油，有特殊香味，口感很好。現西北地區多以荏子油作調味品，涼拌或烹炒菜餚均可使用。

甘肅的蔬菜瓜果也很豐富，蔬菜有：「白菜、蓮花菜、萵苣、蔥、沙蔥、蒜、薤、韭、蘿蔔、胡蘿蔔、芫荽、瓠、茄、茄蓮、菠菜、芹、芥、沙芥、苜蓿、菩蓮、洋芋、油菜、芥子、雪裡蕻、茼蒿、蔓菁、莧、馬齒莧、山藥、百合、刀豆、

1　張建軍：《清代新疆主要糧食作物及其地域分布》，《農業考古》，1999年第1期。

2　蔡家藝：《清代新疆社會經濟史綱》，人民出版社，2006年，第294頁。

◀圖8-3　明代的石磨、石碾子

苦豆、腦孩豆、西番豆、回回豆、薺、蘑菇、發米、筍、藕、芰、薇、蕨、藜、蕾、苦苣、羊肚、圓根、荸薺、木耳、茴、苔、銀耳、鹿角、石花菜、松花菜、地椒、地耳、地蕈、劈藍、甘露子、調羹白、筆頭菜、白花菜、青絲、椒蒿、杞芽、龍鬚菜、雞冠菜、蕨麻。」水果有「蘋果、梨、金瓶梨、桃、胡桃、杏、李、沙棗」等[1]。所有這些仍然是今天甘肅人的日常果蔬品種。其中百合、秦椒是其特產。

百合是多年生草本植物，又名強瞿、蒜腦薯、番韭、山丹、中庭、重箱、重邁、倒仙。味甘、平、無毒。李時珍曰：「百合之根，以眾瓣合成也。或雲專治百合病故名，亦通。其根如大蒜，其味如山薯，故俗稱蒜腦薯。」百合具有很好的食療功能「百合新者，可蒸可煮、和肉更佳：乾者作粉食，最益人」。[2]用百合入菜、做餅、熬湯，可補血補氣。全國其他地方的百合略有苦味，唯獨蘭州的百合是甜的，因此享譽海內。

秦椒是西北地區本土生產的著名調味品。秦椒，椒的一種，有除風殺蟲，溫中除寒止痛之功效。明清時期傳統調味品中的胡椒在本區已經漸漸淡出，繼而興起的是本土出產的秦椒。

1　升允、安維峻等：《甘肅新通志》，蘭州古籍書店，1990年，第610頁。
2　李時珍：《本草綱目》，華夏出版社，1998年，第1127頁。

秦椒指古代出產於秦地的椒,即今甘肅一帶。《本草綱目》稱:「秦椒、花椒也,始產於秦,今處處可種,最易藩衍。其葉對生,尖而有刺。四月生細花,五月結實,生青熟紅,大於蜀椒……蜀椒出武都,赤色者善;秦椒出隴西天水,粒細者善」。武都,今甘肅南部之成縣一帶。秦椒,今統稱之為花椒。因秦椒顏色深紅,故又稱之為「大紅袍」。

秦椒作為日常調味品,使用極廣。既可原果使用,也可研成末入其他調味品中,尤其是麻辣類食品中不可或缺。

寧夏在明清時期主要的蔬菜瓜果品種大體與甘肅相同,其中「青豆、紅豆、羊腸豆、秫之類,白蘿蔔、沙芥、絲瓜、黃瓜、冬瓜、豇豆、茶豆、滑菜、菜瓜、白花菜、葫蘆、菩蓮、莧」[1]等為地方特色。

青海在明清時期的蔬菜瓜果具有高原特色,主要品種有「沙韭、龍鬚、圓根、巴丹杏、藏豆、芒穀、茼蒿、甜菜、蕨菜、王瓜、野韭、蕨麻。金瓶梨、蘋果、牛絨」[2]。還有一些後增加的品種,如扁豆、刀豆、胡麻、油菜、燕麥以及茄子、芹菜、茄蓮、苦瓜、白菜、芫荽、木耳、菠菜、萵筍、黃瓜、菜瓜、葫蘆、西瓜、苜蓿、辣椒、花椒等。尤其是黃瓜這麼嬌嫩的蔬菜能在青藏高原上培養成功,實屬不易。

苜蓿,即紫苜蓿,原產於小亞細亞、伊朗一帶,為張騫通西域時帶回,是中西文化交流的結果。苜蓿主要用來餵馬等大牲畜,但是,春天剛剛長出來的嫩芽人也可以食用,尤其在荒年為救命的食物。

明清時期新疆地區的農作物有:黍、高粱、糜、大麥、小麥、小豆、青稞、稻米、麻、瓜等;蔬菜瓜果有「冰蘋婆、檳子、櫻桃、桑葚、西瓜、葡萄、石榴、蓮花白菜、四季豆」[3]等。大致與甘肅相似。

1　楊壽等:《朔方新志》,蘭州古籍書店,1990年,第39頁。
2　楊應琚:《西寧府新志》,青海人民出版社,1988年,第253、255頁。
3　和寧:《回疆通志》,蘭州古籍書店,1990年,第413～416頁。

❷・各少數民族的因地而食

古人說「十里不同風，百里不同俗」，從大人類學的角度考察，飲食習俗的特殊性往往表現在不同的地域上。

甘、寧、青、新地區歷史悠久民族眾多，在漫長的歲月中形成了極具特色的飲食習俗。例如青海，清代西寧官員蘇銑在《西寧志》中寫道：「西寧衛，外戎內華，山阻地險。俗尚佛教，人習射獵。夏秋少暑，冬春多寒。毳皮為衣，酥湩煎茶。彝人以皮馬為禮，畜養為業，力農務學，不殊內地。」湩，酥，即酥油；湩，即乳汁。這裡的藏族，「平日之食，多以糌粑、牛羊肉、茶和奶子、奶渣、酥油等為主，且牛羊肉多生食；喜飲淡而微酸的青稞酒。」[1]這是長期受到環境的影響而形成的飲食習俗。

地處高原的青海玉樹地區，廣袤的草原使這裡的畜牧業非常發達，長期的畜牧生活養成藏族同胞吃牛羊肉和奶製品的習慣，他們「食品以糌粑為主，時佐以牛羊。糌粑有酥油茶下之；亦無海鹽；亦有不火食者」[2]。還輔以酥油、酸奶、曲拉等。

青海藏族飲食習俗的另一特點是不吃青海魚，而青海卻是產魚之地。根據清朝有關文獻記載：「魚產於青海，名曰湟魚，冬夏兩季取之以售於西甯、蘭州一帶」[3]。青海藏族對於青海湖心存敬畏，認為它非常神聖。

青藏高原地理環境特殊多樣，人們生活的風俗習慣各異，飲食習俗不盡相同。例如，青海東部循化一帶，自然環境極為豐饒，有「青海的小江南」之稱。由於物產豐富，所以居住在這個地區的撒拉族人的飲食也極富特色，例如有一種叫「熬頭」的食品，撒語叫「巴西討粒提」[4]就是撒拉人的美食，製作時先將洗盡燎光毛的牛羊頭、蹄、胃及麥豆一併放進鍋裡熬煮，一般從晚上開始，一個晚上才能熬好。第二天早上便可享用。全家人吃的時候，牛羊的眼睛通常敬給老人，其餘部分，尤其是

1　林永匡、袁立澤：《中國風俗通史・清代卷》，上海文藝出版社，2001年，第38頁。
2　周希武編著，吳均校釋：《玉樹調查記》，青海人民出版社，1986年，第87頁。
3　康敷鎔：《青海記》，蘭州古籍書店，1990年，第121頁。
4　朱世奎、周生文、李文斌主編：《青海風俗簡志》，青海人民出版社，1994年，第431頁。

舌頭，大家均能分到一份。

西北地區的蒙古族，飲食習慣以肉食為主。主要品種有：烤全羊、手抓肉、風乾肉、灌腸、酥油、奶豆腐、奶皮等；並輔以炒麵，即把青稞炒熟磨成粉，吃時放入酥油、奶豆腐和少量茶水，用手攪拌均勻，抓捏成團而食，油炸食品有「夏」「巴里」等[1]。

寧夏地區的人特別喜歡吃大米而不願意吃穀類，當地文獻記載：「食多稻、稷，間有家貧者餕粟。中人之家恆以一釜並炊稻、稷。稻奉尊老稷食卑賤」[2]。這是由於寧夏盛產大米的緣故，尤其是中衛的大米，譽滿西北。

在甘肅，薑黃則是頗受歡迎的麵食調味品，薑黃，又名黃薑、毛薑黃、蒁（shù）寶鼎香、寶鼎香。色黃，有香味，屬芳草類調味品。西北地區一般用於麵點著色，尤其在過年過節做花樣造型餅、饃時摻入其中會使麵饃呈現出漂亮的黃色。

新疆地區在歷史上有著良好的耕作條件，「凡穀皆可種植，惟以小麥為細糧，粳、棉次之。大麥、糜子用以燒酒及充牲畜棧豆而已，餘豆、粟、芝麻，蔬菜瓜無不成熟」[3]。維吾爾族肉食以牛羊肉為主，《西域聞見錄》記述，其宴會總以多殺牲畜為敬。駝馬牛均為上品。日常主食以麥麵、黃米、小米為主，稻米次之。

新疆烤肉使用的孜然最具特色，孜然是維吾爾語音譯，實際上是盛行於古代安息（即今伊朗一帶）的一種香味調料，所以又稱安息茴香、羅馬香等。孜然是芳香類調味品，是烤羊肉最佳的佐料，一直沿襲使用至今。

三、移民與飲食交流

明清時期，在甘、寧、青、新地區飲食文化的發展過程中有一個因素特別重要，那就是大量移民進入本土，對飲食習俗的融合與發展有著不可低估的作用。

1　朱世奎、周生文、李文斌主編：《青海風俗簡志》，青海人民出版社，1994年，第256頁。
2　楊芳燦：《靈州志》，蘭州古籍書店，1990年，第338頁。
3　和寧：《回疆通志》，蘭州古籍書店，1990年，第400頁。

❶‧告別家鄉大槐樹

中國文化的根基是農耕文化，農業民族自古就有「故土難離」的說法。元末的農民戰爭使全國大多數地方遭受嚴重破壞，唯獨山西影響最小，成為當時最富有的省區。因此，從明洪武元年（西元1368年）開始，到永樂十五年（西元1417年）為止，五十年間，先後從山西移民十八次，分移中國十八個省四百九十八個縣充實人口。其中被移到甘、寧、青、新地區的共有二百二十一個市、縣，而大多數是明代山西省洪洞縣大槐樹下的移民。

筆者曾經在山西洪洞縣大槐樹下作過移民調查，了解到山西進入甘肅的移民大體分布情況。其從東到西的分布為：正寧、慶陽、天水、蘭州、武威、肅南、嘉峪關，玉門、阿克塞。從南到北的分布為：瑪曲、臨潭、臨夏、會寧、景泰、民勤，涉及七十八個縣、市。

進入寧夏的移民分布為：涇源、隆德、固原、彭陽、中衛、青銅峽、吳忠、靈武、銀川、賀蘭、石嘴山等二十個縣、市。

▲圖8-4、圖8-5　山西省洪洞縣大槐樹

進入青海的移民分布為：民和、化隆、西寧、祁連、海南、烏蘭、格爾木、興海、瑪多、玉樹、曲麻萊等三十九個縣、市。

進入新疆的移民分布為：伊吾、哈密、吐魯番、烏魯木齊、庫爾勒、焉耆、克拉瑪依、輪台、庫車、伊寧、霍城、溫泉、塔城吉木乃、阿勒泰、烏恰、阿圖什、塔什庫爾干、疏勒、喀什、若羌、且末、民豐、和田等八十四個縣、市[1]。明初大移民幾乎覆蓋了整個甘、寧、青、新地區，其範圍之廣、規模之大、人數之多，在西北地區的歷史上還是第一次。

有民謠說：「問我祖先來何處？山西洪洞大槐樹。祖先故居叫什麼？大槐樹下老鸛窩。」在大規模的移民過程中，洪洞縣是作為移民局發放「憑照川資」證件的地方，即在這裡辦理出省區的手續與獲得沿途生活費的資助，辦理機構設在汾河邊的廣濟寺。當時廣濟寺周圍長滿著大槐樹，上邊築有老鸛窩。移民們在廣濟寺及河灘開闊處集中編隊後便離開故土，他們揮淚告別了大槐樹。移民的隊伍越走越遠，人們戀戀不捨回首望去，看到的只有高聳的大槐樹和老鸛窩，於是便有了大槐樹和老鸛窩的傳說。與此同時，這一時期還有不少是從河南、陝西等地遷徙到西北地區的，但是以山西洪洞縣最為出名。

❷·飲食習俗的交融

移民是痛苦的，尤其是從富庶的山西移到貧窮的西北地區。從山西洪洞大槐樹到新疆的喀什，今天的航空距離是三千多公里，當年遠遠不止這個路程。成群結隊的移民們攜兒帶女，在官兵的押送下一路上千辛萬苦，歷經高山大河，茫茫沙漠，皚皚冰川，最終才達到指定地點。但是，移民唯一的堅守就是信念。他們在長夜漫漫的無望中看到的是自己的根，自己的文化傳統，他們在背井離鄉的同時從來沒有忘記自己的祖先，他們頑強地堅守著原來故土的生活方式，他們把文化的根伸展到身處異地的生活圈內，用自己的生活習俗、文化理念影響著周邊的當地人。他們在

1　黃澤嶺、鄭守來主編：《大槐樹遷民》，中國檔案出版社，2000年，第368-369頁。

進行著一場新的文化移植。

山西的飲食習俗進入西北以後，經歷了一個由最初的相互排斥，繼而相互碰撞，到最終相互交流、相互學習的過程。為古老的西北飲食文明融進了新的文化因子，這種不同地域、不同民族、不同姓氏、不同文化間的融合，極大地豐富了西北地區飲食文化的內涵。

如西北地區到處可見的「臘牛肉」「臘羊肉」以及「五香牛肉」，就是由陝西和河南的移民帶來的美食。內地的「臘牛肉」與西北本土的製作方法大不一樣，首先要將牛肉用調味品浸泡或者醃製一段時間才能入鍋，然後用文火慢煮，還要加入配製的調料，有的煮熟以後還要進行二次加工，遠比西北本土工藝複雜，口味自然是好。

還有西北地區流行的黏米麵貼餅、刀削麵等，也是由山西移民帶入的。刀削麵堪稱一絕，廚師一手托麵，一手用特製的鐵皮工具將麵削得又細又長，再澆上澆頭，勁道好吃，為西北大眾所愛。

在清代《調鼎集》一書的卷六中，就專門列有「西人麵食」，介紹當時陝西、甘肅、青海、寧夏、新疆地區部分民族名食中的「麵食」與烹技藝道。其中流行於西北地區的蕎麥麵飴餎，就是由山西及陝西的移民帶過來的。還有陝西的「石子饃」

◀圖8-6　清代西北地區的廚房

和「陝西大餅」也傳入了西北。石子饃的做法是用油和麵，麵裡包進椒鹽或糖，然後用燒紅的石子烤熟即成。還有河南移民帶來的「胡辣湯」，同樣成為西北地區的著名小吃，在寒冷的西北地區格外受歡迎。

有一首山西民歌叫《繡荷包》，經過移民的傳播，後來成為西北地區人們在酒宴中傳唱頻率最高的酒歌。

文化是根，移民是枝。

移民們沒有忘記自己的家鄉，沒有忘記自己的祖先，更沒有忘記自己的文化之根。他們在供奉自己祖先的牌位時，念念不忘用家鄉的飲食祭祀，念念不忘家鄉的山山水水，企盼得到的是那份心靈的慰藉。

當今天回顧這段移民史時，留給我們的不是辛酸，而是民族團結、兄弟和睦與飲食文化交流的一段佳話。

第二節　獨樹一幟的清真飲食文化

甘、寧、青、新地區地大物博，民族眾多，信仰伊斯蘭教的十個民族絕大多數分布在西北，從而形成了最具特色的西北清真飲食文化。

一、清真飲食文化的發展

我們知道「清真菜的飲食禁忌比較嚴格，其飲食習俗來源於伊斯蘭教教規。伊斯蘭教認為，人們的日常飲食不僅是為了養生，而且還要利於養性，因此，清真菜的選料非常嚴格，戒律也很多」[1]。清真菜以乾淨衛生著稱，注重營養，把有限的可食原料做到了極致。

1　楊柳主編：《中國清真飲食文化》，中國輕工業出版社，2009年，第225頁。

學者馮迎福先生認為：「回族禁忌主要來源於回族先民文化、伊斯蘭文化，並受到其他民族文化的影響；回族禁忌具有制約人的行為，增強民族凝聚力和親和力，維護和規範家庭、社會生活秩序的功能。」[1]無論走到哪裡，恪守伊斯蘭信仰與堅守生活傳統是保持清真飲食的主要原因。例如，在甘肅的「甘南藏族自治州碌曲縣，原本是藏族游牧部落的聚居地域，傳統意義上也是其他民族不得擅自進入的地域。然而，在碌曲縣的拉仁關鄉，就在藏族游牧民族大包圍的環境中，卻生活著一個為數不多的回族，『求索瑪』小群體。」[2]就是最好的說明。

清真飲食文化有著很強的獨立性，但又不失其融合性、適應性。青海的回族「求索瑪」在其習俗中融進了藏族文化即是一例。「回族『求索瑪』的飲食習俗，在接受藏族飲食文化的因素方面表現得比較多，歸納一下，一方面是藏式飲食的品種，一方面是食物的製作方法。例如，拉仁關『求索瑪』經常食用羊肉手抓、糌粑、奶酪、酥油、曲拉（一種營養豐富的奶製品。通過攪拌分離的辦法，將牛奶中提取奶油以後的剩餘物烘乾，即為曲拉）、乾肉、蕨麻飯等。回民還採用藏族牧民的方法，製作肉腸子煮熟後食之。『求索瑪』所飲之茶，也通常喜用藏式煮茶方法，即使用茯茶（一種長方形的用緊壓工藝製成的磚茶）或松潘大茶（一種比較性熱的粗茶），加水在鍋中煮濃釅後飲用。」之所以形成回族「求索瑪」沿用藏式的飲食，這「也是出於適應高原生活的需求。因為氣候酷寒的青藏高原，唯有大量攝取高脂肪、高蛋白的肉類、奶類，才能保證身體高消耗後的熱量補充，才能維持生命。藏式的熬茶，釅濃如藥湯，雖然口感較為苦澀，但暖胃助消化，是高原食肉民族日常生活不可須臾或缺的飲料」。[3]顯而易見，這正是長期以來在地理環境影響下形成的飲食習慣。

1　馮迎福：《回族禁忌習俗及其社會功能》，《民院學報》，2004年第1期。

2　馬平：《甘南藏區拉仁關回族「求索瑪」群體研究》，《伊斯蘭文化論集》，中國社會科學出版社，2001年，第273頁。

3　馬平：《甘南藏區拉仁關回族「求索瑪」群體研究》，《伊斯蘭文化論集》，中國社會科學出版社，2001年，第285頁。

考察清真飲食文化的發展狀況，專家們認為清真飲食文化具有鮮明的地域性：「由於回族分布較廣，各地自然條件、經濟發展差異很大，各地回族的食俗、食品結構及烹調技法也不完全一致。如寧夏平原地區的回族以米、麵為日常主食；南部山區則以馬鈴薯、蕎麥、莜麥、糜子、豌豆為主食；甘肅、青海的回族則以小米、玉米、青稞、馬鈴薯為日常主食；新疆地區的回族喜食肉類、乳製品，蔬菜吃得比較少，夏季多食瓜果。」[1]由於受教規的限制，清真菜可食之物相對要少，使得清真菜點把每一個品種都做得非常到位，並不感到食材不足。例如僅寧夏的麵食就有許多做法，「寧夏回族偏愛麵食，喜食麵條、揪麵片，在麵湯中加入蔬菜、調料和紅油辣椒，稱為湯麵或連鍋麵；將清水煮好的麵條、麵片撈出，澆上肉湯料或素湯料，稱為臊子麵。他們還喜食調和飯，將煮好的粥加入羊肉丁、菜丁和調料，再把煮熟的麵條或麵片添入，稱米調和；在麵條或麵片中加入米乾飯和熟肉丁、菜丁、調料等稱麵調和。」[2]寧夏還有許多著名的麵點：鍋盔、油香、乾糧饃、麻花、糖酥饃、餛饃、千層餅等。

清真菜裡最擅長使用來自西域的「香藥」，如丁香、荳蔻、砂仁等，這些都具有極強的食療保健作用，也是穆斯林健康長壽的原因之一。

清真菜中常常使用的香料，同時也是治病救人的藥材。如《回回藥方》中多有記載。

例如丁香，味辛，微溫。有溫中降逆，溫腎助陽之功效。烹飪時丁香原藥可直接放入煮肉，但不宜多，多則味烈。亦可研成末混入其他調料之中使用。

還有肉荳蔻，又名肉果，味辛，溫。有溫中行氣，消食止洩，開胃解酒之功效。《藥性賦》稱：「肉荳蔻溫中，止霍亂而助脾」[3]。肉荳蔻為芳香類調味品，在烹調中應用較廣。可直接使用，亦可研成末混入其他調味品中使用。

清真飲食文化是中國飲食文化中的一朵奇葩，中國的清真飲食文化「之所以說它

1　楊柳主編：《中國清真飲食文化》，中國輕工業出版社，2009年，第59頁。
2　寧銳：《中國回族的飲食民俗》，《伊斯蘭文化論集》，中國社會科學出版社，2001年，第443頁。
3　程超寰、杜漢陽：《本草藥名匯考》，上海古籍出版社，2004年，第251頁。

是和諧文化，是因為它在獲得飲與食的同時，和諧地處理好了人與自然生態的關係，處理好了商業活動中的利與義的關係，同時也處理好了人與人的關係」[1]。西北是中國清真飲食文化的重鎮，在中國的飲食文化史上留下了濃墨重彩的一筆。

二、西北的清真特色食品

清真飲食在西北地區占有很大比例，超出全國的平均水平。明清時期，清真飲食文化在這裡有了長足的發展，烹飪技藝不斷精進，並出現了很多清真特色食品。

清真菜餚，做法以「爆、炸、蒸、燒、烤、發等」為主。例如，形成於清朝的寧夏「清蒸羊羔肉」已經具有一百多年歷史，製作時，首先精選細嫩新鮮的羊羔肉，剁成長方形條，洗淨後放入碗中，再加入生薑、大蔥、大蒜以及幾粒生花椒，入籠蒸三十分鐘左右，出籠扣至盤中便可食用。由於寧夏盛產羔羊，所以「清蒸羊羔肉」就是居家老百姓平常生活中享用的美食。

「攬團」是明清時期青海特色的清真食品之一，常用於回民婚禮宴席。其做法是「乃以炒麵入油攬和為團，盛盤遍食，謂之攬團」[2]，還有油香、饊子等，這些都

圖8-7　　　　　　　　　　　　　　　　　　　　　圖8-8

▲圖8-7、圖8-8　甘肅天水回族的鍋子

1　　楊柳主編：《中國清真飲食文化》，中國輕工業出版社，2009年，第40頁。
2　　鄧承偉等：《西寧府續志》，青海人民出版社，1985年，第67頁。

中國飲食文化史　　西北地區卷

是普通大眾食品，直到今天依然流行。

明清時期，甘肅天水回族菜餚中出現了著名的「清燉牛肉」「酸辣里脊」「雜燴」，其中「雜燴」就極具地方特色，一碗雜燴中包括了牛肉、丸子、夾板肉、過油豆腐等。製作夾板肉的工序很多，先把牛肉剁成碎末，用雞蛋清攪拌均勻後，攤在提前做好的雞蛋餅上，再用雞蛋餅包蓋住，然後上籠蒸。蒸熟以後取出放在案子上，用木板覆蓋，再用重物壓實。最後切成三至四釐米長、一釐米寬的條狀，與丸子、牛肉等一同放入碗中，入籠蒸三十分鐘左右，出籠扣至碗中便可食用。「天水雜燴」葷素搭配合理，色香味俱佳。

還有，形成於清朝末年的天水「回民烤餅」，也是當時的一大名食，「烤餅」又名烤饃，本地稱「鍋子」。是用上好白麵配以蜂蜜、雞蛋、白糖、清油，揉團發酵後入鍋烘烤，至熟即成。在烘烤的過程中特別要掌握火候，色澤黃亮時即好。

「新疆抓飯」是獨具特色的清真名品。抓飯，也叫「朴勞」，有關專家認為「回鶻西遷後，……西遷定居的維吾爾族，其主食已是小麥、大米等五穀。米除一般做乾飯、稀粥外，也與羊肉、胡蘿蔔、葡萄乾、洋蔥等混合燜燉，稱之為『朴勞』。朴勞不僅營養豐富，且種類各異：用甘甜瓜果與大米、胡蘿蔔、洋蔥製作的叫『米外朴勞』（素抓飯）；用蔬菜替代肉類而做的稱『白特朴勞』（菜抓飯）；在朴勞上倒酸奶、奶酪，稱之為『克德克朴勞』（酸奶抓飯）；最有名的叫『阿希曼塔』，即在朴勞上添放數個薄皮包子，用來招待最尊貴的客人。吃朴勞至今仍保留著傳統的淨手抓食的習慣，故漢語稱為抓飯」[1]。新疆抓飯還流傳著一個動人的故事，說的是在一千多年前，有一位叫布艾里・依比西納的醫生，他晚年的時候身體不好，就醫治療效果不大。他就用了類似於今天抓飯的食品進行食療，結果非常有效。於是抓飯便開始流行。這個傳說表達了新疆人對於抓飯的讚美，也說明抓飯所用的原料具有食療的價值。

第八章　明清民國時期

奇曼・乃吉米丁、熱依拉・買買提：《維吾爾族飲食文化與生態環境》，《西北民族研究》，2003年第2期。

237

根據《西域聞見錄》的記載可知，維吾爾族麵食中以乾饃（即饢）著名，米食中以抓飯著稱，飲料以馬奶為最好。還有就是肉、奶製品，哈薩克族能用肉（羊肉）和奶製造各種風味食品。其中，奶製品種類不少，有酥油、奶疙瘩、奶皮子、奶酪等。此外，烤饢、抓飯、「拉仁」（羊肉拌麵片子）、「結尼特」（用奶渣、黃小米、黃油、糖等製成）、「包爾沙克」（羊肉炸麵糰）等，則是平日與年節喜食食品。《西域聞見錄》的作者是清朝滿洲正藍旗人七十一，姓尼瑪查，號椿園，曾經在新疆十餘年，他的記載是難得的史料筆記，今人多有引用。

明清時期西北地區清真飲食中的大眾食品非常之多，如著名的臨夏回族自治州的「平伙手抓羊肉」，就來自於中亞、西亞，傳入後，經長時期的發展而成為甘肅獨特的民族菜餚。還有加入花椒、香豆子、胡麻油的河州大餅等。寧夏是中國唯一的回族自治區，寧夏的大眾小吃非常普及，如具有二百年歷史的麥芽糖、燴羊雜碎，還有青海逢年過節走親訪友時經常攜帶的傳統食品餛鍋饃饃、手揪的尕麵片（即麵片子）、酸奶等，無一不是極具地方特色的名吃。

第三節　中華民國時期的飲食文化

一九一二年清朝被推翻，中華民國建立，結束了自秦始皇帝以來的長達兩千多年的帝王專制統治。但是，中華民國是一個暫短的時代，自從建立起到一九四九年結束從未停止過戰亂，尤其是西北地區，給人民帶來了極大的苦難。作為中國飲食文化的一個歷史階段，同樣有著明顯的時代特徵。

一、農業生產的進步與停滯

當時間進入到二十世紀，一些滿懷報國之志的專業人士從國外學成歸來，為國家的發展盡到了自己的社會責任，使甘、寧、青、新地區傳統的農業經濟得到了顯

著的發展，而且成果突出。這一時期，中華民國的農業出現了一些新的起色。

甘肅省在中華民國初期，種植的糧食作物有小麥、大麥、青稞、黑麥、燕麥、麥、水稻、糜子、穀子、玉米、高粱、蕎麥、馬鈴薯、紅薯等十四種一百〇六個品種，食用豆類有蠶豆、豌豆、大豆、扁豆、小豆、芸豆、綠豆、黑豆、諾豆、蠻豆、刀豆、豇豆、四季豆等十三種三十六個品種。這一時期良種的引進，使甘肅農業邁上了一個新的台階。「清代末年至中華民國初期，蘭州西貢院農業試驗場對小麥、玉米、高粱進行了引種栽培試驗。二十世紀三〇年代後期，甘肅農業改進所成立後，把糧食作物作為主要研究對象之一，曾引進成套世界小麥品種，從中選出玉皮麥、武功774、武功806等品種，分別在蘭州、臨洮、臨夏和張掖等地推廣種植，在天水、平涼曾分別推廣西北302、紅金麥等冬小麥，收到較好效果，還進行了玉米、高粱、燕麥、馬鈴薯、糜、穀等項試種，並在臨洮推廣西北果馬鈴薯，收到一定效果。」[1]

青海糧食生產發展較快是在二十世紀三〇年代，達到了豐產自給有餘。一九三五年時，全省糧食作物種植面積達六三六萬畝，總產量達五點一九三億公斤，創歷史最高水平，餘糧甚至運往甘肅、寧夏等地。但此後至新中國成立前，青海糧食生產呈下降趨勢，種植面積和總產量大幅下滑，始終沒有突破「農業生產徘徊不前，產量低而不穩」的局面[2]。

寧夏地區在中華民國時期「農業生產條件較差，經營粗放，生產力水平很低，農作物單位面積產量低而不穩」[3]，民眾生活比較困難。

新疆地區在「中華民國初期，新疆耕地基本上穩定在清代的水平。一九三八年前後，新疆戰亂頻繁，農業生產遭到嚴重破壞，耕地曾一度減少到三十點七萬公

1　《中國農業全書·甘肅卷》編輯委員會：《中國農業全書·甘肅卷》，中國農業出版社，1997年，第177頁。

2　《中國農業全書·青海卷》編輯委員會：《中國農業全書·青海卷》，中國農業出版社，2001年，第126頁。

3　《中國農業全書·寧夏卷》編輯委員會：《中國農業全書·寧夏卷》，中國農業出版社，1998年，第70頁。

頃。盛世才主政新疆前期，在蘇聯的援助和中國共產黨的幫助下，一九三六年制訂了第一個三年建設計劃，聘請國內外技術專家進行經濟建設，農業生產得到了恢復和發展，耕地曾逐步增加到一一二萬公頃。後來，國民黨政治腐敗，社會動盪，土匪橫行，疫病蔓延，民不聊生，農業生產每況愈下。全區糧食產量由一九四二年的二百點五萬噸，減少到一九四六年的一三五點七萬噸。」[1]

通過資料分析，中華民國時期西北地區的農業生產前期是處於平穩狀態，後期則處於下滑狀態，再加上戰爭和動亂，給廣大勞動人民帶來了極大的災難，掙扎在飢餓和死亡的邊緣線上。特別是抗禦自然災害的能力極差，一遇大的天災則無力自救。一九二〇年十二月十六日寧夏海原發生八點五級大地震，波及甘肅、陝西等省區，死亡二十多萬人，房屋、牲畜、財物損失不計其數。震後有不少民眾就是因飢餓、受凍而死，其景況慘不忍睹。

二、一方水土養一方人

中華民國時期的甘、寧、青、新在抗日戰爭期間屬於大後方，因此，飲食文化雖然沒有大的突破，但在推翻清王朝的統治，解除了專制制度下強加的不平等待遇的前提下，使西北地區各民族的飲食習俗得以全面恢復，趨於穩定，特別是歲時節慶，可圈可點。

❶ · 傳統飲食平穩發展

甘、寧、青、新地區的傳統飲食豐富多彩，麵食、肉食、奶食各領風騷。

甘肅的臊子麵就是中華民國時期的特色食品，並且一直傳承至今。臊子麵用麥粉手工拉扯而成，可切成寬條或細條，然後配上新鮮的澆頭即「臊子」即成。素「臊子」有烏龍頭、木耳、黃花、豆腐乾、芹菜等；葷「臊子」再加入肉、丸子、夾板肉等，

1　《中國農業全書·新疆卷》編輯委員會：《中國農業全書·新疆卷》，中國農業出版社，2000年，第150頁。

▲圖8-9、圖8-10、圖8-11　當代的蘭州牛肉麵分別為大寬麵和三細麵

無論葷素，均要勾芡熬成稠汁。據個人口味再調入油潑辣子、醋等。

　　西北漿水麵。漿水麵的澆頭是漿水，漿水由苦菜、苜蓿、小白菜為原料，先切成細絲以後放入水中煮熟，再用酵子發引，裝入乾淨的容器內，三天左右即可食用。做漿水雖然簡單，但是須特別注意衛生，不能有一丁點油、鹽，否則就會壞掉。吃漿水麵可清熱解暑，三夏時節農村最受歡迎的就是漿水麵。

　　蘭州的牛肉拉麵始於清朝光緒年間，興盛於中華民國時期。這種清湯牛肉麵講究的是麵好湯也好，是當地人百吃不厭的家常名食。

　　甘肅蒙古族的烤全羊也是傳統特色食品。蒙古族朋友在迎接貴客時，往往要獻哈達敬酒，非常熱情好客，席間氣氛熱烈火爆，酣暢盡興。

　　寧夏手抓肉。寧夏的手抓羊肉也與新疆不大一樣。寧夏的手抓羊肉用的是「灘羊」，先將灘羊肉切成一公斤左右的大塊，放入開水中煮，再加花椒、小茴香、八角茴香、桂皮等調料，等煮到羊骨肉分離的程度出鍋，再配上蒜泥、醃韭菜花、蔥花、芝麻醬、辣椒油等調料，用手抓羊肉蘸汁吃。

　　新疆果醋。「新疆的醋與中原地區釀法不同，是用果汁釀造而成，其原料主要是葡萄、杏。醋味香，稍甜酸，營養極為豐富。在維吾爾族傳統飲食中，有些東西不用加工就直接可以充當調味品，如青杏蛋或酸奶，把未黃的青杏蛋放入湯飯裡煮，酸味可到家了，倒酸奶子，效果相同，這種取之於自然的傳統習慣，至今仍在

▲圖8-12 蒙古族的烤全羊

▲圖8-13 手抓羊肉

農村廣為流行」[1]。

新疆烤肉。據新疆當地專家考證，新疆的烤肉種類非常多，諸如用紅柳枝穿上肉塊，再灑上鹽水用火烤的「羊肉串」，還有「烤全羊」「木炭烤肉」「尖子肉烤肉」「丸子餡烤肉」「鍋炒烤肉」「鍋貼烤肉」「羊腸烤肉」「羊肝烤肉」「羊胸肉烤肉」「羊排骨烤肉」「燉悶烤肉」「羊尾油烤肉」「羊腎烤肉」等[2]，在廣袤的草原上，長年烤肉飄香。

❷·歲時節慶的食俗

甘、寧、青、新地區地域遼闊，山川秀麗，人文薈萃，歷史悠久，民族眾多，其內容豐富、形式多樣的飲食習俗，堪稱獨樹一幟。

歲時節慶的飲食是一年之中最重要的飲食活動，甘、寧、青、新地區的春節、端陽節、中秋節這三大節日，鐫刻著濃郁的地域風情。

春節，又叫元日，不僅是春季的開始，更是一年的開始。古往今來都非常注

1　奇曼·乃吉米丁、熱依拉·買買提：《維吾爾族飲食文化與生態環境》，《西北民族研究》，2003年第2期。

2　奇曼·乃吉米丁、熱依拉·買買提：《維吾爾族飲食文化與生態環境》，《西北民族研究》，2003年第2期。

重。王安石名句「千門萬戶曈曈日，總把新桃換舊符」說的正是新年開始的狀況。在春節的前一天晚上漢族家庭都會舉家聚集，頭一件事就是祭祀祖先。全家人先將食品、果品、酒擺放在供桌上，南方遷徙來的家庭還要擺茶。然後從家中輩分最高的開始，按照嫡庶關係，下跪行三叩首禮，上香、奠酒、化表，然後從由長者講述家族的故事，一切程序完成之後，方能吃團圓飯。

在農村，人們還要專門到祖塋，意即將先人請回家來供奉，一般供奉到正月初三化表後，再將祖先送回去，表示祖先與後人同在，也期盼祖先福佑後人。

團圓飯也叫年夜飯，是一年之中最為豐盛的一頓飯，少不了雞、魚、肉。年夜飯前，有些地方先要包餃子，在午夜十二點開始煮餃子，預示來年吉祥如意。大年初一，大多數家庭吃餃子，南方籍人則吃煮湯圓年糕，討一個團團圓圓年年高的好彩頭。民國時期西北地區漢族人過春節的習慣和內地差不多。

正月初一至初三都在家裡，享受天倫之樂。但有些地方要去上墳，例如甘肅的天水就是初三上午上墳，回來之後才開始探親訪友、請客吃飯，一直延續到正月十六，在農村過年一直要到二月初二「龍抬頭」才算過完年。

甘肅農村過年期間招待客人一般講究行菜、坐菜，有八大碗、十二體、十四體、十八體、二十四體等，葷素搭配，色香味俱全。

青海的藏族地區在過藏曆年的時候，家家戶戶都要在櫃子上擺放「竹索琪瑪」的吉祥木斗，裡邊放滿青稞、糌粑和卓瑪（人參果）等，並且一定要喝青稞酒助興。有客人前來拜年，主人便端過「竹索琪瑪」招待客人，而客人則用手抓起一點糌粑，向空中連撒三次，再抓一點放進嘴裡，然後說一句「扎西德勒」（吉祥如意），表示祝福。

青海的蒙古族人過年則與漢族完全不同，蒙古族人是初一早上先祭天，然後再拜年。蒙古族人生活在大草原上，以草原為家繁衍生息，天蒼蒼野茫茫風吹草低見牛羊，作為草原雄鷹，他們愛天敬天感謝上天賜予的福分，所以一年之初，以祭天為大。大年三十晚上要吃「手把肉」，以示合家團圓。年夜飯的主食是羊肉，而且是整隻全羊。蒙古族人有著尊老愛幼的傳統，在吃年夜飯時要將羊頭朝著年齡最

長、輩分最高的長者。

居住於青海的土族，春節是他們一年之中最重要、最隆重的節日。從進入臘月開始就置辦年貨，殺豬宰羊。大年三十早上要歸還平時所借用的東西，中午開始供奉福、祿、壽三大神，傍晚，要到祖墳上祭祀，晚上吃長麵條。然後全家人再喝酒，吃豬頭。

五月初五的端陽節，甘、寧、青、新地區的飲食習俗與全國其他地方基本相同，吃粽子、吃甜醅、喝醪糟。一些地方在端陽節會給小孩子手上戴五色花線，預防毒蟲侵害。

八月十五的中秋節，獻月亮、吃月餅，已經是約定俗成。不過，在青海有一種專門用來「看月子」的方形月餅，是由娘家送給婆家及其家人的，做法與油餅無異，只是在長方形餅上用特製的木籤刺上各種幾何圖案，很有藝術感。如同甘肅隴東一帶在小孩滿月時做花饃，講究的就是個吉祥如意。此外還有專門為賞月供奉時製作的底徑約三十釐米的特大月餅，用白麵做成大蛇一條，盤於其上[1]。民間認為月食是癩蛤蟆吞吃月亮引起的，而蛇可以吃掉癩蛤蟆，所以蛇就是月亮的保護神。這個民俗反映了人們愛月敬日的自然理念。

一方水土養一方人，西北地區豐富多彩的節慶飲食為我們展現出西北大地絢麗的飲食風采。

❸ · 宗教節日

甘、寧、青、新地區生活著的回、維吾爾等十個普遍信仰伊斯蘭教的民族，他們有著自己的歲時節日、社會禮儀和信仰禁忌，飲食習俗與之息息相關，其習俗淵源歷史久遠，一直延續到明清民國時期。中國輕工業出版社的《中國清真飲食文化》一書詳細記載了有關他們的節日活動和飲食習俗。

信仰伊斯蘭教的民族每年有傳統的三大節日，即開齋節、古爾邦節和聖紀節。三大節日裡的飲食習俗最具特色。

1　朱世奎、周生文、李文斌主編：《青海風俗簡志》，青海人民出版社，1994年，第32頁。

▶圖8-14 回族的饊子

　　根據中國輕工業出版社的《中國清真飲食文化》一書介紹，開齋節是阿拉伯語「爾德·菲圖爾」（音譯），也稱「爾德節」，是回族等穆斯林的盛大節日。按照伊斯蘭教教曆，每年九月為齋月，十月一日為開齋節。凡符合條件的穆斯林男女，都要奉行一個月的齋戒，白天不進飲食。經過一月的齋戒，穆斯林迎來了最隆重的節日——開齋節，之後便恢復了日常飲食。這一天家家戶戶炸油香、饊子等傳統民族食品。同時還要宰牛宰羊，做涼粉、粉湯、燴菜等相互贈送，互致節日問候。

　　「古爾邦」為阿拉伯語音譯，又稱「爾德·艾祖哈」，含有犧牲、獻身之意。故穆斯林學者將古爾邦節意譯為「宰牲節」，在伊斯蘭教曆太陰年的十二月十日舉行。古爾邦節這一天，穆斯林沐浴潔身後，穿上節日的盛裝，到清真寺去參加會禮。之後走墳，回家舉行宰牲儀式。宰牲羊、牛、駝，宰殺的牲畜按照傳統分成三份：一份餽贈親友，一份濟貧施捨或者贈清真寺，一份留給自己吃，但不能出售。節日期間除吃肉以外，還要配以油香、菜餚。西北地區以新疆地區的古爾邦節尤為隆重喜慶。

　　聖紀節，西元五七〇年三月十二日是伊斯蘭教的先知穆罕默德誕生的日子，穆斯林們把這一天定為「聖紀」。而相傳在西元六三二年三月十二日穆聖逝世，穆斯林又稱此日為「聖忌」，故「聖紀」與「聖忌」合併紀念，俗稱「辦聖會」。這一天，穆斯林沐浴淨身後，要炸油香、饊子。有的地方還會擺流水席接待客人就餐。聖紀節已經成為穆斯林每年一次的大型慶典活動，因而被認為是與開齋節、古爾邦節同等重要的三大節日之一。而節日期間的飲食習俗則是西北地區最具特色的亮點。

第九章　中華人民共和國時期

中華人民共和國時期，甘、寧、青、新依舊為四省區建置。

1948年蘭州解放，即成立甘肅行政公署，1950年甘肅省人民政府成立至今。

1949年西寧解放。1950年青海省人民政府成立至今。

1949年銀川解放。寧夏仍保留省級建置。1958年成立寧夏回族自治區至今。

1949年新疆和平解放。1955年新疆維吾爾自治區成立至今。

中華人民共和國成立，開創了歷史的新紀元，特別是1978年改革開放以來，百廢待興，西北的飲食文化獲得了長足的發展。

第一節　飲食文化的新起點

新中國成立以後首先是恢復農業生產和經濟建設，確立了「以糧為綱、全面發展」的戰略方針，在很短的時間內使全國絕大部分農民獲得了土地，極大地調動了翻身農民的積極性，農業生產得到了迅速的恢復和發展，呈現出前所未有的欣欣向榮新氣象。在農業生產和畜牧業生產高速發展的前提下，飲食文化進入到新的歷史發展時期，直到今天的繁榮昌盛。

一、土地政策與農牧業的新發展

民以食為天，食來自於土地。新中國成立的前夕，中國共產黨就土地問題進行了深入的調查研究，解決了幾千年來一直困擾著中國人的土地問題。

一九四七年九月，中國共產黨的全國土地會議通過了《中國土地法大綱》，規定了村民均可獲得同等的土地，土地歸個人所有。開啟了新中國農民土地私有之先河。廣大農民獲得了自己的土地，積極投入到社會主義的建設高潮之中。

一九八二年的《中華人民共和國憲法》規定：「農村和城市郊區的土地，除由法律規定屬於國家所有的以外，屬於集體所有；宅基地和自留地、自留山，也屬於

集體所有。」二〇〇四年八月公布並實施了《中華人民共和國土地管理法》，規定國家實行「土地的社會主義公有制，即全民所有制和勞動群眾集體所有制。」該制度實施至今。

新中國成立以後，西北地區的農業生產與糧食供應大體上經歷了以下幾個階段：第一階段，農業合作化以前的生產恢復；第二階段，一九五五年國家實施糧食統購統銷，城鎮居民憑票證供應糧油；第三階段，一九七八年以後實行改革開放政策，農牧業生產獲得長足發展，農牧產品豐富，一九九三年糧票制度結束。下邊的列表分別是一九四九年、二〇一一年甘、寧、青、新地區的糧、畜、奶的總產量及人均占有量的數據。

省區	人口（萬）	糧食（萬噸）（2011）	人均千克（2011）	糧食（萬噸）（1949）	糧食人均千克（1949）	畜產品（萬噸）（2010）	人均千克	奶類（萬噸）（2011）	人均千克
甘肅	2716.73	1005.3	370	206	213	86.78	31.9	44.21	16.2
寧夏	630.14	358.9	569.6	335.12	273	36.68	58.2	122	193.6
青海	562.67	109.03	193.8	29.57	199.4	27.53	48.9	26.22	46.5
新疆	2208.71	1224.7	544.5	84.77	195.6	207	93.7	270	122.2
合計	6118.25	2697.93	440.96	655.46	220	357.99	58.51	462.43	75.58

分析上表的數據，我們得出如下的結論：

糧食：人均占有量最高的是寧夏回族自治區，依次為新疆維吾爾自治區、甘肅和青海；

畜產品：人均占有量最高的是新疆維吾爾自治區，依次為寧夏回族自治區、青海、甘肅；

奶類：人均占有量最高的是寧夏回族自治區，依次為新疆維吾爾自治區、青海、甘肅。

對比數字還說明，肉類在新、寧、青地區占有相當重要的地位，奶類在寧、新、青地位重要。明顯的地區差異反映出西北地區不同的飲食習俗。

　　目前，在全世界六百多種主要糧食作物、經濟作物以及蔬菜、果樹的起源中，中國起源的栽培植物多達一百多種，占百分之二十點四。這其中蘋果、杏、李不少源自於西北地區的新疆。

　　隨著改革開放的深入，西北地區的園藝培植技術也有了深入的發展。甘肅全省栽培的蔬菜種類約有五十種，分屬十六個科，其中蘭州的百合和慶陽的黃花菜均為地方名優蔬菜。[1]寧夏回族自治區栽培的農作物有八十多種，其中糧食作物近二十種，經濟作物二十多種，蔬菜、瓜果等其他作物四十多種。青海的自然條件複雜，孕育了類型、品種繁多的野生經濟植物資源，現已查明的有七十五科，三二一屬，一千餘種。[2]新疆是個農業大省，除諸多的糧食作物以外，還有六〇一個蔬菜品種[3]，新疆的瓜果口感極佳，吐魯番的葡萄，鄯善的瓜，更是家喻戶曉名滿天下。

1　《中國農業全書・甘肅卷》編輯委員會：《中國農業全書・甘肅卷》，中國農業出版社，1997年，第177-178頁。

2　《中國農業全書・寧夏卷》編輯委員會：《中國農業全書・寧夏卷》，中國農業出版社，1998年，第70頁。

3　《中國農業全書・新疆卷》編輯委員會：《中國農業全書・新疆卷》，中國農業出版社，2000年，第21-25頁。

▶圖9-2　新疆伊犁果園

二、天路美食

　　走進甘、寧、青、新地區的黃土高原、青藏高原及廣袤的新疆大地，數千年的文化積澱使人們感到新奇、興奮而神祕莫測。豐富的物質資源造就了絢麗多彩的西北地區飲食文化，神奇的天路之上美食香飄溢遠。

　　青藏高原是離天最近的地方，青海又是多民族的地區。來自天路的青海美食，飄動著沁人的芬芳，盡顯著原生態的誘人魅力。

　　土族的「麥思如」。「麥思如」是土族語，即把八成熟的青稞穗頭摘下來，捆成束放在鍋裡煮熟，趁熱放在簸箕裡搓揉去皮，用石器搗碎，用肉或青油炒後加水成粥，別有一番風味。[1]

　　安多藏族的「雪騰」。「雪騰」又叫水油餅，製作時先把麵調好，然後擀成薄餅，放入開水鍋中，煮熟撈出後放入碗裡，加酥油、曲拉、紅糖或白糖，趁熱攪拌而食。[2]

　　漢族以麥類為主食，麵食的代表品種有：旗花麵、大月餅、旗子、「狗澆尿」、「判官抓筆」等。

1　朱世奎、周生文、李文斌主編：《青海風俗簡志》，青海人民出版社，1994年，第3頁。
2　朱世奎、周生文、李文斌主編：《青海風俗簡志》，青海人民出版社，1994年，第204頁。

旗花麵，就是將擀麵切成菱形。可據個人所需撕成或薄或厚，撕得較厚的叫撥刀子、撕得較薄的叫寸寸子；均切成寸餘長的條。

　　大月餅，是用當年的上好細麥麵做成。分麵皮和彩瓢兩麵，「彩瓢」是用紅、黃、綠三色的彩麵做成，紅者用紅麴調製、黃者用菜油調製、綠者用香豆葉粉調製，將彩瓢麵按紅、黃、綠三色排好，最外麵以白麵皮包定蒸成。白麵皮外還可用彩麵做成各種小花、小動物或染紅的杏仁等小飾物貼上。這種月餅底部直徑約二十釐米，蒸好後餽贈親友，為中秋節的主要食品。

　　旗子，又名「麵大豆」，先用白麵擀成麵餅，用刀劃成邊長一至一點五釐米的小正方形線，然後上鍋烘熟干，再沿著劃好的線，把麵餅掰成小方麵塊，這就是「旗子」，旗子耐貯存可長期備用，不易黴變，為出門人旅行必備的食品。

　　「狗澆尿」，二○一○年上海世界博覽會期間名聲大噪，成為最受歡迎的小吃。狗澆尿，青海著名的小吃，有著一個很奇怪的名字。用死麵擀成薄餅烙成，在烙的過程中，一邊烙一邊用尖嘴壺澆上幾圈青油，正反麵烙好即成，澆油之狀如狗撒尿，故名。人們並未因其名不雅而疏遠它，因為它已經成為一個品牌的符號。

　　「判官抓筆」，一個極具文化魅力的名字。說來就是春餅，製法是先烙好直徑為十五釐米的薄餅，再將炒好的粉條、肉絲、韭菜等放在餅中，捲成筒狀而食，如判官執筆之狀，故名。

　　貴德「梨兒炒麵」。製作時，先將貴德縣的特產「長把甜梨」切成薄片，曬乾備用。再將青稞或莜麥炒熟，磨麵時在熟麥中將梨干適量加入共磨成麵，即成梨兒炒麵。香甜可口，別具風味。

　　奶酪、奶皮兒。青海奶酪的製作很講究，「用純牛奶燒熟，晾溫，加上甜酒釀汁即醪糟汁，加汁時要沿碗邊少量徐徐加入，放在溫暖處，經酵母菌的分解，凝固成潔白晶瑩、香甜可口的奶酪。常用紅食色在奶酪上點一梅花，名『紅梅白雪』，更增美感。奶皮兒，將全脂純牛奶文火煮之，待水分蒸發完後，沿鍋底形成一盤形的乳蛋白凝聚

物，就是奶皮兒，既可乾吃又可泡在茶水中食用，極富營養。」[1]

曲拉，即乾酪。以奶為原料，經發酵製成，分為全脫脂、半脫脂和不脫脂三種。全脫脂的叫向曲拉，半脫脂的叫青曲拉，不脫脂的叫奶子曲拉，是牧民食品中的精品。

青稞酒。以青海的青稞為原料釀製的白酒，其中以互助土族自治縣出產的青稞酒最為著名。青稞的粗蛋白質含量高於小麥，是釀造工業、飼料加工業的重要原料。青稞酒在西北風行。

青海醋。青海醋的製作方法頗為特殊，原料為「麩皮、青稞、並加入草果，八角茴香、良薑、肉桂、蓽撥、黨參、當歸、陳皮和枸杞等。製成後其色如墨，其黏如膠，其香如醇。如再進一步脫去水分，製成醋錠，再用油紙封包，可長期保存。」[2] 這種醋像徽墨一樣呈塊狀，吃的時候要化開才行，是非常少見的珍品。青海「醋」特色顯著，堪稱中國食材一絕。

三、茶風茶俗

甘肅是中國傳統的產茶之地，其飲茶歷史要早於南方，漢朝王褒《僮約》中的「武都買茶」之「武都」，正是今天甘肅隴南市的成縣。但是，飲茶之風的盛行則是在唐代以後。由於「茶茗久服，令人有力，悅志」[3]，及具有解毒助消化的特殊功能，所以一直深受甘、寧、青、新各民族的青睞。在西北少數民族地區，茶葉是他們日常生活中最重要、最普及的第一飲品。民族地區有「寧可三日斷糧，不可一日無茶」的說法。

1　朱世奎、周生文、李文斌主編：《青海風俗簡志》，青海人民出版社，1994年，第37頁。
2　朱世奎、周生文、李文斌主編：《青海風俗簡志》，青海人民出版社，1994年，第11頁。
3　陸羽：《茶經》，中國工人出版社，2003年，第27頁。

◀圖9-3　西北地區的茶盅

❶‧甘肅茶俗

甘肅自古生產茶葉，尤其以隴南陽壩的茶葉最為出名。甘肅喝茶的歷史起於漢朝，至今已有兩千年的歷史。西北人喝茶講究器具，使用的茶杯叫「盅子」。作為傳統的飲品，「無論農區還是牧區，甘肅藏族群眾都有飲茶的傳統習慣，他們人人愛喝茶，每日不離茶，特別喜用茯磚茶。飲用時將茶水煮沸，加少量食鹽，熬成色深褐而味苦鹹的濃釅茶水。他們還飲用奶茶和酥油茶，奶茶是在茯磚茶中加入牛奶熬製而成，酥油茶是在滾燙的奶茶中沖和酥油即飲。」[1] 甘肅酥油茶的喝法與青海藏族大體相當。還有甘肅的蒙古族同胞亦喜好喝奶茶，一日三餐必不可少。

甘肅飲茶的大眾習俗，是以蓋碗茶「三砲臺」著稱。「三砲臺」又名「蓋碗茶」。因茶具由茶碗、碗蓋、碗托三部分組成，故名。飲用前，先在碗中置茯茶或花茶、冰糖、桂圓（帶殼）、枸杞、紅棗、紅芪、核桃仁等，然後沖上滾開的沸水，加蓋略燜片刻，便可飲用。

蓋碗茶源於「碗泡口飲」，興起於明代，當泡的茶葉浮上碗面時，便用碗蓋撥擋浮葉，便於口飲；而為了不至於燙手，又在碗下加托，便成一套三件頭的蓋碗茶

1　關連吉：《鳳鳴隴山──甘肅民族文化》，甘肅教育出版社，1999年，第40頁。

▲圖9-4、圖9-5　甘肅罐罐茶

具。蓋碗茶是具有濃郁民族風格的茶飲，尤其在甘肅的回族中盛行。

　　甘肅還有一些地方喜歡喝「罐罐茶」，如圖9-4、圖9-5。「罐罐茶」的傳統的喝法，是一個人或者幾個人圍在特製的小火盆旁，火爐上置一水壺，作為續水之用。然後把瓦製的茶盅洗淨後烤燙，然後加水，再下入茶葉（主要是青茶）放在爐旁烤煮。等到茶盅裡邊的茶葉沸騰起泡後，用逼茶棍（木片）攪動，再等待沸騰時才端起倒入茶盅內飲用。一般一次只夠喝一個人，順序是由客到主從長到幼，依次輪流。罐罐茶裡邊什麼東西都不放，從濃醽清香的罐罐茶裡，品出人生品出乾坤。

❷·寧夏茶俗

　　寧夏人同樣愛喝蓋碗茶。寧夏人飲茶至遲在西夏時期就已流行。明人於慎行在《谷山筆塵》中稱：「本朝以茶易馬，西北以茶為藥，療百病皆瘥，此亦前代所未有也。」說明了西北地區很早就注重以茶為療，用茶保健。茶，在寧夏人的日常生活中居有相當重要的地位。寧夏人喝茶經常配著饊子吃，有一首寧夏花兒唱道：「油炸的饊子者，蓋碗兒茶，引了花兒的唱家。金鈴鈴的嗓子者，唱心裡話……」[1]吃饊子，喝蓋碗茶，是日常的一大享受。更有寧夏回族諺語說：「不管有錢沒錢，先刮三響蓋碗」，足見飲茶的重要。

1　江湧：《寧夏茶俗》，《農業考古》，1993年第2期。

◀圖9-6　由茶碗、茶蓋、茶托
三件組成的蓋碗茶具

　　寧夏蓋碗茶的茶葉一般用的是陝青茶、磚茶、綠茶，隨著生活水平的不斷提高，如今綠茶中的名品碧螺春、毛尖等也進入了百姓的蓋碗之中。蓋碗茶的主要品種有：八寶茶、三噴鼻茶、白四品、紅四品和五味茶。「八寶茶」由白糖、紅糖、紅棗、核桃仁、桂圓肉、芝麻、葡萄乾、枸杞等構成；「三噴鼻茶」的主要成分是：茶葉、冰糖、桂圓肉；「白四品」的主要成分是：陝青茶、白糖、柿餅、紅棗；「紅四品」的主要成分是：磚茶、紅糖、紅棗、果乾；「五味茶」的主要成分是：綠茶、山楂、芝麻、薑片和白糖。

　　寧夏的回族家家戶戶至少有兩套以上的「蓋碗」，有的人家甚至多達十幾套。使用蓋碗喝茶有很多好處，一是清潔，二是保溫，三還可以防止茶葉卡入喉嚨裡。寧夏回族老人健康長壽，與飲蓋碗茶不無關係。

❸・青海茶俗

　　青海地區的藏族飲茶習俗從唐代吐蕃時代起就一直延續了下來。

　　青海，地處高原，日常飲食肉多茶少，糧食只有青稞炒麵。同時又因高原缺氧，氣壓很低，肉食無法爛熟。而茶既可消肉食之腥，又能解青稞之熱，所以一直是當地人離不開的飲品，與「食」具有同等地位。

　　青海地區的茶飲主要品種有：清茶，用滾水沏茶，或在砂罐中熬飲。所用的茶係湖南等地製造的磚茶。這種磚茶大致是清明或穀雨以後，摘剪茶樹上的嫩枝、老

葉，經發酵、壓製而成。該茶性熱，能溫中、解膩、消食，為居家常飲。

麥茶，民間在茶葉短缺時常喝麥茶。將小麥炒焦，用擀杖在案板上碾碎，再在砂罐中熬，味道頗像咖啡茶，有溫中、止嘔、止瀉之效。

麵茶，先將白麵和羊油（牛油）放在一起，在鍋中炒熟，放入花椒、青鹽、杏仁、核桃仁等，加水熬之即成。麵茶能提供較高的熱量，冬季之佳飲，是為青海特色茶之一。

❹ · 新疆茶俗

新疆地區喜好喝茯磚茶。在烹煮方法和飲茶習慣上南、北疆有所差別。「南疆係將磚茶碎塊投入陶瓷壺中，加入少量香料，或胡椒，或桂皮，注滿清水，放在火爐上，煮沸飲用。北疆係將茶磚敲碎，投入鐵鍋內，加清水煮沸，兌入鮮奶或奶皮子，放少量食鹽，再煮沸十餘分鐘後飲用。」[1]

新疆地域遼闊，民族眾多，各族的飲茶習慣也有不同，哈薩克族喜歡喝米心茶，蒙古族喜歡喝青磚茶，而維吾爾、錫伯、塔塔爾等民族則喜歡喝茯磚茶，塔吉克族喜歡喝紅茶。新疆南部的維吾爾族人還發明了一種叫「恰依多拉」的藥茶，與茯茶一起煮著喝。「恰依」是茶葉的意思，「多拉」就是藥。藥茶用黑胡椒、白胡椒、蓽撥、大茴香等十多種藥用香料配製而成，用藥臼搗成粉末狀，在茶水燒開後撮少許香料木放入滾茶中即成藥茶，其味藥香濃郁，醇厚可口。

以茶待客是新疆地區的傳統，維吾爾族、蒙古族、哈薩克族請客吃飯都說「請喫茶」，而不說「請吃飯」。由此可見，飲茶在日常生活的重要地位。

飲茶是文化，甘、青、寧、新地區人在長期飲茶過程中形成了自己的茶禮、茶俗以及茶藝等形式，表現出所追求的意境和韻味。在品茶的過程中以茶勵志，以茶修性，磨礪志向，完善人格；從品茶的境界中尋得心靈的安慰和人生的滿足。在茶文化中享受人生，在茶德、茶道中獲得人生的樂趣和生活的希望。

1　陳香白：《中國茶文化綱要》，《農業考古》，1991年第2期。

飲茶習俗的延伸和發展，是新中國成立之後西北地區飲食文化的一大特色，儘管經歷了若干次政治運動，但是始終未能斷裂民眾喝茶的習慣。經過長時間的歷史傳承，蘊涵著「廉、美、和、敬」的茶德[1]，已成為中國各民族傳統文化的有機組成部分。那散發著濃郁民族文化氣息的酥油茶、奶茶、蓋碗茶等，他們不為時代變化而改變，各民族頑強地堅守著各自的飲食習俗，終於形成了具有鮮明地域特色的飲食風格與飲食文化。並且在相互學習、相互交流的和諧環境下不斷發展。今天，西北人以茶雅心，以茶養身，以茶敬客，以茶行道，極大地豐富和推動了飲食文化的創新與發展。

第二節　飲食文化的未來

一、改革開放氣象萬千

一九七八年改革開放，迎來了飲食文化發展的春天，人們感受到了飲食文化久別的魅力。

一九八五年以後，老字號飲食店、個體飯店、酒店、食品工廠、企業，包括獨資企業、合資企業等，如雨後春筍迅速發展起來。如蘭州的悅賓樓、青海互助青稞酒股份有限公司、寧夏敬義泰清真食品公司、新疆昌吉市福林老字號餃子樓等；美國的快餐「麥當勞」「肯德基」也在中國市場大展宏圖，帶來了新的管理方式、文化思想及就餐方式，目前西北地區有肯德基四十家左右，麥當勞三十家左右。各地區的一些傳統飲食品種開始恢復，欣欣向榮的飲食文化大發展的局面終於形成，迎來了氣象萬千的新景象。

這一時期，人們的思想空前解放，視「飲食文化」為「資產階級」的極左思想

1　陳文華：《茶藝‧茶道‧茶文化》，《農業考古》，1999年第4期。

得以扭轉。人們敢於談吃論喝，樂於談吃論喝。同時，國家倡導健康飲食，實施利於民養民生的食政。

飲食文化的地位空前提高，國內外都有不同規模的學術研討會。一些飲食文化的研究成果堂而皇之地進入到學術的殿堂。飲食文化的學術著作和學術期刊大量湧現。各地出現了一大批帶有濃郁地域特色的飲食文化節，向各地傳播著文化信息。

西北地區的美食節遍地開花，例如，甘肅每年在蘭州舉辦美食節，節會期間還要評出名菜、名點、名宴和名吃。寧夏的清真美食節更是名聲遠播，節會期間還要評出十大品牌、十大特色風味名店、十大名廚等。青海是在格爾木舉辦（青海）羊羔美食節，以突出綠色健康、促進消費為主題。新疆的中國清真美食節更是規模大、影響遠，在二〇一二年的美食節上出現了長二十米、重一〇九九公斤，造型如天山天池的蛋糕，以及用八百公斤大米、八百公斤胡蘿蔔、八百公斤水燜制而成的、可供一千五百人食用的抓飯，堪稱一絕。西北的各種美食不脛而走，如今新疆的羊肉串、蘭州的拉麵、寧夏的蓋碗茶、青海的酸奶已風靡大江南北。

隨著中國經濟實力的不斷提高，人們對於飲食的要求也越來越高。使得餐飲業空前發展，新原料、新製法、新吃法、新品種層出不窮。

國家教育改革深入，飲食文化進入高等教育，高等院校開始設立飲食文化專業，如蘭州商學院等一批本科、專科、中專、技校等紛紛開設飲食文化課程，並且由專科生、本科生發展到研究生，形成了完整的學科體系，為飲食文化的發展培育了專門的人才。

二、歷史的反思

❶ · 關於生態的反思

人類的一切飲食活動都離不開大自然恩賜的生存環境，它是人類飲食文化發展的基礎。自然環境允許人類在一定的範圍內創造出飲食文明，但不是沒有極限。生

態環境一旦遭到破壞，滅頂之災將會降臨到人類的頭上，這已成為全世界的共識。正如有的專家所言：「每個民族的飲食文化與其周圍的生態環境有著相互依存的關係，保護生態環境，無疑也關係到每一個民族的生死存亡。」[1]事實確實如此。甘、寧、青、新地區，近年來由於經濟的過度開發和土地的過度開墾，致使這裡賴以生存的生態環境遭到了極大的破壞。作為母親河的黃河，主幹河流有近百分之四十河段的水質為V類，基本喪失水體功能，中下游地區尤為嚴重。幾千年來美食家津津樂道的黃河大鯉魚，目前已經非常少見了。這就是人類為破壞生態而付出的巨大代價。

中國飲食文化歷來追求「天人合一」的境界，古人認為飲食之道要「道法自然」，主張人與自然的和諧共存，在不破壞環境的前提下索取，主張取之於自然還之於自然，反對殺雞取卵、竭澤而漁的做法。時下，人類欠下大自然的賬諸多，足以引起人們深刻的反思。

❷·關於飲食道德的反思

中國飲食文化的思想基礎是儒家文化，儒家注重人的思想修為，講究「仁、義、禮、智、信」。信，即信用，誠信。道德是有底線的，如今食品安全的問題已一再突破道德底線，迫使我們不得不認真反思當今人們的道德觀。

當今食品安全問題已變得非常突出，成為與公民關係最大的事情，它直接關係到國家的長治久安和我們子孫後代的安危。今日「地溝油」「瘦肉精」「毒豆芽」，以及農藥殘存量大大超標的水果、蔬菜等隱患食品的大量頻頻出現，一再拷問著中國人的良心。

對於「道」與「德」，宋代著名理學家、思想家朱熹說過：「道者，人之所共由；德者，己之所獨得。」[2]這說明道德既有對個人的約束，又有大家要共同遵守的規

1　奇曼·乃吉米丁、熱依拉·買買提：《維吾爾族飲食文化與生態環境》，《西北民族研究》，2003年第2期。

2　黎靖德：《朱子語類》，岳麓書社，1997年，第755頁。

範，社會才能有良好的道德風氣。中國是重誠信講仁愛的國度，在源遠流長的傳統文化中，作為長時期思想教育的核心，誠信無處不在。我們呼喚誠信的回歸，使其成為我們的文化之本。

❸ · 關於飲食理念的反思

中國各民族的傳統美德之一，是以「中庸」為標準，主張行止有序、取捨有度。即便是美食，也不能毫無節制地享用，中國古代著名思想家韓非子說：「夫香美脆味，厚酒肥肉，甘口而病形」[1]，講的正是美食雖然甘美可口，但若食之過度就會生病。春秋戰國時期的思想家墨子說：「不極五味之調，芳香之和，不致遠國珍怪異物」[2]。也是在說飲食不要追求極致，追求珍怪，只求平實。

考察中國歷史，歷來都是提倡節約，崇尚簡樸，視粗茶淡飯為家風，反對大吃大喝鋪張浪費。這是中國人在長期的飲食活動過程中孕育出的飲食觀念。古人曾經將貪食奢靡者稱之為「饕餮」，歷來為人所不齒。但如今飲食文化中的不良之風，嚴重衝擊著傳統的文化理念，如暴富一族的奢靡消費、違反倫理的野蠻消費、違反科學的愚昧消費……又有無良的商家以天價的食品推波助瀾，成為種種不良消費的助推器。據媒體報導，某地的一對螃蟹已賣到了十萬元，完全是一種沒落的消費景象。時下，我們還不富裕，根據中國科學院最新完成的《2012中國可持續發展戰略報告》提出，中國發展中的人口壓力依然巨大，中國還有一點二八億的貧困人口需要救助。目前社會上種種腐敗的消費理念、消費行為，已經嚴重影響了社會和諧，敗壞著社會風氣，危及社會的公平和國家的安危，對此我們要做沉痛的反思，更重要的是要徹底革除這種腐朽的消費理念。

1　陳其猷：《韓非子集釋》，上海人民出版社，1974年，第121頁。
2　周才珠、齊瑞端：《墨子全譯》，貴州人民出版社，1995年，第197頁。

參考文獻[※1]

一、古籍文獻

〔1〕佚名·逸周書·賈二強，點校·瀋陽：遼寧教育出版社，1997·

〔2〕老子·帛書周易校釋·鄧球柏，校釋·長沙：湖南出版社，1996·

〔3〕老子·帛書老子校注·高明，校注·北京：中華書局，1996·

〔4〕老子·老子校釋·朱謙之，校釋·北京：中華書局，1963·

〔5〕佚名·山海經校注·劉向，校定·袁珂，校注·上海：上海古籍出版社，1980·

〔6〕孔子·論語譯注·楊伯峻，譯注·北京：中華書局，1980·

〔7〕佚名·孔子家語譯注·王德明，譯注·桂林：廣西師範大學出版社，1998·

〔8〕孟軻·孟子·北京：中華書局，1980·

〔9〕墨子·墨子全譯·周才珠，齊瑞端，譯注·貴陽：貴州人民出版社，1995·

〔10〕列子·列子全譯·王強模，譯注·貴陽：貴州人民出版社，1984·

〔11〕韓非子·韓非子譯注·陳其酋，譯注·上海：上海人民出版社，1974·

〔12〕呂不韋·呂氏春秋校釋·陳其酋，校釋·上海：學林出版社，1984·

〔13〕左丘明·春秋左傳集釋·楊伯峻，集釋·上海：上海人民出版社，1977·

〔14〕佚名·周禮譯注·楊天宇，譯注·上海：上海古籍出版社，2004·

〔15〕佚名·禮記譯注·楊天宇，譯注·上海：上海古籍出版社，1997·

〔16〕佚名·黃帝內經·北京：中醫古籍出版社，2002·

〔17〕司馬遷·史記·北京：中華書局，1959·

〔18〕陸賈·新語校注·王利群，校注·北京：中華書局，1986·

〔19〕揚雄·揚子法言譯注·李守奎，洪玉琴，譯注·哈爾濱：黑龍江人民出版社，2003·

〔20〕劉歆·西京雜記·成林，程章燦，譯注·貴陽：貴州人民出版社，1993·

〔21〕班固·漢書·北京：中華書局，1962·

〔22〕班固·白虎通疏證·陳立，疏證·北京：中華書局，1994·

※　編者註：本書「參考文獻」，主要參照中華人民共和國國家標準GB/T7714-2005《文後參考文獻著錄規則》著錄。

〔23〕范曄·後漢書·北京：中華書局，1965·

〔24〕陳壽·三國志·北京：中華書局，1959·

〔25〕諸葛亮·諸葛亮集校注·張連科，官淑珍，校注·天津：天津古籍出版社，2008·

〔26〕房玄齡·晉書·北京：中華書局，1974·

〔27〕張華·博物誌·祝鴻傑，譯注·貴陽：貴州人民出版社，1992·

〔28〕葛洪·抱朴子內篇·顧久，譯注·貴陽：貴州人民出版社，1995·

〔29〕劉義慶·世說新語：卷下·上海：上海古籍出版社，1984·

〔30〕楊炫之·洛陽伽藍記校注·范雍祥，校注·上海：上海古籍出版社，1978·

〔31〕賈思勰·齊民要術·北京：團結出版社，1996·

〔32〕干寶·搜神記·北京：中華書局，1979·

〔33〕酈道元·水經注·上海：上海古籍出版社，1990·

〔34〕沈約·宋書·北京：中華書局，1974·

〔35〕魏收·魏書·北京：中華書局，1974·

〔36〕金門七真·洞玄靈寶三洞奉道科戒營始//道藏要籍選刊：第八冊·上海：上海古籍出版社，1989·

〔37〕魏徵，等·隋書·北京：中華書局，1973·

〔38〕李延壽·北史·北京：中華書局，1974·

〔39〕劉昫，等·舊唐書·北京：中華書局，1975·

〔40〕長孫無忌，等·唐律疏議·北京：中華書局，1983·

〔41〕杜佑·通典·北京：中華書局，1984·

〔42〕李林甫·唐六典·陳仲夫，點校·北京：中華書局，1992·

〔43〕吳兢·貞觀政要·上海：上海古籍出版社，1978·

〔44〕王溥·唐會要·北京：中華書局，1955·

〔45〕玄奘·大唐西域記·周國林，註譯·長沙：岳麓書社，1999·

〔46〕李吉甫·元和郡縣圖志·北京：中華書局，1983·

〔47〕王讜·唐語林·上海：上海古籍出版社，1978·

〔48〕段成式·酉陽雜俎·北京：中華書局，1981·

〔49〕張鷟·朝野僉載·北京：中華書局，1979·

〔50〕陸羽·茶經·北京：中國工人出版社，2003·

〔51〕徐堅·初學記·北京：京華出版社，2000·

〔52〕杜甫・杜工部集・王學泰，點校・瀋陽：遼寧教育出版社，1997・

〔53〕孫思邈・備急千金要方・北京：中醫古籍出版社，1999・

〔54〕孟詵・食療本草・鄭金生，張同君，譯注・上海：上海古籍出版社，2007・

〔55〕丹波康賴・醫心方・高文鑄，等，研究・北京：華夏出版社，1996・

〔56〕歐陽修，宋祁・新唐書・北京：中華書局，1975・

〔57〕歐陽修・新五代史・北京：中華書局，1974・

〔58〕趙汝愚・宋朝諸臣奏議・上海：上海古籍出版社，1999・

〔59〕王欽若・冊府元龜・北京：中華書局，1990・

〔60〕李昉・太平御覽・北京：中華書局，1960・

〔61〕司馬光・資治通鑑・北京：中華書局，1963・

〔62〕李燾・續資治通鑑長編・北京：中華書局，1985・

〔63〕朱弁・曲洧舊聞・北京：中華書局，1982・

〔64〕吳曾・能改齋漫錄・上海：上海古籍出版社，1979・

〔65〕趙令時・侯鯖錄・北京：中華書局，2002・

〔66〕祝穆，祝洙・方輿勝覽・上海：上海古籍出版社，1991・

〔67〕彭乘・續墨客揮犀・北京：中華書局，2002・

〔68〕孟元老・東京夢華錄注・鄧之誠，注・北京：中華書局，1982・

〔69〕樂史・太平寰宇記・揚州：江蘇廣陵古籍刻印社，1991・

〔70〕李昉，等・太平廣記・北京：中國盲文出版社，1998・

〔71〕朱滿法・要修科儀戒律鈔//道藏要籍選刊：第八冊・上海：上海古籍出版社，1989・

〔72〕馬端臨・文獻通考・北京：中華書局，1986・

〔73〕蒲積中・古今歲時雜詠・瀋陽：遼寧教育出版社，1998・

〔74〕黎靖德・朱子語類・長沙：岳麓書社，1997・

〔75〕脫脫，等・宋史・北京：中華書局，1977・

〔76〕道潤梯布・蒙古秘史・呼和浩特：內蒙古人民出版社，1978・

〔77〕耶律楚材・西遊錄校注・向達，校注・北京：中華書局，1981・

〔78〕馬可・波羅・馬可・波羅遊記・陳開俊，戴樹英，等，譯・福州：福建科學技術出版
　　社，1981・

〔79〕馬可・波羅・馬可・波羅行記・馮承鈞，譯・北京：中華書局，2004・

〔80〕孔平仲・孔氏談苑//宋元筆記小說大觀：第二冊・上海：上海古籍出版社，2001・

〔81〕李長志・長春真人西遊記・黨寶海，譯注・石家莊：河北人民出版社，2001・

〔82〕陶宗儀・南村輟耕錄・北京：文化藝術出版社，1998・

〔83〕忽思慧・飲膳正要・北京：人民衛生出版社，1986・

〔84〕孔齊・至正直記・上海：上海古籍出版社，1987・

〔85〕宋應星・天工開物・鍾廣言，註釋・廣州：廣東人民出版社，1976・

〔86〕李時珍・本草綱目・劉衡如，劉永山，校注・北京：華夏出版社，1998・

〔87〕鮑山・野菜博錄・王承略，點校・濟南：山東畫報出版社，2007・

〔88〕胡震亨・唐音統籤・上海：上海古籍出版社，2003・

〔89〕余庭璧・事物異名・楊繩信，校注・太原：山西古籍出版社，1993・

〔90〕胡汝礪・嘉靖寧夏新志・管律，重修・銀川：寧夏人民出版社，1982・

〔91〕顧炎武・天下郡國利病書・上海：上海科學技術出版社，2002・

〔92〕張廷玉・明史・北京：中華書局，1974・

〔93〕傅恆，等・欽定皇輿西輿圖志・蘭州：蘭州古籍書店，1990・

〔94〕和寧・回疆通志・蘭州：蘭州古籍書店，1990・

〔95〕鄧承偉，等・西寧府續志・西寧：青海人民出版社，1985・

〔96〕顧祖禹・讀史方輿紀要・賀次君，施和金，點校・北京：中華書局，2005・

〔97〕穆彰阿，等・嘉慶重修一統志・北京：中華書局，1986・

〔98〕康敷鎔・青海記・蘭州：蘭州古籍書店，1990・

〔99〕魯廷琰・隴西志・蘭州：蘭州古籍書店，1990・

〔100〕升允，安維峻，等，甘肅新通志，蘭州：蘭州古籍書店，1990・

〔101〕彭定求，等・全唐詩・北京：中華書局，1999・

〔102〕阮元・十三經註疏・北京：中華書局，1980・

〔103〕王昶・金石萃編・北京：中國書店，1985・

〔104〕蘇銑・西寧志・王昱，馬忠，校注・西寧：青海人民出版社，1993・

〔105〕楊芳燦・靈州志・蘭州：蘭州古籍書店，1990・

〔106〕楊壽，等・朔方新志・蘭州：蘭州古籍書店，1990・

〔107〕楊應琚・西寧府新志・西寧：青海人民出版社，1988・

〔108〕袁枚・隨園食單・南京：江蘇古籍出版社，2000・

〔109〕馬驌・繹史・上海：上海古籍出版社，1993・

〔110〕葉顯純・本草衍義・上海：上海中醫藥大學出版社，1997・

〔111〕張瑞賢‧本經逢原‧北京：華夏出版社，1998‧

〔112〕洪亮吉‧洪亮吉集‧劉德權，點校‧北京：中華書局，2001‧

〔113〕張春溪‧崆峒山志‧蘭州：蘭州古籍書店，1990‧

〔114〕周希武‧玉樹調查記‧吳均，校釋‧西寧：青海人民出版社，1986‧

〔115〕羅振玉‧三代吉金文存‧北京：中華書局，1983‧

二、現當代著作

〔1〕斯坦因‧西域考古記‧北京：中華書局，1946‧

〔2〕袁珂‧中國古代神話‧北京：中華書局，1960‧

〔3〕李約瑟‧中國科學技術史‧北京：科學出版社，1975‧

〔4〕新疆維吾爾自治區博物館‧新疆歷史文物‧北京：文物出版社，1977‧

〔5〕睡虎地秦墓竹簡整理小組‧睡虎地秦墓竹簡‧北京：文物出版社，1978‧

〔6〕甘肅省博物館‧甘肅文物考古工作三十年//文物考古工作三十年‧北京：文物出版社，1979‧

〔7〕青海省文物管理處考古隊‧青海文物考古工作三十年//文物考古工作三十年‧北京：文物出版社，1979‧

〔8〕新疆維吾爾自治區博物館，新疆社會科學院考古研究所‧建國以來新疆考古的主要收穫//文物考古工作三十年‧北京：文物出版社，1979‧

〔9〕浙江省博物館‧三十年來浙江文物考古工作//文物考古工作三十年‧北京：文物出版社，1979‧

〔10〕國家文物局，新疆維吾爾自治區博物館，武漢大學歷史系‧吐魯番出土文書：第三冊‧北京：文物出版社，1981‧

〔11〕王堯‧吐蕃金石錄‧北京：文物出版社，1982‧

〔12〕聞一多‧聞一多全集‧北京：生活‧讀書‧新知三聯書店，1982‧

〔13〕劉志遠，余德章，劉文傑‧四川漢代畫像磚與漢代社會‧北京：文物出版社，1983‧

〔14〕徐中舒‧甲骨文字典‧成都：四川辭書出版社，1983‧

〔15〕新疆社會科學院考古研究所‧新疆考古三十年‧烏魯木齊：新疆人民出版社，1983‧

〔16〕列寧‧列寧全集：第二六卷‧北京：人民出版社，1984‧

〔17〕甘肅省文物工作隊，甘肅省博物館・嘉峪關壁畫墓發掘報告・北京：文物出版社，
　　　1985・

〔18〕陳銳・甘肅特產風味指南・蘭州：甘肅人民出版社，1985・

〔19〕夏鼐・中國文明的起源・北京：文物出版社，1985・

〔20〕鄧少琴・《山海經》崑崙之丘應即青藏高原巴顏喀拉山//山海經新探・成都：四川省社
　　　會科學院出版社，1986・

〔21〕河北省文物考古研究所・　城台西商代中期遺址・北京：文物出版社，1986・

〔22〕林干・匈奴通史・北京：人民出版社，1986・

〔23〕羌族簡史編寫組・羌族簡史・成都：四川民族出版社，1986・

〔24〕馬曼麗，樊保良・古代開拓家西行足跡・西安：陝西人民出版社，1987・

〔25〕青海省志編纂委員會・青海歷史紀要・西寧：青海人民出版社，1987・

〔26〕銀川市人民政府市志編纂辦公室・銀川市情・銀川：寧夏人民出版社，1987・

〔27〕劉光華・漢代西北屯田・蘭州：蘭州大學出版社，1988・

〔28〕徐錫台・周原甲骨文綜述・西安：三秦出版社，1988・

〔29〕趙誠・甲骨文簡明辭典・北京：中華書局，1988・

〔30〕祝啟源・唃厮囉——宋代藏族政權・西寧：青海人民出版社，1988・

〔31〕王儒林，李陳廣・南陽漢畫像石・鄭州：河南美術出版社，1989・

〔32〕甘肅省科技史志編輯部・甘肅科技志・大事記・蘭州：甘肅科學技術出版社，1989.

〔33〕許成，韓小忙・寧夏四十年考古發現與研究・銀川：寧夏人民出版社，1989・

〔34〕張波・西北農牧史・西安：陝西科學技術出版社，1989・

〔35〕張朋川・中國彩陶圖譜・北京：文物出版社，1990・

〔36〕山東省文物考古研究所・前進中的十年——1978-1988年山東省文物考古工作概述//文
　　　物考古工作十年・北京：文物出版社，1991・

〔37〕雲南省博物館・十年來雲南文物考古新發現及研究//文物考古工作十年・北京：文物出
　　　版社，1991・

〔38〕四川省文物管理委員會，四川省文物考古研究所・四川省文物考古十年//文物考古工作
　　　十年・北京：文物出版社，1991・

〔39〕寧夏文物考古研究所・寧夏文物考古工作十年//文物考古工作十年・北京：文物出版
　　　社，1991・

〔40〕甘肅省文物考古研究所・甘肅省文物工作十年//文物考古工作十年・北京：文物出版

社，1991．

〔41〕青海省文物考古研究所．青海近十年文物考古文物考古的收穫//文物考古工作十年．北京：文物出版社，1991．

〔42〕陝西省考古研究所．十年來陝西省文物考古的新發現//文物考古工作十年．北京文物出版社，1991．

〔43〕新疆文物考古研究所．新疆文物考古工作十年//文物考古工作十年．北京：文物出版社，1991．

〔44〕王香亭．甘肅脊椎動物志．蘭州：甘肅科學技術出版社，1991．

〔45〕廖育群．岐黃醫道．瀋陽：遼寧教育出版，1991．

〔46〕劉起釪．古史續辨．北京：中國社會出版社，1991．

〔47〕周興華．中衛岩畫．銀川：寧夏人民出版社，1991．

〔48〕方國瑜．中國西南歷史地理考釋．北京：中華書局，1992．

〔49〕何光岳．炎黃源流史．南昌：江西教育出版社，1992．

〔50〕李明偉．絲綢之路與西北經濟社會研究．蘭州：甘肅人民出版社，1992．

〔51〕林松，和龑．回回歷史與伊斯蘭文化．北京：今日中國出版社，1992．

〔52〕裘錫圭．古代文史研究新探．南京：江蘇古籍出版社，1992．

〔53〕陳全方．「詩經」中所見的酒//西周酒文化與當今寶雞名酒．西安：陝西人民出版社，1992．

〔54〕王仲犖．敦煌石室地誌殘卷考釋．上海：上海古籍出版社，1993．

〔55〕王紅旗．生活中的神妙數字．北京：中國對外翻譯出版公司，1993．

〔56〕王仁湘．中國文化與飲食．北京：人民出版社，1993．

〔57〕周世榮．從馬王堆出土文物看我國道家文化//道家文化研究：第三輯，上海：上海古籍出版社，1993．

〔58〕陳炳應．西夏諺語．太原：山西人民出版社，1993．

〔59〕陳守忠．河隴史地考述．蘭州：蘭州大學出版社，1993．

〔60〕郭鋒．斯坦因第三次中亞探險所獲甘肅新疆出土漢文文書．蘭州：甘肅人民出版社，1993．

〔61〕胡翔驊．帛書《卻穀食氣》義證//道家文化研究：第三輯．上海：上海古籍出版社，1993．

〔62〕馬雍，王炳華．阿爾泰與歐亞絲綢之路//絲綢之路與中亞文明．烏魯木齊：新疆美術攝

影出版社，1994．

〔63〕烏魯木齊市黨史地方史編纂委員會．烏魯木齊市志．烏魯木齊：新疆人民出版社，
1994．

〔64〕宋鎮豪．夏商社會生活史．北京：中國社會科學出版社，1994．

〔65〕朱世奎，周生文，李文斌．青海風俗簡志．西寧：青海人民出版社，1994．

〔66〕謝弗．唐代的外來文明．北京：中國社會科學出版社，1995．

〔67〕付淑敏．馬王堆帛書《卻谷食氣篇》新探//道教文化研究：第一輯，北京：書目文獻出
版社，1995．

〔68〕莫尼克·瑪雅爾．古代高昌王國物質文明史．耿昇，譯．北京：中華書局，1995．

〔69〕霍有光．司馬遷與地學文化．西安：陝西人民出教育版社，1995．

〔70〕穆赤·雲登嘉措．青海少數民族．西寧：青海人民出版社，1995．

〔71〕芮傳明，余太山．中西紋飾比較．上海：上海古籍出版社，1995．

〔72〕王昆吾．唐代酒令藝術．上海：東方出版中心，1995．

〔73〕吳慧穎．中國數文化．長沙：岳麓書社，1995．

〔74〕新疆維吾爾自治區博物館．尼雅遺址的重要發現//新疆文物考古新收穫（1979-1989
年）．烏魯木齊：新疆人民出版社，1995．

〔75〕新疆社會科學院考古研究所．孔雀河古墓及其初步研究發掘//新疆文物考古新收穫
（1979-1989年）．烏魯木齊：新疆人民出版社，1995．

〔76〕徐英毅．徐州漢畫像石．北京：中國世界語出版社，1995．

〔77〕張維慎．《山海經》中的「甘木」考辨//陝西歷史博物館刊（2）．西安：三秦出版社，
1995．

〔78〕張澤咸．唐代工商業．北京：中國社會科學出版社，1995．

〔79〕周成．中國古代交通圖典．北京，中國世界語出版社，1995．

〔80〕程薔，董乃斌．唐帝國的精神文明．北京：中國社會科學出版社，1996．

〔81〕黃世瑞．中國古代科學技術史綱：農學卷．瀋陽：遼寧教育出版社，1996．

〔82〕李朝遠．上海博物館新獲秦公器研究//上海博物館集刊：第七期．上海：上海書畫出版
社，1996．

〔83〕馬德．敦煌莫高窟史研究．蘭州：甘肅教育出版社，1996．

〔84〕王玉榮，吳仁德，張之恆，等．農業的起源和發展．南京：南京大學出版社，1996．

〔85〕趙予征．絲綢之路屯墾研究．烏魯木齊：新疆人民出版社，1996．

〔86〕楊東晨·炎黃故地考辨//炎帝論·西安：陝西人民出版社，1996·

〔87〕中國農業全書·甘肅卷編輯委員會·中國農業全書·甘肅卷·北京：中國農業出版社，1997·

〔88〕李清凌·西北經濟史·北京：人民出版社，1997·

〔89〕李實·甲骨文字叢考·蘭州：甘肅人民出版社，1997·

〔90〕張弓·漢唐佛寺文化史·北京：中國社會科學出版社，1997·

〔91〕陳建憲·神話解讀·石家莊：河北教育出版社，1997·

〔92〕蔣禮鴻·敦煌變文字義通釋·上海：上海古籍出版社，1997·

〔93〕柳洪亮·新出吐魯番文書及其研究·烏魯木齊：新疆人民出版社，1997·

〔94〕彭邦炯·甲骨文農業資料考辨與研究·長春：吉林文史出版社，1997·

〔95〕新疆文物考古研究所，吐魯番地區文管所·善鄯蘇貝希墓群一號墓地發掘簡報//新疆文物考古新收穫（續）（1990-1996年）·烏魯木齊：新疆美術攝影出版社，1997·

〔96〕新疆文物考古研究所·哈密五堡墓地151、152號墓葬//新疆文物考古新收穫（續）（1990-1996年）·烏魯木齊：新疆美術攝影出版社，1997·

〔97〕薛宗正·中國新疆·古代社會生活史·烏魯木齊：新疆人民出版社，1997·

〔98〕郝春文·唐後期五代宋初敦煌僧尼的社會生活·北京：中國社會科學出版社，1998·

〔99〕李斌城，李錦繡，等·隋唐五代社會生活史·北京：中國社會科學出版社，1998·

〔100〕李儼，錢寶琮·科學史全集：第三卷·瀋陽：遼寧教育出版社，1998·

〔101〕朱瑞熙，張邦煒，等·遼宋西夏金社會生活史·北京:中國社會科學出版社，1998·

〔102〕中國農業全書·寧夏卷編輯委員會·中國農業全書·寧夏卷·北京：中國農業出版社，1998·

〔103〕亨利·佩卓斯基·器具的進化·丁佩芝，陳月霞，譯·北京：中國社會科學出版社，1999·

〔104〕高國藩·敦煌俗文化學·上海：上海三聯書店，1999·

〔105〕關連吉·鳳鳴隴山—甘肅民族文化·蘭州：甘肅教育出版社，1999·

〔106〕卿希泰，姜生·「天之道」與「二人之道」——道家倫理的二無結構及對中國倫理的影響//道家文化研究：十六輯·北京：三聯書店，1999·

〔107〕王世民，陳公柔，張長壽·夏商周斷代工程報告集//西周青銅器分期斷代研究·北京：文物出版社，1999·

〔108〕王永強，史為民，謝建猷·中國少數民族文化史圖典：西北卷·南寧：廣西教育出版

　　社，1999．

〔109〕楊曉靄・瀚海駝鈴 —— 絲綢之路的人物往來與文化交流・蘭州：甘肅教育出版社，
　　1999．

〔110〕姚偉鈞・中國傳統飲食禮俗研究・武漢：華中師範大學出版社，1999．

〔111〕中國社會科學院考古研究所，謝端琚・師趙村與西山坪・北京：中國大百科全書出版
　　社，1999．

〔112〕鍾敬文・鍾敬文文集・民俗卷・合肥：安徽教育出版社，1999．

〔113〕周本雄・師趙村與西山坪遺址的動物遺存//師趙村與西山坪・北京：中國大百科全書
　　出版社，1999．

〔114〕李炳澤・多味的餐桌・北京：北京出版社，2000．

〔115〕呂卓民・明代西北農牧業地理・台北：台灣洪葉文化事業有限公司，2000．

〔116〕宋峴・回回藥方考釋・北京：中華書局，2000．

〔117〕奧雷爾・斯坦因・踏勘尼雅遺址・劉文鎖，肖勇，胡錦州，譯・南寧：廣西師範大學
　　出版社，2000．

〔118〕黃澤嶺，鄭守來・大槐樹遷民・北京：中國檔案出版社，2000．

〔119〕夏商周斷代工程專家組・夏商周斷代工程1996-2000年階段成果報告・北京：世界圖書
　　出版公司，2000．

〔120〕徐日輝・街亭叢考・蘭州：甘肅人民出版社，2000．

〔121〕徐日輝・史記八書與中國文化研究・西安：陝西人民教育出版社，2000．

〔122〕揚之水・詩經名物新證・北京：北京古籍出版社，2000．

〔123〕楊寬・「籍禮」新探・篤志集・上海：上海古籍出版社，2000．

〔124〕袁融・甘肅嘉峪關魏晉六號墓彩繪磚・重慶：重慶出版社，2000．

〔125〕袁融・甘肅嘉峪關魏晉一號墓彩繪磚・重慶：重慶出版社，2000．

〔126〕袁融・甘肅酒泉西溝魏晉墓彩繪磚・重慶：重慶出版社，2000．

〔127〕中國農業全書・新疆卷編輯委員會・中國農業全書・新疆卷・北京：中國農業出版
　　社，2000．

〔128〕白劍波・中國清真飲食的起源和發展//伊斯蘭文化論集・北京：中國社會科學出版
　　社，2001．

〔129〕陳詔・中國饌食文化・上海：上海古籍出版社，2001．

〔130〕卡羅琳・考斯梅爾・味覺・吳瓊，葉勤，張雷，譯・北京：中國友誼出版公司，

2001．

〔131〕陳高華，史衛民·中國風俗通史·元代卷·上海：上海文藝出版社，2001．

〔132〕李淞·漢代人物雕刻藝術·長沙：湖南美術出版社，2001．

〔133〕林永匡，袁立澤·中國風俗通史·清代卷·上海：上海文藝出版社，2001．

〔134〕馬平·甘南藏區拉仁關回族「求索瑪」群體研究//伊斯蘭文化論集·北京：中國社會
科學版社，2001．

〔135〕米壽江·本土化的中國伊斯蘭教及其特點//伊斯蘭文化論集·北京：中國社會科學出
版社，2001．

〔136〕寧銳·中國回族的飲食民俗//伊斯蘭文化論集·北京：中國社會科學出版社，2001．

〔137〕宋德金，史金波·中國風俗通史·遼金西夏卷·上海：上海文藝出版社，2001．

〔138〕翁俊雄·唐代區域經濟研究·北京：首都師範大學出版社，2001．

〔139〕徐吉軍，方建新，等·中國風俗通史·宋代卷·上海：上海文藝出版社，2001．

〔140〕中國農業全書·青海卷編輯委員會·中國農業全書·青海卷·北京：中國農業出版
社，2001．

〔141〕吳玉貴·中國風俗通史·隋唐五代卷·上海：上海文藝出版社，2002．

〔142〕陳彥堂·人間的煙火·炊食具·上海：上海文藝出版社，2002．

〔143〕陳文華·農業考古·北京：文物出版社，2002．

〔144〕程曉鐘·大地灣考古研究文集·蘭州：甘肅文化出版社，2002．

〔145〕甘肅省秦安縣博物館·媧鄉遺珍·內部資料，2002．

〔146〕郎樹德·大地灣農業遺存黍和羊骨的發現與啟示//大地灣考古研究文集·蘭州：甘肅
文化出版社，2002．

〔147〕僧人·西夏王國與東方金字塔·成都：四川人民出版社，2002．

〔148〕王炳華·滄桑樓蘭——羅布淖爾考古大發現·杭州：浙江文藝出版社，2002．

〔149〕謝端琚·甘青地區史前考古·北京：文物出版社，2002．

〔150〕許嘉璐·中國古代衣食住行·北京：北京出版社，2002．

〔151〕張錦秀·麥積山石窟志·蘭州：甘肅教育出版社，2002．

〔152〕趙建龍·大地灣古量器及分配製度初探//大地灣考古研究文集·蘭州：甘肅文化出版
社，2002．

〔153〕王賽時·唐代飲食·濟南：齊魯書社，2003．

〔154〕陳啟榮·世界家雞起源研究的新進展//古今農業論叢·廣州：廣東經濟出版社，

2003．

〔155〕徐日輝．秦早期發展史．北京：中國科學文化出版社，2003．

〔156〕徐日輝．論渭水流域對中華民族形成的影響//炎帝與漢民族論集．西安：陝西人民出
版社，2003．

〔157〕湛如．敦煌佛教律儀制度研究．北京：中華書局，2003．

〔158〕李波．「吃垮中國」？中國食文化反思．北京：光明日報出版社，2004．

〔159〕程超寰，杜漢陽．本草藥名匯考．上海：上海古籍出版社，2004．

〔160〕高啟安．唐五代敦煌飲食文化研究．北京：民族出版社，2004．

〔161〕王卞．敦煌道教文獻研究．北京：中國社會科學出版社，2004．

〔162〕徐連達．唐朝文化史．上海：復旦大學出版社，2004．

〔163〕周偉洲．早期党項史研究．北京：中國社會科學出版社，2004．

〔164〕徐日輝．伏羲文化研究．北京：中國教育文化出版社，2005．

〔165〕徐興海．中國食品文化論稿．貴陽：貴州人民出版社，2005．

〔166〕趙珍．清代西北生態變遷研究．北京：人民出版社，2005．

〔167〕捷連吉耶夫—卡坦斯基．西夏物質文化．崔紅芬，文志勇，譯．北京：民族出版社，
2006．

〔168〕丹尼爾·A·科爾曼．生態政治——建設綠色國家．梅俊傑，譯．上海：上海譯文出
版社，2006．

〔169〕蔡家藝．清代新疆社會經濟史綱．北京：人民出版社，2006．

〔170〕甘肅省文物考古研究所．秦安大地灣——新石器時代遺址發掘報告．北京，文物出版
社，2006．

〔171〕高陽．古今食事．北京：華夏出版社，2006．

〔172〕韓香．隋唐長安與中亞文明．北京：中國社會科學出版社，2006．

〔173〕劉長江．大地灣遺址植物遺存鑑定報告//秦安大地灣——新石器時代遺址發掘報告．
北京：文物出版社，2006．

〔174〕王仁湘．中國飲食的歷史與文化．濟南：山東畫報出版社，2006．

〔175〕吳天墀．西夏史史稿．南寧：廣西師範大學出版社，2006．

〔176〕徐日輝．伏羲文化、炎黃文化對後世的深遠影響//文化天水．蘭州：甘肅文化出版
社，2006．

〔177〕張維慎．論明代寧夏鎮的水利建設//陝西歷史博物館館刊（13）．西安：三秦出版社，

2006．

〔178〕李學勤．深入探討遠古歷史研究的方法論問題//炎帝・姜炎文化與和諧社會．西安：
　　　三秦出版社，2007．

〔179〕陝西省考古研究院，寶雞市考古工作隊．寶雞關桃園．北京：文物出版社，2007．

〔180〕朱士光．中國古都學的研究歷程．北京：中國社會科學出版社，2008．

〔181〕陳序經．匈奴史稿．北京：中國人民大學出版社，2009．

〔182〕楊柳．中國清真飲食文化．北京：中國輕工業出版社，2009．

〔183〕徐日輝．鼎文化與七千年前甘肅飲食說略//飲食文化研究．哈爾濱：黑龍江科學技術
　　　出版，2009．

〔184〕徐日輝．浙江跨湖橋與陝西關桃園出土骨耜比較研究//跨湖橋文化論集．北京：人民
　　　出版社，2009．

〔185〕徐日輝．中國旅遊文化．哈爾濱：黑龍江人民出版社，2010．

〔186〕徐日輝．關桃園出土骨耜與炎帝耜耕農業論//炎帝・姜炎文化與民生．西安：三秦出
　　　版社，2010．

〔187〕徐日輝．治家與治國──兩「朱子家訓」漫議//朱子學刊．合肥：黃山書社出版社，
　　　2010．

〔188〕高榮．漢魏時期河西文化發展述論//河西走廊人地關係演變研究．西安：三秦出版
　　　社，2011．

〔189〕中共中央馬克思恩格斯列寧斯大林著作編譯局．馬克思恩格斯選集．北京：人民出版
　　　社，2012．

三、期刊、報紙

〔1〕新疆維吾爾自治區博物館．新疆民豐縣北大沙漠中古遺址墓葬區東漢合葬墓清理簡報．
　　文物，1960（6）．

〔2〕王致中．河西走廊古代水利研究．甘肅社會科學，1969（4）．

〔3〕河南省博物館．洛陽隋唐含嘉倉的發掘．文物，1972（3）．

〔4〕中國科學院考古研究所甘肅工作隊．甘肅永靖大何莊遺址發掘報告．考古學報，1974
　　（2）．

〔5〕甘肅省博物館・武威雷台漢墓・考古學報，1974（2）・

〔6〕中國科學院考古研究所甘肅工作隊・甘肅永靖秦魏家齊家文化墓地・考古學報，1975
（2）・

〔7〕青海省文物考古隊・青海大通縣上孫家寨出土的舞蹈彩陶盆・文物，1978（3）・

〔8〕新疆社會科學院考古所・阿拉溝豎穴木槨墓發掘簡報・文物，1981（1）・

〔9〕北京鋼鐵學院冶金組・中國早期青銅器的初步研究・考古學報，1981（3）・

〔10〕張朋川，周廣濟・試談大地灣一期和其他類型文化的關係・文物，1981（4）・

〔11〕王炳華，王明哲・烏孫歷史上幾個重大問題的探討・新疆社會科學，1982（3）・

〔12〕王炳華・孔雀河古墓溝發掘及其初步研究・新疆社會科學，1983（1）・

〔13〕王炳華・新疆農業考古概述・農業考古，1983（1）・

〔14〕徐日輝・秦亭考・文史知識，1983（1）・

〔15〕張玉忠・新疆出土的古代農作物簡介・農業考古，1983（1）・

〔16〕吐魯番地區文管所・吐魯番阿斯塔那古墓區65TAM39清理簡報・考古與文物，1983
（4）・

〔17〕徐日輝・略談地理環境對中國封建社會長期延續的影響・甘肅社會科學，1983（6）・

〔18〕何炳棣・中國農業的本土起源・馬中，譯・農業考古，1984（2）・

〔19〕徐日輝・秦始縣於甘肅二地說・甘肅社會科學，1984（3）・

〔20〕甘肅省文物工作隊，等・甘肅東鄉林家遺址發掘報告・考古學集刊，1984（4）・

〔21〕西北師範學院植物研究所，等・甘肅東鄉林家馬家窯文化遺址出土的稷與大麻・考
古，1984（7）・

〔22〕孟凡人・魏晉樓蘭屯田概況・農業考古，1985（1）・

〔23〕侯燦・樓蘭出土麋子、大麥及珍貴的小麥花・農業考古，1985（1）・

〔24〕饒瑞符・「屯墾戍邊」的歷史意義・農業考古，1985（1）・

〔25〕塔什庫爾干縣吉日尕勒舊石器時代遺址調查・新疆文物，1985（1）・

〔26〕王進玉・敦煌壁畫中農作圖實地調查・農業考古，1985（2）・

〔27〕蔡連珍・碳十四年代的樹輪年代校正——介紹新校正表的使用・考古，1985（3）・

〔28〕徐日輝・再談地理環境對中國封建社會長期延續的影響・甘肅社會科學，1985（6）・

〔29〕陝西省文物管理委員會・西周鎬京附近部分墓葬發掘簡報・文物，1986（1）・

〔30〕趙信・青海諾木洪文化農業小議・農業考古，1986（1）・

〔31〕魏仰浩・試論黍的起源・農業考古，1986（2）・

〔32〕王吉懷・齊家文化農業概述・農業考古，1987（1）・

〔33〕田尚・古代湟中的農田水利・農業考古，1987（1）・

〔34〕甘肅省文物工作隊，北京大學考古學系・甘肅甘谷毛家坪遺址發掘報告・考古學報，1987（3）・

〔35〕佚名・六盤山以西發現早期人類化石・新華文摘，1987（4）・

〔36〕徐日輝・武都國述論・民族研究，1987（5）・

〔37〕李群・農業的起源與傳播・農業考古，1988（1）・

〔38〕張逢旭，雷達亨，田正雄・青海古代畜牧業・農業考古，1988（2）・

〔39〕謝偉・案板遺址灰土所見到的農作物——兼論灰像法的改進・考古與文物，1988（5-6）・

〔40〕李璠・甘肅省民樂縣東灰山新石器遺址考古遺址新發現・農業考古，1989（1）・

〔41〕吳加安・略論黃河流域前仰韶文化時期農業・農業起源與人類歷史（續）・農業考古，1989（2）・

〔42〕戴良佐・新疆木壘縣出土的石製農具・農業考古，1989（2）・

〔43〕尚民傑・對青海史前時期農牧因素消長的幾點看法・農業考古，1990（1）・

〔44〕吳汝祚・甘肅青海地區的史前農業・農業考古，1990（1）・

〔45〕王乃昂・歷史時期甘肅黃土高原的環境變遷・歷史地理：第八輯，1990（25）・

〔46〕王治・青稞的由來和發展・農業考古，1991（1）・

〔47〕陳香白・中國茶文化綱要・農業考古，1991（2）・

〔48〕王吉懷・甘肅天水西山坪遺址的原始農業遺存・農業考古，1991（3）・

〔49〕柳洪亮・1986年吐魯番阿斯塔那古墓群發掘簡報・考古，1992（2）・

〔50〕梁治寇・藏民族與茶・農業考古，1992（4）・

〔51〕林培鈞・天山伊犁野果林在人類生態和果樹起源上的地位・農業考古，1993（1）・

〔52〕冰琴・茶之始為・農業考古，1993（2）・

〔53〕江湧・寧夏茶俗・農業考古，1993（2）・

〔54〕於喜風・新疆哈密市五堡152號古墓出土農作物分析・農業考古，1993（3）・

〔55〕謝遐齡・中國文化傳統對現代化有無促進作用・傳統文化與現代化，1994（5）・

〔56〕陳光祖・新疆金屬器時代・張川，譯・新疆文物，1995（1）・

〔57〕陳紹軍・胡餅來源探釋・農業考古，1995（1）・

〔58〕徐旺生・中國飲食文化與晚近農業結構關係探析・農業考古，1995（1）・

〔59〕筱田統·五穀的起源·日本自然和文化，1995（2）·

〔60〕王在德，陳慶輝·再論中國農業起源與傳播·農業考古，1995（3）·

〔61〕徐蘋芳·中國飲食文化的地域性及其融合·傳統文化與現代化，1996（1）·

〔62〕蔡運章·河圖洛書之謎·文史知識，1996（3）·

〔63〕王東平·新疆古代蔬菜種植述略·農業考古，1996（3）·

〔64〕尚民傑·青海原始農業考古概述·農業考古，1997（1）·

〔65〕盧化南·河南濟源發現四千年前鍋巴·農業考古，1997（3）·

〔66〕張成安·淺析青銅時代哈密的農業生產·農業考古，1997（3）·

〔67〕李朝遠·新出秦公器銘文與籀文·考古與文物，1997（5）·

〔68〕孫淑雲，韓汝玢·甘肅早期銅器的發現與冶煉、製造技術的研究·文物，1997（7）·

〔69〕信立祥·全國考古新發現精品展巡禮·文物，1997（10）·

〔70〕徐日輝·論秦與大地灣農業文化的關係·農業考古，1998（1）·

〔71〕謝世俊·節氣史考源·尋根，1998（2）·

〔72〕青海省文物管理處·青海同德縣宗日遺址發掘簡報·考古，1998（5）·

〔73〕林正同·淺淡食器文明對中華烹飪技藝的影響·農業考古，1999（1）·

〔74〕張建軍·清代新疆主要糧食作物及其地域分布·農業考古，1999（1）·

〔75〕宋良曦·中國鹽與中醫學·鹽業史研究，1999（2）·

〔76〕蘇冠文·西夏膳食述論·寧夏社會科學，1999（2）·

〔77〕劉菊湘·西夏的庫入管理制度·固原師專學報，1999（4）·

〔78〕陳文華·茶藝·茶道·茶文化·農業考古，1999（4）·

〔79〕劉凱·積澱於「花兒」中的青海飲食習俗·民院學報，2000（1）·

〔80〕齊思和·毛詩谷名考·農業考古，2000（1）·

〔81〕張文緒，王輝·甘肅遺址古栽培稻的研究·農業考古，2000（3）·

〔82〕甘肅省文物考古研究所·敦煌懸泉漢簡釋文選·文物，2000（5）·

〔83〕中國文化：一項更適合人類進化的文化選擇——陳立夫空中訪談錄之二·中國文化研究，2000（冬之卷）·

〔84〕劉錫濤·古代新疆的三次大開發及其歷史借鑑·中國歷史地理論叢，2001（增刊）·

〔85〕朱聖鐘·西漢時期黃土高原上的農物交錯地帶·中國歷史地理論叢，2001（增刊）·

〔86〕張維慎·新石器時代寧夏南部先民居址的選擇與原始農業的產生和發展//黃土高原地區·歷史環境與治理對策會議文集·中國歷地史理論叢·2001（增刊）·

〔87〕王乃昂，頡耀文，薛祥燕·近2000年來人類活動對我國西部環境變化的影響·中國歷史地理論叢，2002（3）·

〔88〕新疆文物考古研究所·新疆尉犁縣營盤墓地1995年發掘簡報·文物，2002（6）·

〔89〕中國社會科學院考古研究所甘青工作隊，青海省文物考古研究所·青海民和縣喇家遺址2000年發掘簡報·考古，2002（12）·

〔90〕青海省文物考古研究所·青海烏蘭縣大南灣遺址試掘簡報·考古，2002（12）·

〔91〕許新國·青海考古的回顧與展望·考古，2002（12）·

〔92〕貢保草·試析藏族糌粑食俗及其文化內涵·民院學報，2003（1）·

〔93〕林祥庚·黃帝傳說辨析·光明日報，2003-1-28·

〔94〕新疆維吾爾自治區博物館，巴音郭棱蒙古自治州文物管理所，且末縣文物管理所·新疆且末扎滾魯克一號墓地發掘報告·考古學報，2003（1）·

〔95〕奇曼·乃吉米丁，熱依拉·買買提·維吾爾族飲食文化與生態環境·西北民族研究，2003（2）·

〔96〕朱和平·漢代屯田說·農業考古·2004（1）·

〔97〕馮迎福·回族禁忌習俗及其社會功能·民院學報，2004（1）·

〔98〕劉明科·寶雞關桃園遺址早期農業問題的蠡測——兼談炎帝發明耒耜和農業與炎帝文化年代問題·農業考古，2004（3）·

〔99〕徐日輝·中國西北地區飲食文化淵源初探·飲食文化研究，2004（4）·

〔100〕王澤應·論誠信·光明日報，2004-11-23·

〔101〕毛陽光·北朝至隋唐時期黃河流域的西域胡人·尋根，2006（2）·

〔102〕楊乙丹·魏晉南北朝時期農業科技文化的交流及其思考·古今農業，2006（2）·

〔103〕張玉欣·台灣的切仔面·中華飲食文化基金會會訊，2006（4）·

〔104〕徐日輝·太皞伏羲氏與中原文明·河南科技大學學報·2006（6）·

〔105〕徐日輝·墨子「畜種菽粟不足以食之」略論·浙江工商大學學報，2007（6）·

〔106〕大地灣考古又獲重大發現6萬年前就有先民·蘭州晨報，2009-8-13·

〔107〕巫新華·新疆的和田達瑪溝佛寺考古新發現與研究·文物，2009（8）·

〔108〕王小錫·消費也有個道德問題·光明日報，2010-6-1·

〔109〕徐日輝·略論管子與齊軍事思想的發展·管子學刊，2011（2）·

〔110〕孫繼民，許會玲·西夏榷場使文書所見西夏尺度關係考·西夏研究，2011（2）·

〔111〕薛路，胡若飛·西夏仁孝盛世的農耕業考·西夏研究，2012（1）·

〔112〕保宏彪・論河西走廊在西夏興起與發展過程中的戰略意義・西夏研究，2012（2）・

〔113〕莊電一・五次發掘：水洞溝有多少祕密・光明日報，2012-5-11・

〔114〕李零・北大秦牘《泰原有死者》簡介・文物，2012（6）・

索引[※]

※　編者註：本書「索引」，主要參照中華人民共和國國家標準GB/T22466-2008《索引編製規則（總則）》
　　編製。

後記

　　我熱愛西北，由於種種原因曾長期在西北高校工作，從事地方史研究三十餘年，包括西北地區的飲食文化。《中國飲食文化史・西北地區卷》本人於一九九九年開始動筆撰寫，歷經十餘載，幾易其稿終得殺青，凡二十餘萬字。

　　《中國飲食文化史・西北地區卷》是中國飲食文化史中的一部，按照體例要求，地理範圍僅限於甘肅、寧夏、青海和新疆四省（自治區）。

　　作為第一部有關西北地區飲食文化史的學術專著，從「史」的角度出發，本書具有原創性和發明權。

　　西北地區歷史悠久文化綿長，曾經是中華文化和中國農業文明的發祥地之一，有著八千多年的歷史。但由於唐朝以後本地區遠離政治中心和經濟中心，致使文獻記載缺佚，為研究工作帶來了不少困難。

　　隨著城市化進程的推進，越來越多的考古成果使西北地區飲食文化的脈絡逐漸明朗起來，因此，《中國飲食文化史・西北地區卷》以文獻為基礎，引用最新的考古成果、實物圖片以及田野調查所得，採取圖文並茂的表現形式，加深研究的力度，解讀了沉重的歷史。

　　「民以食為天，國以糧為本」，是農業中國的基本國策，只有在「吃」和「吃飽」的前提下才能談及文化。

　　我是經過一九六〇至一九六三年災荒之年活下來的人，當面臨生命受到危困時，深感「食」的重要。在生死攸關的時刻，任何財富和「食」相比都等於零。記得一九六一年的一天，我和弟弟拿著一個用野菜和的高粱麵窩窩頭在大門外正準備吃，忽然有一個成年人手裡拿著一張十元面值的人民幣，想買我哥倆手中的窩窩頭，我們想都不想，就一口回絕了，並且迅速填入口中，幾乎被噎壞。事情已過去五十多年了，仍然歷歷在目記憶猶新，恍如昨天。

　　《墨子》曰：「國無三年之食者，國非其國也；家無三年之食者，子非其子也。」是說一個國家如果沒有三年的糧食儲備，就有可能被其他國家所侵占，而一個家庭如果沒有三年的糧食儲備，就可能賣兒求生。因此國家糧食的數量安全、解決百姓吃飯的問題

仍然是第一位的頭等大事。

余祖籍山東掖縣，一八九四年先祖因避兵燹而遷至遼寧海城。一九四八年家父投軍四野，入關、進京、南下，駐滬遇家母。爾後抗美援朝，最後落腳甘肅。一九六九年我在甘肅天水參加工作，一幹就是三十年，對甘肅的一山一水，有著難以割捨的情感。僅以《中國飲食文化史‧西北地區卷》在奉獻於社會的同時，回報多年來甘肅對我的培養。

在本書付梓之際，首先要感謝我的夫人，浙江工商大學圖書館的祁愛雲女士，我於二〇〇二年被引進杭州，夫人同來。她在工作和操持家務之餘，還承擔了本書繁重的打字工作，對於這樣一位相夫教子的賢妻良母，理當感謝。

在此，我還要感謝杭州師範大學的王同教授、天水師範學院的劉紅岩教授提供的部分照片。

感謝李琪研究生以及學生張譯之提供的部分照片。

特別感謝中國輕工業出版社的副總編輯馬靜，據我所知，馬靜編審為這一套書整整花去了二十年的心血，一個人能有幾個二十年，而且是青春靚麗的二十年。在她身上體現出的為傳承中華文化的堅守和執著的忘我精神，孜孜不倦精益求精的努力，確實值得我們學習。

感謝劉尚慈編審，謝謝她對於本書古籍的精心審校，為本書增色匪淺，大屬不易。

感謝方程編輯，感謝他在接手本書以後所付出的辛勤勞動，沒有他的努力這套高質量的叢書是無法面世的。

余已耳順，感嘆諸事紛雜；每讀「逝者如斯夫」，方曉「知者不博，博者不知」，唯「發憤忘食」而上下求索。

在此，再次感謝所有關心我、支持我的老師、朋友和同仁們！

歲月如流，難捨晝夜。

徐日輝

於浙江工商大學

二〇一二年十一月三十日花甲之日

編輯手記

為了心中的文化堅守
——記《中國飲食文化史》（十卷本）的出版

《中國飲食文化史》（十卷本）終於出版了。我們迎來了遲到的喜悅，為了這一天，我們整整守候了二十年！因此，這一份喜悅來得深沉，來得艱辛！

（一）

談到這套叢書的緣起，應該說是緣於一次重大的歷史機遇。

一九九一年，「首屆中國飲食文化國際學術研討會」在北京召開。掛帥的是北京市副市長張建民先生，大會的總組織者是北京市人民政府食品辦公室主任李士靖先生。來自世界各地及國內的學者濟濟一堂，共敘「食」事。中國輕工業出版社的編輯馬靜有幸被大會組委會聘請為論文組的成員，負責審讀、編輯來自世界各地的大會論文，也有機緣與來自國內外的專家學者見了面。

這是一次高規格、高水準的大型國際學術研討會，自此拉開了中國食文化研究的熱幕，成為一個具有里程碑意義的會議。這次盛大的學術會議激活了中國久已蘊藏的學術活力，點燃了中國飲食文化建立學科繼而成為顯學的希望。

在這次大會上，與會專家議論到了一個嚴肅的學術話題——泱泱中國，有著五千年燦爛的食文化，其豐厚與絢麗令世界矚目——早在一百七十萬年前元謀（雲南）人即已發現並利用了火，自此開始了具有劃時代意義的熟食生活；古代先民早已普遍知曉三點決定一個平面的幾何原理，製造出了鼎、鬲等飲食容器；先民發明了二十四節氣的農曆，在夏代就已初具雛形，由此創造了中華民族最早的農耕文明；中國是世界上最早栽培水稻的國家，也是世界上最早使用蒸汽烹飪的國家；中國有著令世界傾倒的美食；有著製作精美的最早的青銅器酒具，有著世界最早的茶學著作《茶經》……為世界飲食文化建起了一座又一座的豐碑。然而，不容迴避的現實是，至今沒有人來系統地彰顯中華

民族這些了不起的人類文明，因為我們至今都沒有一部自己的飲食文化史，飲食文化研究的學術制高點始終掌握在國外學者的手裡，這已成為中國學者心中的一個痛，一個鬱鬱待解的沉重心結。

這次盛大的學術集會激發了國內專家奮起直追的勇氣，大家發出了共同的心聲：全方位地占領該領域學術研究的制高點時不我待！作為共同參加這次大會的出版工作者，馬靜和與會專家有著共同的強烈心願，立志要出版一部由國內專家學者撰寫的中華民族飲食文化史。趙榮光先生是中國飲食文化研究領域建樹頗豐的學者，此後由他擔任主編，開始了作者隊伍的組建，東西南北中，八方求賢，最終形成了一支覆蓋全國各個地區的飲食文化專家隊伍，可謂學界最強陣容。並商定由中國輕工業出版社承接這套學術著作的出版，由馬靜擔任責任編輯。

此為這部書稿的發端，自此也踏上了二十年漫長的坎坷之路。

（二）

撰稿是極為艱辛的。這是一部填補學術空白與出版空白的大型學術著作，因此沒有太多的資料可資借鑑，多年來，專家們像在沙裡淘金，爬梳探微於浩瀚古籍間，又像春蠶吐絲，絲絲縷縷傾吐出歷史長河的乾坤經綸。冬來暑往，飽嘗運筆滯澀時之苦悶，也飽享柳暗花明時的愉悅。殺青之後，大家一心期待著本書的出版。

然而，現實是嚴酷的，這部嚴肅的學術著作面臨著商品市場大潮的衝擊，面臨著生與死的博弈，一個繞不開的話題就是經費問題，沒有經費將寸步難行！我們深感，在沒有經濟支撐的情況下，文化將沒有任何尊嚴可言！這是苦苦困擾了我們多年的一個苦澀的原因。

一部學術著作如果不能靠市場賺得效益，那麼，出還是不出？這是每個出版社都必須要權衡的問題，不是一個責任編輯想做就能做決定的事情。一九九九年本書責任編輯馬靜生病住院期間，有關領導出於多方面的考慮，探病期間明確表示，該工程必須下馬。作為編輯部的一件未盡事宜，我們一方面八方求助資金以期救活這套書，另一方面也在以萬分不捨的心情為其尋找一個「好人家」「過繼」出去。由於沒有出版補貼，遂被多家出版社婉拒。在走投無路之時，馬靜求助於出版同仁、老朋友—上海人民出版社的李偉國總編輯。李總編學歷史出身，深諳我們的窘境，慷慨出手相助，他希望能削減一些字數，並答應補貼十萬元出版這套書，令我們萬分感動！

但自「孩子過繼」之後，我們心中出現的竟然是在感動之後的難過，是「過繼」後的難以割捨，是「一步三回頭」的牽掛！「我的孩子安在？」時時襲上心頭，遂「長使英雄淚滿襟」—它畢竟是我們已經看護了十來年的孩子。此時心中湧起的是對自己無錢而又無能的自責，是時時想「贖回」的強烈願望！至今寫到這裡仍是眼睛濕潤唏噓不已……

經由責任編輯提議，由主編撰寫了一封情辭懇切的「請願信」，說明該套叢書出版的重大意義，以及出版經費無著的困窘，希冀得到飲食文化學界的一位重量級前輩—李士靖先生的幫助。這封信由馬靜自北京發出，一站一站地飛向了全國，意欲傳到十捲叢書的每一位專家作者手中籤名。於是這封信從東北飛至西北，從東南飛至西南，從黃河飛至長江……歷時一個月，這封滿載著全國專家學者殷切希望的滾燙的聯名信件，最終傳到了「北京中國飲食文化研究會」會長、北京市人民政府食品辦公室主任李士靖先生手中。李士靖先生接此信後，如雙肩荷石，沉吟許久，遂發出軍令一般的誓言：我一定想辦法幫助解決經費，否則，我就對不起全國的專家學者！在此之後，便有了知名企業家—北京稻香村食品有限責任公司董事長、總經理畢國才先生慷慨解囊、義舉資助本套叢書經費的感人故事。畢老總出身書香門第，大學讀的是醫學專業，對中國飲食文化有著天然的情愫，他深知這套學術著作出版的重大價值。這筆資助，使得這套叢書得以復甦—此時，我們的深切體會是，只有餓了許久的人，才知道糧食的可貴！……

在我們獲得了活命的口糧之後，就又從上海接回了自己的「孩子」。在這裡我們要由衷感謝李偉國總編輯的大度，他心無半點芥蒂，無條件奉還書稿，至今令我們心存歉意！

有如感動了上蒼，在我們一路跌跌撞撞泣血奔走之時，國賜良機從天而降—國家出版基金出台了！它旨在扶助具有重要出版價值的原創學術精品力作。經嚴格篩選審批，本書獲得了國家出版基金的資助。此時就像大旱中之雲霓，又像病困之人輸進了新鮮血液，由此全面盤活了這套叢書。這筆資金使我們得以全面鋪開精品圖書製作的質量保障系統工程。後續四十多道工序的工藝流程有了可靠的資金保證，從此結束了我們捉襟見肘、寅吃卯糧的日子，從而使我們恢復了文化的自信，感受到了文化的尊嚴！

（三）

我們之所以做苦行僧般的堅守，二十年來不離不棄，是因為這套叢書所具有的出版

價值——中國飲食文化是中華文明的核心元素之一，是中國五千年燦爛的農耕文化和畜牧漁獵文化的思想結晶，是世界先進文化和人類文明的重要組成部分，它反映了中國傳統文化中的優秀思想精髓。作為出版人，弘揚民族優秀文化，使其走出國門走向世界，是我們義不容辭的責任，儘管文化堅守如此之艱難。

季羨林先生說，世界文化由四大文化體系組成，中國文化是其中的重要組成部分（其他三個文化體系是古印度文化、阿拉伯—波斯文化和歐洲古希臘—古羅馬文化）。中國是世界上唯一沒有中斷文明史的國家。中國自古是農業大國，有著古老而璀璨的農業文明，它是中國飲食文化的根基所在，就連代表國家名字的專用詞「社稷」，都是由「土神」和「穀神」組成。中國飲食文化反映了中華民族這不朽的農業文明。

中華民族自古以來就有著「五穀為養，五果為助，五畜為益，五菜為充」的優良飲食結構。這個觀點自兩千多年前的《黃帝內經》時就已提出，在兩千多年後的今天來看，這種飲食結構仍是全世界推崇的科學飲食結構，也是當代中國大力倡導的健康飲食結構。這是來自中華民族先民的智慧和驕傲。

中華民族信守「天人合一」的理念，在年復一年的勞作中，先民們敬畏自然，尊重生命，守天時，重時令，拜天祭地，守護山河大海，守護森林草原。先民發明的農曆二十四個節氣，開啟了四季的農時輪迴，他們既重「春日」的生發，又重「秋日」的收穫，他們頌春，愛春，喜秋，敬秋，創造出無數的民俗、農諺。「吃春餅」「打春牛」「慶豐登」……然而，他們節儉、自律，沒有掠奪式的索取，他們深深懂得人和自然是休戚與共的一體，愛護自然就是愛護自己的生命，從不竭澤而漁。早在周代，君王就已經認識到生態環境安全與否關乎社稷的安危。在生態環境嚴重惡化的今天，在掠奪式開採資源的當代，對照先民們信守千年的優秀品質，不值得當代人反思嗎？

中華民族篤信「醫食同源」的功用，在現代西方醫學傳入中國以前，幾千年來「醫食同源」的思想護佑著中華民族的繁衍生息。中國的歷史並非長久的風調雨順、豐衣足食，而是災荒不斷，迫使人們不斷尋找、擴大食物的來源。先民們既有「神農嚐百草，日遇七十二毒」的艱險，又有「得荼而解」的收穫，一代又一代先民，用生命的代價換來了既可果腹又可療疾的食物。所以，在中華大地上，可用來作食物的資源特別多，它是中華先民數千年戮力開拓的豐碩成果，是先民們留下的寶貴財富；「醫食同源」也是中國飲食文化最傑出的思想，至今食療食養長盛不衰。

中華民族有著「尊老」的優良傳統，在食俗中體現尤著。居家吃飯時第一碗飯要先奉給老人，最好吃的也要留給老人，這也是農耕文化使然。在古老的農耕時代，老人是

農耕技術的傳承者，是新一代勞動力的培養者，因此使老者具有了權威的地位。尊老，是農耕生產發展的需要，祖祖輩輩代代相傳，形成了中華民族尊老的風習，至今視為美德。

中國飲食文化的一個核心思想是「尚和」，主張五味調和，而不是各味單一，強調「鼎中之變」而形成了各種複合口味，從而構成了中國烹飪豐富多彩的味型，構建了中國烹飪獨立的文化體系，久而昇華為一種哲學思想—尚和。《中庸》載「和也者，天下之達道」，這種「尚和」的思想體現到人文層面的各個角落。中華民族自古崇尚和諧、和睦、和平、和順，世界上沒有哪一個國家能把「飲食」的社會功能發揮到如此極致，人們以食求和體現在方方面面：以食尊師敬老，以食饗友待客，以宴賀婚、生子以及陞遷高就，以食致歉求和，以食表達謝意致敬……「尚和」是中華民族一以貫之的飲食文化思想。

「一方水土養一方人」。這十卷本以地域為序，記述了在中國這片廣袤的土地上有如萬花筒一般絢麗多彩的飲食文化大千世界，記錄著中華民族的偉大創造，也記述了各地專家學者的最新科研成果——舊石器時代的中晚期，長江下游地區的原始人類已經學會捕魚，使人類的食源出現了革命性的擴大，從而完成了從矇昧到文明的轉折；早在商周之際，長江下游地區就已出現了原始瓷；春秋時期筷子已經出現；長江中游是世界上最早栽培稻類作物的地區。《呂氏春秋·本味》述於二千三百年前，是中國歷史上最早的烹飪「理論」著作；中國最早的古代農業科技著作是北魏高陽（今山東壽光）太守賈思勰的《齊民要術》；明代科學家宋應星早在幾百年前，就已經精闢論述了鹽與人體生命的關係，可謂學界的最先聲；新疆人民開鑿修築了坎兒井用於農業灌溉，是農業文化的一大創舉；孔雀河出土的小麥標本，把小麥在新疆地區的栽培歷史提早到了近四千年前；青海喇家麵條的發現把我國食用麵條最早記錄的東漢時期前提了兩千多年；豆腐的發明是中國人民對世界的重大貢獻；有的卷本述及古代先民的「食育」理念；有的卷本還以大開大闔的筆力，勾勒了中國幾萬年不同時期的氣候與人類生活興衰的關係等等，真是處處珠璣，美不勝收！

這些寶貴的文化財富，有如一顆顆散落的珍珠，在沒有串成美麗的項鏈之前，便彰顯不出它的耀眼之處。如今我們完成了這一項工作，雕琢出了一串光彩奪目的珍珠，即將放射出耀眼的光芒！

（四）

　　編輯部全體工作人員視稿件質量為生命，不敢有些許懈怠，我們深知這是全國專家學者二十年的心血，是一項極具開創性而又十分艱辛的工作。我們肩負著填補國家學術空白、出版空白的重託。這個大型文化工程，並非三朝兩夕即可一蹴而就，必須長年傾心投入。因此多年來我們一直保持著飽滿的工作激情與高度的工作張力。為了保證圖書的精品質量並儘早付梓，我們無年無節、終年加班而無怨無悔，個人得失早已置之度外。

　　全體編輯從大處著眼，力求全稿觀點精闢，原創鮮明。各位編輯極儘自身多年的專業積累，傾情奉獻：修正書稿的框架結構，爬梳提煉學術觀點，補充遺漏的一些重要史實，匡正學術觀點的一些訛誤之處，並誠懇與各卷專家作者切磋溝通，務求各卷寫出學術亮點，其拳拳之心殷殷之情青天可鑒。編稿之時，為求證一個字、一句話，廣查典籍，數度披閱增刪。青黃燈下，蹙眉凝思，不覺經年久月，眉間「川」字如刻。我們常為書稿中的精闢之處而喜不自勝，更為瑕疵之筆而扼腕嘆息！於是孜孜矻矻、秉筆躬耕，一句句、一字字吟安鋪穩，力求語言圓通，精煉可讀。尤其進入後期階段，每天下班時，長安街上已是燈火闌珊，我們卻剛剛送走一個緊張工作的夜晚，又在迎接著一個奮力拚搏的黎明。

　　為了不懈地追求精品書的品質，本套叢書每卷本要經過四十多道工序。我們延請了國內頂級專家為本書的質量把脈，中華書局的古籍專家劉尚慈編審已是七旬高齡，她以古籍善本為據，為我們的每卷書稿逐字逐句地核對了古籍原文，幫我們糾正了數以千計的舛誤，從她那裡我們學到了非常多的古籍專業知識。有時已是晚九時，老人家還沒吃飯在為我們核查書稿。看到原稿不盡如人意時，老人家會動情地對我們喊起來，此時，我們感動！我們折服！這是一位學者一種全身心地忘我投入！為了這套書，她甚至放下了自己的個人著述及其他重要邀請。

　　中國社會科學院歷史研究所李世愉研究員，為我們審查了全部書稿的史學內容，匡正和完善了書稿中的許多漏誤之處，使我們受益匪淺。在我們圖片組稿遇到困難之時，李老師憑藉深廣的人脈，給了我們以莫大的幫助。他是我們的好師長。

　　本書中涉及各地區少數民族及宗教問題較多，是我們最擔心出錯的地方。為此我們把書稿報送了國家宗教局、國家民委、中國藏學研究中心等權威機構精心審查了書稿，並得到了他們的充分肯定，使我們大受鼓舞！

　　我們還要感謝北京觀復博物館、大連理工大學出版社幫我們提供了許多有價值的歷

史圖片。

為了嚴把書稿質量，我們把做辭書時使用的有效方法用於這部學術精品專著，即對本書稿進行了二十項「專項檢查」以及後期的五十三項專項檢查，諸如，各卷中的人名、地名、國名、版圖、疆域、西元紀年、謚號、廟號、少數民族名稱、現當代港澳台地名的表述等，由專人做了逐項審核。為使高端學術著作科普化，我們對書稿中的生僻字加了注音或簡釋。

其間，國家新聞出版總署貫徹執行「學術著作規範化」，我們聞風而動，請各卷作者添加或補充了書後的參考文獻、索引，並逐一完善了書稿中的註釋，嚴格執行了總署的文件規定不走樣。

我們還要感謝各卷的專家作者對編輯部非常「給力」的支持與配合，為了提高書稿質量，我們請作者做了多次修改及圖片補充，不時地去「電話轟炸」各位專家，一頭卡定時間，一頭卡定質量，真是難為了他們！然而，無論是時處酷暑還是嚴冬，都基本得到了作者們的高度配合，特別是和我們一起「摽」了二十年的那些老作者，真是同呼吸共命運，他們對此書稿的感情溢於言表。這是一種無言的默契，是一種心靈的感應，這是一支二十年也打不散的隊伍！憑著中國學者對傳承優秀傳統文化的責任感，靠著一份不懈的信念和期待，苦苦支撐了二十年。在此，我們向此書的全體作者深深地鞠上一躬！致以二十年來的由衷謝意與敬意！

由於本書命運多舛遷延多年，作者中不可避免地發生了一些變化，主要是由於身體原因不能再把書稿撰寫或修改工作堅持下去，由此形成了一些卷本的作者缺位。正是我們作者團隊中的集體意識及合作精神此時彰顯了威力——當一些卷本的作者缺位之時，便有其他卷本的專家伸出援助之手，像接力棒一樣傳下去，使全套叢書得以正常運行。華中師範大學的博士生導師姚偉鈞教授便是其中最出力的一位。今天全書得以付梓而沒有出現缺位現象，姚老師功不可沒！

「西藏」「新疆」原本是兩個獨立的部分，組稿之初，趙榮光先生殫精竭慮多方奔走物色作者，由於難度很大，終而未果，這已成為全書一個未了的心結。後期我們傾力進行了接續性的推動，在相關專家的不懈努力下，終至彌補了地區缺位的重大遺憾，並獲得了有關審稿權威機構的好評。

最令我們難過的是本書「東南卷」作者、暨南大學碩士生導師、冼劍民教授沒能見到本書的出版。當我們得知先生患重病時即趕赴探望，那時先生已骨瘦如柴，在酷熱的廣州夏季，卻還身著毛衣及馬甲，接受著第八次化療。此情此景令人動容！後得知冼先

生化療期間還在堅持修改書稿，使我們感動不已。在得知冼先生病故時，我們數度哽咽！由此催發我們更加發憤加快工作的步伐。在本書出版之際，我們向冼劍民先生致以深深的哀悼！

在我們申報國家項目和有關基金之時，中國農大著名學者李裡特教授為我們多次撰寫審讀推薦意見，如今他竟然英年早逝離我們而去，令我們萬分悲痛！

在此期間，李漢昌先生也不幸遭遇重大車禍，嚴重影響了身心健康，在此我們致以由衷的慰問！

（五）

中國飲食文化學是一門新興的綜合學科，涉及歷史學、民族學、民俗學、人類學、文化學、烹飪學、考古學、文獻學、地理經濟學、食品科技史、中國農業史、中國文化交流史、邊疆史地、經濟與商業史等諸多學科，現正處在學科建設的爬升期，目前已得到越來越多領域的關注，也有越來越多的有志學者投身到這個領域裡來，應該說，現在已經進入了最好的時期，從發展趨勢看，最終會成為顯學。

早在一九九八年於大連召開的「世界華人飲食科技與文化國際學術研討會」，即是以「建立中國飲食文化學」為中心議題的。這是繼一九九一年之後又一次重大的國際學術會議，是一九九一年國際學術會議成果的繼承與接續。建立「中國飲食文化學」這個新的學科，已是國內諸多專家學者的共識。在本叢書中，就有專家明確提出，中國飲食文化應該納入「文化人類學」的學科，在其之下建立「飲食人類學」的分支學科。為學科理論建設搭建了開創性的構架。

這套叢書的出版，是學科建設的重要組成部分，它完成了一個帶有統領性的課題，它將成為中國飲食文化理論研究的扛鼎之作。本書的內容覆蓋了全國的廣大地區及廣闊的歷史空間，本書從史前開始，一直敘述到當代的二十一世紀，貫通時間百萬年，從此結束了中國飲食文化無史和由外國人寫中國飲食文化史的局面。這是一項具有里程碑意義的歷史文化工程，是中國對世界文明的一種國際擔當。

二十年的風風雨雨、坎坎坷坷我們終於走過來了。在拜金至上的浮躁喧囂中，我們為心中的那份文化堅守經過了煉獄般的洗禮，我們坐了二十年的冷板凳但無怨無悔！因為由此換來的是一項重大學術空白、出版空白的填補，是中國五千年厚重文化積澱的梳

理與總結，是中國優秀傳統文化的彰顯。我們完成了一項重大的歷史使命，我們完成了老一輩學人對我們的重託和當代學人的夙願。這二十年的泣血之作，字裡行間流淌著中華文明的血脈，呈獻給世人的是祖先留給我們的那份精神財富。

我們篤信，中國飲食文化學的崛起是歷史的必然，它就像那冉冉升起的朝陽，將無比燦爛輝煌！

《中國飲食文化史》編輯部

二〇一三年九月

編輯手記

亮點書系．中國文化通史 A1002007

中國飲食文化史‧西北地區卷

主　　編	趙榮光
版權策畫	李　鋒
責任編輯	楊婉慈

發 行 人	林慶彰
總 經 理	梁錦興
總 編 輯	張晏瑞
編 輯 所	萬卷樓圖書股份有限公司
排　　版	菩薩蠻數位文化有限公司
印　　刷	博創印藝文化有限公司
封面設計	菩薩蠻數位文化有限公司

出　　版　昌明文化有限公司
桃園市龜山區中原街 32 號
電話 (02)23216565
發　　行　萬卷樓圖書股份有限公司
臺北市羅斯福路二段 41 號 6 樓之 3
電話 (02)23216565
傳真 (02)23218698
電郵 SERVICE@WANJUAN.COM.TW
大陸經銷
廈門外圖臺灣書店有限公司
　電郵 JKB188@188.COM

ISBN 978-986-496-142-9
2021 年 3 月初版二刷
2018 年 1 月初版
定價：新臺幣 380 元

如何購買本書：
1. 劃撥購書，請透過以下郵政劃撥帳號：
　帳號：15624015
　戶名：萬卷樓圖書股份有限公司
2. 轉帳購書，請透過以下帳戶
　合作金庫銀行 古亭分行
　戶名：萬卷樓圖書股份有限公司
　帳號：0877717092596
3. 網路購書，請透過萬卷樓網站
　網址 WWW.WANJUAN.COM.TW
大量購書，請直接聯繫我們，將有專人為您
服務。客服：(02)23216565 分機 610

如有缺頁、破損或裝訂錯誤，請寄回更換
版權所有·翻印必究
Copyright©2021 by WanJuanLou Books CO., Ltd.
All Right Reserved　　　　**Printed in Taiwan**

國家圖書館出版品預行編目資料

中國飲食文化史. 西北地區卷 ／ 趙榮光著. --
初版. -- 桃園市：昌明文化出版；臺北市：
萬卷樓發行, 2018.01
　冊；　公分
ISBN 978-986-496-142-9(平裝). --
1.飲食風俗 2.中國
538.782　　　　　　　　　107001749